日本史の現在 3

中世

山川出版社

『日本史の現在』(全6巻)刊行にあたって

二〇二〇年から始まった新型コロナウイルス感染症の拡大、二〇二二年に起きたロシアによるウクライナ侵攻、二〇二三年のパレスチナ・イスラエルの紛争の激化など、予想もできなかった事態がつぎつぎと起こり、私たちは、世界が、日本がどこに向かっていくのかわからない、きわめて不安な時代に暮らしています。その中で改めて歴史を考えることが重要なのではないでしょうか。現在に生きる私たちは、過去の「歴史」に問いかけることで、未来への手がかりを探すことができるのです。

「歴史」は日々、様々な研究がなされ、その積み重ねのもとに形成されていきます。ただ、歴史叙述は決して不変のものではなく、新史料の発見や史料の解釈、発掘調査などの研究の進展により、書き改められていくのです。

身近なところで、歴史の教科書を例にとってみると、数十年前と今現在とでは、記述内容が変わっている箇所が少なくありません。もちろんそれは書き手による叙述の違いが理由の一つではありますが、その背後にはいくつもの研究と、その積み重ねがあります。また、一つの歴史事象をめぐっても、多角的な見方・考え方があり、その事象をどのようにとらえるか、どのように評価するか、研究者のあいだでも議論があります。

ただ、そうした研究の進展や議論のすべてが教科書に記述されるわけではありません。そこで、本企画『日本史の現在』では、そうした日本史における研究・議論を、第一線で活躍している研究者に分かりやすく解説してもらい、日本の歴史学の「現在」を読者にみなさんに紹介することにしました。

本書が、日本史の研究を志す方々や、歴史教育に携わる方々、さらに日本史に少しでも興味があるすべての人に、届くことを願っています。そして、日本史を学ぶための、そしてこれからの未来を切り開くための手がかりとなれば、幸いです。

なお、本シリーズは分野・時代区分ごとに以下の6巻構成としました。
『日本史の現在1　考古』／『日本史の現在2　古代』／『日本史の現在3　中世』／
『日本史の現在4　近世』／『日本史の現在5　近現代①』／『日本史の現在6　近現代②』

二〇二四年四月

『日本史の現在』編集委員
設楽博己　鈴木　淳
大津　透　山口輝臣
高橋典幸　沼尻晃伸
牧原成征

日本史の現在3　中世

目次

あとがき　高橋典幸　318

凡例

・原則として、年代は西暦を主とし、日本の年号は（　）の中に入れた。明治五年までは日本暦と西暦とは一カ月前後の違いがあるが、年月は日本暦をもとにし、西暦に換算しなかった。改元のあった年は、原則としてその年の初めから新しい年号とした。

・教科書については、平成元・十一・二十一年告示の高等学校学習指導要領の科目「日本史A」「日本史B」は「日A」「日B」、平成三十年告示の高等学校学習指導要領の科目「日本史探究」は「日探」のように、適宜、科目名を略記した。

・本書各テーマの執筆にあたっては膨大な先行研究や文献を参照しているが、紙幅や体裁の制約から、参考文献の掲載は一部にとどまり、十分な注記はできなかった。この点、ご理解いただければ幸いである。

日本史の現在3

中世

1 院政の成立

樋口　健太郎

1　中世の始まり

かつて日本史の教科書では、中世の始まりは鎌倉幕府の成立からとされていた。中世とは武家政権の時代であり、武家政権の始まりは鎌倉幕府からなので、その成立をもって中世の始まりとみなされたのである。

ところが、現在、高校の日本史教科書では、中世の始まりは院政期からとなっている。これは単に政治権力のあり方やその交代をもって時代を区分せず、社会経済の変化などを重視して区分する見方が広まったからだと思われる。このことは、例えば、山川出版社の『詳説日本史』(日探 二〇二三)では、第五章「院政と武士の躍進」が、院政からでなく、その直前である後三条天皇の親政から始まっていることからも頷けるだろう。後三条天皇の親政では、延久《えんきゅう》の荘園整理令が出され、荘園と公領が明確に分けられた。『詳説日本史』は、日本の中世を荘園制社会の時代として論じるため、このことを荘園公領制の成立の画期として重視し、これをもって中世の始まりとするのである。

だが、だとすれば、院政という政治体制自体については、それまでの古代の政治体制とは大きな変わりがないのだろうか。たしかに十二世紀末になって新たに関東に出現した鎌倉幕府と異なって、院政政権は京都の朝廷政治の延長なので、古代以来の政治体制との違いが明確ではないかもしれない。しかし、近年、中世の朝廷や貴族政権に関する研究が進展する中で、朝廷や貴族も古代のままの姿ではなく、時代に適応した新たな姿に変化を遂げていたことが明らかになっている。院政とは、こうした中世的な国家や社会の始まりに即応した政治体制なのであり、近年の研究では、院政の成立についても、中世的な政治体制のスタートとして高く評価されている。そこで、本稿では、古代における政治体制からの連続と変化という点に注目し、院政の成立についてみていくことにしたい。

2 院政とは何か

院政下の国政運営

そもそも院政とは何なのだろう。院とは退位した天皇、すなわち上皇のことであり、上皇によって主導される政治が院政である(本稿では院政を行う上皇を院と表記したい)。ただ、一般には上皇が出現すれば、ただちに院政が開始されるように理解されているようだが、実際はそう単純ではない。というのも、実は院政期以前にも、上皇自体は存在した。摂関政治期にも、清和・陽成・宇多・朱雀・冷泉・

円融・花山・一条・三条・後三条と、ほとんどの天皇が生前に退位して上皇になっている。だが、院政期以前には、上皇のほとんどが院政のように政治を主導することはなかったのである。

では、院政開始の指標となるものは何だろうか。その一つとして注目されているのが、国政に関する重要案件がどこで審議され、裁可されるかである。古代の律令制では、国政上の重要事項は天皇に奏上《そうじょう》されて裁可された。そして、摂関政治期には、とくに重要な案件は、太政官の幹部である公卿《くぎょう》の会議で審議され、天皇はこれに従って裁可した。この会議は天皇の住まいである内裏《だいり》内の近衛府《このえふ》の陣《じん》で行われたので、陣定《じんのさだめ》という。摂関は陣定には参加せず、天皇の代行・補佐役として裁可に関わって政権を主導した。けれども、この時代、陣定も重要だったので、藤原道長などは政権掌握後も関白にはならず、太政官のトップである左大臣として公卿たちの意見を取りまとめ、陣定を主導することで政権を運営したことが知られている［橋本 一九七六、大津 一九九六］。

一方、後三条天皇の時期以降になると、陣定とは別に、政権を主導する天皇や摂関がそれぞれ自分のもとに公卿を召集して審議を行い、その場で裁可を行うようになった（天皇がもよおした会議を殿上《てんじょう》定《さだめ》・御前定《ごぜんさだめ》、摂関がもよおした会議を殿下議定《でんかぎじょう》などという）。そして、その延長で、院政が開始されると、新たに院御所《いんごしょ》に公卿を召集して審議を行う院御所議定《ぎじょう》が開始された。近年の研究では、この院御所議定こそ、院政における国政の最高審議機関として高く評価されているのである［美川 一九八六］。

この院御所議定が、従来の会議と大きく異なるのは、従来の会議は陣定にせよ、殿上定などにせよ、内裏の中で開催されたのに対し、院御所議定は内裏から離れた院御所で行われたことである（殿下議定も、内裏内の直廬《じきろ》と呼ばれる摂関の控え室で行われた）。つまり、政治の場所が内裏から院御所へと移動したのである。しかも、会議の参加者も従来とは異なっていた。陣定の参加者は、前官や散位《さんに》(位階《いかい》はもつが、官職《かんしょく》をもたない者)を除く狭義の公卿に限定され、天皇や摂関によって選別されるようなことはなかった。ところが、院御所議定では、参加者は院によって選定され、前官・散位や出家者までが召集された。また、ここには陣定には参加しなかった摂関も召集され、一貴族として会議に参加した。ここに律令制以来の太政官を中心とした体制に代わり、太政官制を前提としない新たな政治体制が成立したと考えられるのである。

院政の始まり

では、このような体制はいつから始まるのだろう。一般には、院政は一〇八六(応徳三)年、白河天皇が皇子である善仁《たるひと》親王(堀河天皇)に譲位し、上皇になったことをもって始まったと理解されることが多い。現在の教科書でも、例えば、実教出版『日本史探究』(日探 二〇二三、七九頁)には「白河天皇は、一〇八六(応徳三)年に堀河天皇に譲位したのちも、上皇として政治の実権を行使した。ここに院政がはじまり、……」と書かれている。しかし、前述のように、天皇の生前退位はこれ以前にも多くみられるものなので、白河天皇の場合も、それがイコール院政の開始とはならない。そこで、右にみた国政の重要案件の審議に注目すると、院政の成立とは、もう少しあとにずれることになる。

実は白河天皇が堀河天皇に皇位を譲ってからも、堀河が幼少の頃は、摂政が国政の主導権をもち、天皇に代わって自ら裁可を行ったり、公卿を召集して殿下議定を行ったりした。堀河が成人すると、天皇も関白と協調しながら国政を主導するようになり、天皇のもとでの殿上定・御前定も行われたが、基本的に院は国政に関与することはなかった。この時期にも院御所議定が行われることはあったが、そこで審議されたのは、国政に関する事項ではなく、あくまで院自身や天皇家内部の問題だったのである［安原 一九九四、下郡 一九九九］。

では、院御所で重要な国政案件が審議されるようになるのはいつからかというと、これは一一〇七（嘉承二）年の堀河の死と、その皇子である鳥羽天皇の即位以降だと考えられている。先述のように、堀河の時代には、天皇や摂関が国政を主導する体制が続いていたが、鳥羽天皇は即位した時、わずか五歳で、これまでもっとも若い天皇であった。これまでの通例であれば、こうした場合、天皇の外戚《がいせき》が摂政となって政治を代行したのだが、彼の外戚は従来国政を主導してきた摂関家ではなく、国政を任せることができなかった。そのため、天皇のもとでは国政に関わる重要な決定ができず、祖父である白河院が院御所で国政を主導するようになったのである。

実は山川出版社『詳説日本史』（七七〜七八頁）でも、院政の成立について、「（白河天皇は）一〇八六（応徳三）年に幼少の堀河天皇に位をゆずると、みずから上皇（院）として院庁を開き、天皇を後見しながら政治の実権を握る院政の道を開いた」としており、明確に一〇八六年説をとってはいない。また、このあと「堀河天皇の死後には、幼い鳥羽天皇を位につけて本格的な院政を始めた」との記載があるのも、こうした研究の現状を意識したものだろう。教科書にも研究の現状が反映されているのである。

3 摂関政治と院政

摂関政治から院政へ

院政の始まりについては、これまで、天皇家と摂関家との対抗関係の図式のなかで、天皇・院が摂関政治を否定・打倒していくものとして描かれることも多かった。しかし、右にみたようなかたちで院政が始まるとすると、従来理解されてきたような摂関政治と院政との関係についても、再考すべきことに気づくだろう。一般に摂関政治は、摂関家を外戚としない後三条天皇の即位によって終わったと考えられてきた。ところが、実際は白河天皇が退位して上皇になっても、国政は摂関と天皇を中心に主導されていた。鳥羽天皇即位までは、摂関政治が続いていたのである。

たしかに後三条天皇は摂関家を外戚とせず、長年関白をつとめた摂関家の藤原頼通《よりみち》と折り合いが悪かった。しかし、注意すべきは、後三条も皇太子貞仁《さだひと》親王の妃《きさき》として、頼通の跡継ぎである師実《もろざね》の養女賢子《けんし》を迎えたことである。そもそもこの時代、天皇と外戚は持ちつ持たれつで、天皇も自分の子孫への安定的な皇位継承を実現するためには、強力な貴族と結んで外戚関係を構築する必要があった［土田一九六五］。後三条の場合、母は皇族出身(三条天皇の皇女禎子《ていし》内親王)で、摂関家に代わるような強力な外戚は存在しなかった。そのため、結局は彼も摂関家と結ぶことを余儀なくされたのである。

一〇七二(延久四)年、貞仁が即位して白河天皇となるが、摂関家の養女を妃とする白河は、即位当初から摂関家と良好な関係を構築していた。白河が即位した頃、関白だったのは頼通の弟である教通《のりみち》だった。教通は頼通・師実父子とは対立し、自分の子である信長《のぶなが》への関白継承をはかっていた。だが、一〇七五(承保二)年、教通が没すると、白河は妃賢子の養父である師実を重用して関白に任じるとともに、信長を当時閑職となっていた太政大臣《だいじょうだいじん》に任じて排除したのである[坂本 一九九一]。また、白河天皇は一〇七七(承暦元)年、京都東郊の白河に法勝寺《ほっしょうじ》を建立したが、実はこの土地は頼通以来、摂関家の別荘地だったのを師実が献上したものだった[上島 二〇一〇]。

しかも、こうした中で白河と賢子のあいだに皇子善仁が誕生すると、師実と白河は善仁の即位という共通の目的を実現させるために、いっそう関係を強化していくことになる。実は後三条は白河ののち、その異母弟である実仁《さねひと》親王・輔仁《すけひと》親王への皇位継承をはかっていたと考えられている。ところが、一〇八五(応徳二)年、皇太子となっていた実仁親王が急死すると、白河は師実とはかって善仁を皇太子に立て、即日善仁に譲位してしまう。白河の退位とは、院政を開始するためではなく、摂関家と協調しながら、自身の子孫への皇位継承を確実にするために行われたものだったのである。

なお、近年では教科書でも、清水書院『高等学校　日本史探究』(日探 二〇二三、五四頁)に「院政と摂関家とを対立的にみる見方がかつては主流だったが、白河上皇は摂関家とも協調しており、院政時代には、摂関家は外戚関係とは関係なく摂関の地位を父子で継承する家として確立した」というような記述がみられる。こうした記述は、右のような研究の現状を反映している。

院政と女院

近年の研究では、院政開始の前提として、摂関政治期における女院《にょいん》の存在も注目されている。女院とは、院号宣下《いんごうせんげ》によって、上皇に準じた待遇を認められた女性で、九九一(正暦二)年、一条天皇の母である皇太后藤原詮子《せんし》(兼家《かねいえ》の娘)が東三条院《ひがしさんじょういん》の院号を宣下されたのが最初である。その後、一〇二六(万寿三)年には、道長の娘で後一条天皇・後朱雀天皇の母となった太皇太后藤原彰子も院号を宣下されて上東門院となったが、とくに上東門院は曽孫に当たる白河天皇の一〇七四(承保元)年、八七歳で没するまで長命を保ち、政務のほか、人事や后妃《こうひ》の選定にも関与した。こうしたことから、彼女は天皇家の家長としての位置にあったとされ、「院政へのさきがけ」と評価されている[服藤 二〇一九]。また、女院の政務への関与は、のち院政開始後、院の先例として参看されており[高松 二〇〇五]、摂関政治期における女院の位置は、院政期における院へと受け継がれたと考えられるのである。

こうした研究は、ここまでみたように、院政について、摂関政治の否定とするのではなく、そこからの連続的な流れとして理解する研究にもマッチするものといってよいだろう。一方で、女院から院政への権限継承の具体的な流れについて論及した研究はあまりないが、筆者は摂関家にとっての女院の存在意義に注目すべきと考えている[樋口 二〇一一]。そもそも摂関政治期、上東門院が政務に関与した背景には、摂関の地位に関わる問題があったことが知られている。摂関のうち摂政は天皇が幼少の時、天皇の権限を代行する役割をもっていた。ところが、そうすると、摂政の人事権をもつのは天皇だから、摂政は自分で自分を任命したりやめさせたりしなければならなくなる。これを回避するため、摂政自身に関する事項は、母后《ぼこう》である彰子によって命がくだされていた。つまり母后・女院とは摂関にとって自身の地位の正統性を保証する存在だったのである[古瀬 二〇〇一]。

だとすれば、堀河天皇即位時における白河上皇の役割も同様だろう。堀河生母の賢子は一〇八四(応徳元)年に没しており、堀河即位の時点では母后が存在しなかった。しかし、堀河は幼帝であり、摂関政治期の先例から考えれば、摂政には母后である女院の役割を果たす存在が必要になったはずである。それこそ、白河上皇だったのであり、それゆえに、白河は女院の位置を継承して、摂関の人事や后妃の選定にも関与するようになった。また、摂関家も自身の正統性を保証する存在として、白河上皇をバックアップし、権威づけていった。こうしたことが上皇の権威上昇を生み、院政の土台になったと考えられるのである。

4　中世天皇家と院政

中世天皇家の成立

ここまでみたように、近年では院政の成立について、摂関政治からの連続が強調されることが多くなっている。しかし、そうすると政治権力のあり方は、摂関政治と院政とで何が違うのだろう。そこで近年、注目されているのが、天皇家という「家」の問題である(こうした「家」について、中世の天皇家が院を家長とする「家」であったことや、中世では天皇という語があまり使用されないことから、近年の研究では、これを「王家」と呼ぶことが多い)。

そもそも中世における「家」とは、父祖が任じられた政治的地位(官職)を、家業《かぎょう》として後継者となる子孫(嫡子《ちゃくし》)へと父系に継承していくものであった[高橋 一九九六]。しかし、右にみたように、摂関政治の時代には、天皇家では、天皇の母・祖母である女院や、母方親族である外戚が家長として一族内の重要事項について決定しており、父から嫡子へと継承される中世的「家」は成立していなかったと考えられる。この時期の天皇家は摂関家の中に包摂され、それと融合した存在だった［栗山 二〇一二］。ところが、摂関家と外戚関係をもたない後三条天皇の即位を経て、しだいに天皇家は摂関家と分離し、院を家長とする「家」を形成していった［伴瀬 一九九六］。こうした中で、外戚や女院に代わって、家長たる院が「家」の仏事を主催したり、皇位継承者や后妃の選定権をもち、財産についても自ら支配し、処分する権限を得るようになった。そうすると、政務の運営についても、家長である院を中核とした「家」によって行われるようになる。これこそが院政で、中世天皇家の成立と院政の開始は不可分の関係にあったとされるのである［栗山 二〇一二］。だとすれば、摂関政治期の女院と院政期の院とでは、たしかに似ている部分が多いものの、その権力基盤となる家族構造は大きく変わっていたということになるだろう。近年の研究は、ここに大きな段階差をみるのである。

また、冒頭に述べたように、院政期には荘園公領制が成立し、朝廷や貴族の姿も大きく変化していたが、院政はこうした社会の変化にも適応した政治形態だったと考えられている。院は自ら主導して膨大な荘園群を形成するとともに、その知行を貴族たちに給付し、預所《あずかりどころ》などとして家産支配の中に組み込み、貴族たちを編成した。院政とは院が荘園領主としての経済力をもって権力をふるった体制とする見解もある［岡野 二〇一三］。実際、従来の律令制的秩序であれば、天皇はすべての官人にとっての主君であって、特定の貴族と私的な主従関係を結ぶことはできなかっただろう。だが、天皇の地位から離れた院が家長となることで、天皇家は自ら荘園を介して貴族たちとの関係を再編強化できるようになったのである［近藤 一九八七］。

院政と摂関家

山川出版社『詳説日本史』(七七〜七八頁)では、院政とは院が「天皇を後見しながら政治の実権を握る」ものだとされているが、近年では、院による天皇の後見のあり方も注目されている。この時代、後見とは同居を前提とした日常的奉仕を意味したが[吉川 一九九五]、実は院は天皇と同居することはできなかった。かつては上皇も内裏の中に宮《みや》を構えて天皇を日常的に後見したのだが、九世紀、平城上皇(太上天皇)と弟の嵯峨天皇が衝突し、平城が敗北した薬子の変(平城太上天皇の変)以降、上皇の権限は制限され、天皇は退位すると内裏から退出して政務には関与できないようになったのである。

しかも、これは白河天皇が堀河天皇に譲位してからも変わっていなかった。上皇が天皇と対面するのは、正月恒例の朝覲行幸《ちょうきんぎょうこう》(天皇が父に年頭の礼を申し上げるため院御所に出かける行事)など限られた機会のみで、だからこそ天皇は、上皇ではなく普段から自分に近侍して支える摂関に政務を任せたり、相談したりしたのである[樋口 二〇一八]。

ところが、こうした中で、一一〇七年、わずか五歳の鳥羽天皇が即位した。これに当たり、白河院は院御所議定で国政案件を審議して政務を主導したわけだが、ここで天皇の後見については、摂関家に任せるという方法をとった。前述のように、鳥羽の外戚は摂関家ではなかったのだが、白河はそれとは別に摂関家の藤原忠実《ただざね》(師実の孫)を摂政に任じ、内裏内の直廬に候宿《こうしゅく》させて日常的に天皇の側に近侍させた。これによって、それまで天皇の外戚と結びついてきた摂関の地位は外戚と分離し、名実ともに摂関家の地位が確定したのである[橋本 一九七六]。

だが、このことは摂関家の確立だけでなく、天皇の後見のあり方が変化したことを示すものでもあったと考えられる。実はこれ以降、摂政となった忠実は院の指示を受けながら、天皇に近侍し、天皇の後見を果たすようになる。天皇の後見は、外戚が天皇との血縁関係をもって行うあり方から、院が外部から摂関に指示を与えて行うように変化した。こうした体制ができたからこそ、院は内裏の外にありながらに政務を主導することができるようになったと考えられるのである〔樋口二〇一八〕。

そして、こうしたあり方は、前述した中世天皇家の成立という問題にも関わるものと思われる。それまで天皇家は外戚の存在に左右されてきた。だが、白河院は外戚と摂関を分離することで、天皇の後見としての外戚を排除し、最終的には後見者としての地位と権限を自身に一元化した。これによって外戚に左右されない天皇家という「家」とその家長の地位が、完全なかたちで確立したといえるだろう。また、そのうえで、院は忠実を摂政とすることで、代々摂関の地位を継承してきた摂関家と再び結んだ。院政の始まりとともに、朝廷の中核となる王権は、天皇が外戚に左右される不安定な体制から、院を中心に、天皇家と摂関家という二つの「家」によって支えられる安定的な体制へと大きく変貌を遂げたのである。

〈**参考文献**〉
上島享　二〇一〇年『日本中世社会の形成と王権』(名古屋大学出版会)
大津透　一九九六年「摂関期の国家構造――古代から中世へ」(『古代文化』四八巻二号)
岡野友彦　二〇一三年『院政とは何だったか――「権門体制論」を見直す』(ＰＨＰ新書)
栗山圭子　二〇一二年『中世王家の成立と院政』(吉川弘文館)

近藤成一　一九八七年「中世王権の構造」（のち再録『鎌倉時代政治構造の研究』校倉書房、二〇一六年）
坂本賞三　一九九一年『藤原頼通の時代——摂関政治から院政へ』（平凡社選書）
下郡剛　一九九九年『後白河院政の研究』（吉川弘文館）
高橋秀樹　一九九六年『日本中世の家と親族』（吉川弘文館）
高松百香　二〇〇五年「院政期摂関家と上東門院故実」（『日本史研究』五一三号）
土田直鎮　一九六五年『日本の歴史5　王朝の貴族』（中央公論社）
橋本義彦　一九七六年「貴族政権の政治構造」（のち再録『平安貴族』平凡社、一九八六年）
伴瀬明美　一九九六年「院政期における後宮の変化とその意義」（『日本史研究』四〇二号）
樋口健太郎　二〇一一年『中世摂関家の家と権力』（校倉書房）
樋口健太郎　二〇一八年『中世王権の形成と摂関家』（吉川弘文館）
服藤早苗　二〇一九年『藤原彰子』（吉川弘文館）
古瀬奈津子　二〇〇一年「摂関政治成立の歴史的意義——摂関政治と母后」（『日本史研究』四六三号）
美川圭　一九八六年「公卿議定制から見る院政の成立」（のち再録『院政の研究』臨川書店、一九九六年）
安原功　一九九四年「中世成立期の権力関係——天皇・摂関・院と公卿議定」（『ヒストリア』一四五号）
吉川真司　一九九五年「天皇家と藤原氏」（のち改題「摂関政治の転成」『律令官僚制の研究』塙書房、一九九八年）

2

中世荘園の成立――寄進地系荘園論から立荘論へ

鎌倉　佐保

はじめに

これまで高校の日本史教科書では「中世荘園」という用語は使われていなかった。これまで用いられてきたのは「初期荘園」と「寄進地系荘園」であるが、二〇二三年度からの新課程「日本史探究」では、「寄進地系荘園」に代えて「領域型荘園」や「中世荘園」という用語を使う教科書が登場した。変更されたのは用語だけではない。これまで「寄進地系荘園」は摂関期のところで説明されてきたが、いくつかの教科書ではそれを院政期のところで説明するようになった。寄進による荘園形成は摂関期頃からみられはじめるが、実際に中世の荘園が形成されるのはほとんどが院政期である。「中世荘園」とはこの院政期以降に形成された荘園を指して用いられる。

今回このように教科書記述が大きく変更されることになったのは、一九九〇年代後半に提起された立荘論と呼ばれる荘園研究の成果が反映されたためである［川端 一九九六］。しかし山川出版社『詳説日本史』（日探 二〇二三、以下、山川『探究』）では、大きな変更はなく部分的修正にとどまり、また各社「日本史探究」で使われた用語や説明は区々《まちまち》で必ずしも統一された理解にはなっていない。これは研究自体がまだ十分に議論が尽くせていないことに原因があると考えるが、複数の教科書で記述が大幅に変更されたように、これまでの「寄進地系荘園」の説明では中世荘園形成の実態をとらえることは難しく、教科書記述も変更が必要だという認識があることは間違いない。

またここには「寄進地系荘園」という用語の説明にとどまらない重要な問題がある。これまで「寄進地系荘園」の説明はいわば中世社会成立を説明する要《かなめ》であった。したがってその記述変更は、中世社会の成立過程をどう説明するかという問題と直結する。教科書記述のもとになってきたのは、在地社会から生まれた武士＝在地領主を原動力として中世の社会・国家の体制が形成されるという見方であるが、これは武士の実態からも荘園形成の実態からも否定されており、武家権門の成立を中央政府による国家的編成や国衙による武力編成という視点からとらえ［元木 一九九四、下向井 二〇〇二］、中世荘園の成立を権力側からの編成という視点でとらえることが、中世の国家体制の成立を理解するうえで重要となっている。だがこの点はまだ教科書記述に十分反映されていない。

本稿ではこうした新たな研究をふまえて、これまでの「寄進地系荘園」の説明の問題点を改めて確認するとともに、「中世荘園」の形成の実態について概観したい。

1 教科書記述の中の「寄進地系荘園」と「開発領主」

「開発領主」を起点とした「寄進地系荘園」

「寄進地系荘園」形成は「開発領主」の登場を起点として説明される。律令制が崩壊した地方社会の中で十世紀後半から十一世紀に「開発領主」が登場し、「開発領主」は所領を中央の権力者に寄進し、自らは現地支配を担う荘官となる、というのが教科書での「寄進地系荘園」形成の説明である。

「開発領主」とは、通常、在地社会の中から誕生し、やがて地方武士として成長していくととらえられている。ただし教科書『詳説日本史』では「開発領主」の説明は、これまでに何度か変更されており、一九九〇年代までは「大名田堵」から「開発領主」が誕生したとされていたのが、その後「有力農民や地方に土着した国司の子弟」の中からと変更され、そして現行版の山川『探究』では「任地に土着した国司の子孫たちや地方豪族」の中からと変更された。すなわち「開発領主」は、大名田堵など有力農民から発生したのではなく、主として「土着した国司の子孫」から発生するという説明になったのである。武士については、すでに二〇〇〇年代初めに、武士研究の成果を反映して、豪族や有力農民が武装して武士になるという説明から、鎮圧のために地方にくだった中下級貴族の中から武士(兵)となっていったという説明に変わっている。しかし一方で鎮圧の対象は、「勢力を維持・拡大するために武装」した「土着した国司の子孫や地方豪族」とされ、また鎌倉時代の武士は「開発領主の系譜を引き、先祖以来の地に住み着いて、所領を拡大してきた」存在だとし、「開発領主の館」というキャプションをつけ、防禦施設でもあり農業経営の中核としての機能をもつ武士居館の復元図を掲載している(山川『探究』九七頁)。

こうした「開発領主」の説明から理解されるのは、依然として、「開発領主」とは地方に生まれ武装し地方武士として成長していった存在であり、「寄進地系荘園」は「開発領主」の成長の過程で形成される、ということになろう。

「鹿子木荘事書」が語ること

そして「寄進地系荘園」形成を説明する定番の史料である「鹿子木荘事書《かのこぎのしょうことがき》」もいまだ使われ続けている。この史料が「開発領主沙弥寿妙《しゃみじゅみょう》」の時代よりも二五〇年以上もあとの十三世紀末に、訴訟の中で作成されたものであったこと、そのため「開発領主」に由来する預所職の権利が実際よりも過大に描き出されており、その内容をそのまま事実としてみることができないことは、すでに周知のものとなっている[石井 一九七〇]。それゆえ新課程の教科書では、この史料を使わず別の事例を挙げるものも多くなった。しかし山川『探究』で変更がなかったのは、七二頁の史料の補注にある「開発領主→荘官側の権利を実態より大きく記している可能性が大きい」という点に留意すれば、「寄進地系荘園」形成の経緯を語るものとしては問題ないという判断なのだろう。

たしかに「鹿子木荘事書」に記されているとおり、二度の寄進によって鹿子木荘が形成されたことは事実と認められる。だがここから明らかになる「寄進地系荘園」形成の実態は、教科書の説明とは異なっている。

鹿子木荘のもととなったのは、十一世紀前半、一〇二九(長元二)年に沙弥寿妙という人物が形成した私領であった。そして大宰大弐《だざいだいに》藤原実政《さねまさ》への第一次寄進、鳥羽院皇女高陽院《かやのいん》内親王への第二次寄進によって鹿子木荘が成立したということも、ほかの史料から確認できる事実である。しかし、藤原実政への寄進は一〇八六(応徳三)年、高陽院内親王に寄進されたのは一一三九(保延五)年のことで、この第二次寄進の時に鳥羽院庁下文が下された立券荘号《りっけんしょうごう》がなされた。立券荘号とは、国衙在庁官人・院の使者・荘官の立ち会いのもとに検注(田畠等の調査)が行われて、牓示《ぼうじ》を打って領域を画定し、立券状を作成して荘園の領有を確認・認定する手続きのことをいう。鹿子木荘はこの時、年貢四〇〇石、本田数二〇〇町におよぶ広大な領域をもつ荘園として成立した。「鹿子木荘事書」は、沙弥寿妙の時から一〇〇年以上もあとの、院政期の荘園形成を語っているのである。

また、藤原実政へ寄進を行った「沙弥寿妙末流(中原)高方《たかかた》」は、中央官人中原氏で沙弥寿妙の孫に当たる。沙弥寿妙は受領クラスの中央官人であり肥後国の在地勢力ではなかったのである。実際、十一世紀頃に地方でさかんに開発を推進していたのは、このような受領クラスの中下級貴族たちで、彼らは必ずしも地方に土着してはおらず、また武士となっていったわけではない。鹿子木荘の形成の実態は、教科書の「寄進地系荘園」の説明とは食い違っているのである。

教科書の説明と実態の齟齬

このような齟齬が生じたのは、出発点の「開発領主」の理解に問題があるからである。教科書で説明する「開発領主」とは、鎌倉時代の武士＝在地領主がどのように成長してきたかを説明するために、戦後歴史学の議論の中で構築された概念であった。そもそも「開発領主」という言葉は十一世紀段階には使われていない。教科書で十一世紀に彼らが「開発領主」と呼ばれるようになったと記しているのは明らかな誤りで、「開発領主」とは十三世紀以降に使われはじめ、とくに十三世紀末から十四世紀前半に、訴訟の中で用いられた言葉であった。「開発領主」概念とは、十三世紀末頃の史料にみえる「開発領主」の言葉を用いて、十~十一世紀段階の在地社会の中に武士＝在地領主の原初形態をとらえようとして構築されたものであったのである。

十三世紀末の史料には、「御家人とは往昔以来開発領主として武家御下文を賜る人の事なり」(『沙汰《さた》未練書《みれんしょ》』)とあり、また「鹿子木荘事書」からは、「開発領主」は所領寄進をしても「荘務進退領掌」の権限を失わない強い根本領主権をもつ存在だととらえられた。こうした認識を前提として、強い根本領主権をもつ「開発領主」が地方社会の中にどのように誕生し、武士として成長し、鎌倉幕府御家人となっていったのかが追究された。

それは、農民の階層分解の中から富豪層が生まれ、富豪層の経営を原初形態として、開発私領と周辺農民に対する支配権をもった開発領主が誕生し、彼らは郡司・郷司などの公権を獲得して郡や郷を私領化し、それを中央有力貴族に寄進して荘園を形成して自らは荘官となり、在地領主として成長していくと説明づけられた〔永原 一九六一、戸田 一九六七〕。

しかし、「鹿子木荘事書」が「開発領主」以来「荘務進退領掌」の権限をもつと記すのは訴訟上の潤色であり、『沙汰未練書』の「開発領主」認識も十三世紀末の認識であって、これらが十~十一世紀段階の開発者の実態を示しているわけではない。また「開発領主」概念に示されるような成長を遂げた武士が実際に史料上で確認されたわけではなく、あくまでそれはそれぞれの段階の在地勢力の経営形態から、その発展を説明づけた「開発領主」の発生・成長の理論であったのである〔鎌倉 二〇一三〕。

これが実態とは食い違っていたことは、これまでの教科書記述の修正からも明らかだが、「開発領主」という言葉を用い続ける限り、有力農民の中から開発領主が生まれ武士として成長していったという理解から逃れることはできないだろう。武士の発生についても、荘園の形成についても、「開発領主」という言葉によらずに実態をとらえていくことが必要なのである。

2 中世荘園の形成

摂関期の地方社会と開発者の実像

では中世荘園はどのように形成されていったのだろうか。まずはその前段階の摂関期の荘園形成の様相から概観しよう。

律令制が崩壊した地方社会の中で、「国衙から臨時雑役などを免除されて一定の領域を開発する者」(山川『探究』七一頁)が登場してくる。これは、地方支配が受領にゆだねられ、受領を中心に国内支配が再編成されていく中で、国衙の政策として開発・再開発が奨励されたことと関連している。十一世紀初頭の和泉国では、現在耕作している田地を荒らさずにさらに新たな田地開発を行った場合、田率《でんりつ》雑事《ぞうじ》と官米《かんまい》のうちの五升を免除するという開発奨励が田堵らに向けて出された(一〇一二〈寛弘九〉年正月二十二日和泉国符案)。田率雑事とは、田数を基準に賦課される雑事・雑役のことで臨時雑役とも呼ばれた。官米とは官物としておさめる米のことで、その一部が免除されたのである。諸国でこのような開発奨励策が出されたとみられ、田堵、在庁官人、寺僧・神官、中下級貴族など多様な階層の人々が開発・再開発を行い、公領の内部に私領が形成されていった。だがその中で、臨時雑役などの免除を得て大規模に田地開発を進めていったのは、都に基盤をもつ中下級貴族たちであった。その中でよく知られるのが下級貴族の藤原清廉《きよかど》・実遠《さねとお》父子である。猫怖《ねこおじ》の大夫《たいふ》として説話にのこる藤原清廉は、大蔵《おおくらのじょう》丞という官職をもった下級貴族で、大和・山城・伊賀に多くの田地を領有していた(『今昔物語集』巻二十八)。その子実遠も左馬允《さまのじょう》の官職をもちながら伊賀国内に多くの所領をもち、郡ごとに田屋を立てて田地経営を行い「当国の猛者」と呼ばれたという(一〇八八〈寛治二〉年六月十九日東大寺領伊賀国定使懸光国解案)。

また十一世紀前半頃、儒者の家柄で相模守《かみ》・遠江守を歴任した大江公資《きんより》、その息子で伊勢守をつとめた広経《ひろつね》も、国司を歴任した相模・遠江・伊勢をはじめ大和・山城・摂津などに十四カ所の所領を集積した。このように受領自身も開発所領の形成を進めており、十世紀以前からの院宮王臣家(皇族や有力貴族)の領有した墾田を買い取ったり、負債の代として取得したりして、さらに周辺の荒廃田を含めて一定の領域の開発を請け負いながら多くの私領を形成した。彼らは当時、「私領主」と呼ばれた。その基盤は京都にある者が多く、その場合現地では在地有力者と連携して開墾や田地経営が行われたと考えられる。

しかし、私領主は時には官物を未進したり、平民の田畠を奪い取って私領を拡大したり、また私領の一部を摂関家などの上級貴族や有力寺社に寄進しその権威によって官物免除を得て荘園として領有したりしていくようになった。寺社も経済基盤を確保するため積極的に開発を行ったり、私領を集積したりして、荘園を形成していった。そして官物の免除だけでなく、検田使が荘園内に入ることを拒否する権利(不入権)を獲得して、国衙支配から離脱する荘園も登場しはじめた。上級貴族や寺社は、国家から経済的給付として封戸《ふこ》を与えられており、受領は封物《ふうもつ》納入の代わりに官物を免除したのである。また荘園領域内に課税対象となる公田がなかった場合、荘園領主の申請を容れて不入権を認めた。こうして中下級貴族から上級貴族や寺社に私領が寄進され、不輸・不入を認められた荘園が徐々に増加していったのである。

荘園整理令の発令

不輸・不入荘園の増加は、国衙財政を圧迫するようになった。とくに、内裏《だいり》造営や大嘗祭《だいじょうさい》の費用など、国家の臨時費用の調達に問題が生じ、それに対処するため十一世紀中頃から荘園整理令が頻発されるようになった。それがもっとも徹底して行われたのが、後三条天皇が一〇六九(延久元)年に発した延久《えんきゅう》の荘園整理令である。

延久の荘園整理令では、一〇四五(寛徳二)年を基準年限としてそれ以後の新立荘園を停止すること、また書類不備や国務に妨げがある荘園を停止することが命じられ、朝廷内に記録荘園券契所が設置されて、荘園領主から提出された券契(証拠書類)と国司からの報告書の審査がなされ、荘園を停止するか、認可するかが決定された。教科書では、この荘園整理令によって荘園と公領との区別が明確化され、荘園公領制は成立していくという説明がなされている。これも永らく通説となってきた理解であるが、しかし荘園整理令は荘園と公領を分離する政策であったのではない。荘園を認可する場合にも、そのまま認可したのではなく、券契に所載されている坪付《つぼつけ》・田数のみを本免田《ほんめんでん》として認可し、記載のない田地は課税対象として摘発していった。つまり、不当な荘園を停止するだけでなく、すでに不輸・不入権を得て国衙支配から分離していた荘園の中からも、課税対象となる田地を見つけ出し税収増加をはかろうとする政策であったのである[鎌倉 二〇〇五]。

諸国で徹底した荘園整理がなされる中で、正当な証拠書類がある荘園でも停止されるものもあり、また不入権を得ていた荘園に対しても国衙から検注のため使者が派遣されるなど、荘園現地では混乱が生じた。荘園側は、国衙検注の使者の入部を防ぐために近隣の武士勢力を荘司《しょうじ》に起用したり、朝廷に提訴したりして解決しようとしたが、混乱は続いた。そうした中で、荘園の安定的な領有を求めて上位権力に寄進していく動きが起こっていったのである。また朝廷は、正当な証拠書類をもつ寺社にはその経済基盤を保障する必要にせまられた。荘園整理の混乱の中から、新たな荘園形成の動きが始まっていった。

院政の開始と立荘

新たな荘園形成の動きは、白河天皇が譲位して院政を開始する頃から、白河院周辺で始まった。一つは、寺社からの経済基盤確保の要求を受けて、朝廷の主導により国家的給付として荘園の設定が行われたことである。一〇九〇(寛治四)年に賀茂社に六〇〇町の不輸租田が施入され、諸国に一九カ所の荘園が新たに設定されることになった。その際、あらかじめ賀茂社側が中下級貴族から寄進を受けた地が荘園の候補地とされ、国司との調整がはかられたうえで荘園が設定されていった[川端 一九九六]。

もう一つは、白河院の意向により、院周辺の私的縁故によって私領の寄進や国司の合意がなされ荘園が形成されていったことである。白河院は、若くして没した中宮藤原賢子《けんし》の菩提を弔うため、賢子の御願《ごがん》により建立された醍醐寺円光院《えんこういん》領の荘園として越前国牛原荘《うしがはら》を立荘した。これは、まず賢子の実父源顕房《あきふさ》が券契を尋ね求めてもととなる私領の寄進を受けて、それを円光院に寄進し、さらに賢子に旧恩があったという越前守源高実《たかざね》が周辺の荒野二〇〇町を施入し、官物・雑事等の免除を承認して立荘されたものだった。院政開始とともに、上位権力の側から、荘園整理令に抵触しない古い券契の寄進が求められ、都の中で合意がなされ、公領をも取り込んだ広大な領域をもった荘園が形成されたのである。

このような院政期に始まった荘園形成の実態を明らかにしたのが川端新氏であり、寄進よりも立荘の手続きが中世荘園形成において重要であったと論じたことから立荘論と呼ばれている［川端 一九九六、高橋 一二〇〇四］。

ただし院政期においても荘園整理令は継続しており、院が恣意的に荘園を形成できたわけではない。荘園として不輸を認め、公領を割譲して新たに不輸の荘園を形成するには、国家的給付の代替、あるいは国家的仏事の費用などの正当な名目が必要であった。その名目となったのが、院や女院《にょいん》による御願寺の建立であった。白河院・鳥羽院は、菩提所として、また国家的仏事を挙行する場として多くの御願寺を建立した。鳥羽中宮待賢門院《たいけんもんいん》、皇后美福門院《びふくもんいん》も御願寺を建立し、その経済基盤として新たな荘園がつぎつぎと立てられていった。中下級貴族が形成した私領や荘園の多くは、院周辺に寄進され、王家領荘園（御願寺領・院領）として再編されていったのである。

3　中世荘園の展開

地方社会の動向と立荘の展開

鳥羽院政期が始まる十二世紀前半頃になると、地方社会では有力在庁官人や武士勢力による開発の動きが活発化し、中央の有力貴族との縁故を通じて、私領寄進を行い、立荘につなげていくケースが多くなっていった。院政期以降、都では寺社強訴が頻発して武力需要が高まり、地方では荘園整理令に端を発して荘園領有をめぐる抗争の中で荘園支配にも武力が求められるようになった。髙橋昌明氏は院政期に武士の在地領主化、在地領主の武士化が起こる、とその状況を端的に表現している［髙橋昌一九九八・二〇一八］。十世紀頃に地方に土着した桓武平氏の子孫も、多くは十二世紀以降に名字の地となる所領を形成したように、武士を現地支配者とする土地支配の体制は、院政期の社会変動の中で形作られていったのである。

新課程の「日本史探究」の教科書では、「鹿子木荘事書」に代えて、院政期の荘園形成の事例として上野国新田《にった》荘を取り上げるものが多くなった。新田荘は、河内源氏の源義重《よししげ》が、一一〇八(天仁元)年の浅間山噴火による壊滅的被害ののち、新田郡内十九郷の再開発を国衙から請け負い私領を形成し、その後、鳥羽上皇が一一五四(久寿元)年に御願寺・金剛心院《こんごうしんいん》を建立したのを機に、鳥羽院近臣藤原忠雅《ただまさ》を通じて金剛心院に寄進して立荘された。その際、周辺の公領を取り込んで郡を越える領域が荘園とされ、義重は下司として現地支配を担い、藤原忠雅を領家、金剛心院を本家とする支配体系ができあがった。二度の寄進による寄進地系荘園である。ただし義重とその一族は、都で官職をもち活動する京《きょう》武者《むしゃ》で、地方社会から成長した武士ではない。父義国《よしくに》の頃より下野・上野に拠点をもって周辺の開発を進めており、都鄙にわたる活動を行いながら、都の政治権力とつながり、荘園形成を進めていた。

こうした地方からの私領寄進を仲介し立荘に結びつけていったのが、院近臣であった。院近臣は、私領寄進を受け、さらに院の御願寺などに寄進をして立荘を実現することで、自らは領家や預所として荘園の権益を確保し、家領として集積していった。

上位権力の主導で始まった立荘の動きは、このような地方社会で活動する武士勢力の所領形成の動向や、院近臣の家領確保の動きなど、社会全体を巻き込みながら展開していったのである。

中世荘園の構造

こうした立荘の手続きを経て形成された中世荘園の多くは、郡規模の広大な領域をもった。立荘の出発点は、国家的儀式や仏神事、天皇家・摂関家の人々の経済基盤の確保にあったので、それをまかなえる年貢額と本免田数が設定され、それにみあう領域が荘園とされた。広大な領域が取り込まれたのはそのためである。しかし一方で、荘園整理令も継続していたため、その規制によって、本免田を超える田地が存在した場合には、余田として国衙に官物を納入する義務を負った。余田部分の官物が便宜的に荘園領主に納入される場合には、その部分は加納《かのう》と呼ばれた。中世荘園には、公領とみなされる余田・加納が包摂されており、場合によっては他領も含み込むことがあり、複合的な荘域構成をもつものが多く、荘園と公領とが領域的に分離されたわけではなかったのである［高橋一 二〇〇四、鎌倉二〇〇九］。

また、年貢額にみあう領域が設定されたとはいっても、必ずしも領域内の田地が見作田《げんさくでん》(耕作されている田地)であるとは限らず、荒廃田も多く存在した。荘園領主が必要な年貢額を収取するためには、領域内の再開発や新たな開発を行い、勧農や田地経営を行わなければならなかった。国家的給付が封戸ではなく、領域をもった荘園として設定されるようになったのは、開発や経営の委託という意味もあったのである。その点では、摂関期に開発や経営が委託されて私領や荘園が形成された延長上に、中世荘園の形成があったということができるだろう。ただし、中央の政治権力の側から主体的に荘園が形成されていったという点で、その規模は摂関期よりもはるかに大きなものとなった。

だがこのような権力側からの大規模な荘園形成は、地方社会に紛争をもたらすことにもなった。政治的に領域が定められることで境界をめぐる争いが起こり、また立荘に成功したあとも荘官の地位をめぐり争いが起こった。いったん立荘が実現しても、最初の寄進関係がそのまま荘園の支配組織となったとは限らず、荘官が変更することも少なくなかったのである。

武家政権の成立と中世荘園の展開

立荘は、十二世紀前半から半ばの鳥羽院政期をピークとして、後白河院政期を通じて行われ、十三世紀前半頃に終息していった。その間、十二世紀後半には平家政権が成立し、十二世紀末には鎌倉幕府が成立した。

荘園の支配は、本来、荘園領主が任命した荘官(下司)が現地支配を担った。院政期、立荘が展開する一方で、武家による家人編成が進み、荘官が武家と主従関係を結んだり、武士が現地支配を任され荘官に起用されたりしていった。武家の支配は、荘園・公領の支配体系と重なりながらも、それとは別次元で展開した。しかし平家が政治権力を掌握すると、平家の家人が他領荘園の荘官に推挙されるなど、荘園所職の任命に武家の主従関係が密接に関連するようになり、地方武士にとって平家との主従関係をもつことが、現地支配のポスト獲得に大きな意味をもつようになった［鎌倉 二〇〇八］。

平家打倒の挙兵によって内乱が広がる中、地域社会では競合する武士どうしの局地的な戦闘が起こり、敵方所領の軍事的制圧によって荘園・公領の所職の確保がなされていった。源頼朝はこうした軍事占領に保証を与えることで地方武士を糾合し、これが地頭職として制度的に定着していくことになった［川合 二〇〇四］。地頭職設置が認められたのは、東国、奥羽のほか、西国では平家没官領（平家や平家家人が領有していた所領）など謀叛人跡に限られたが、内乱を経て、中世荘園は武家の支配を構造的に組み込んで維持されていくことになったのである。

〈参考文献〉
石井進　一九七〇年「鹿子木荘の成立をめぐって」(のち再録『石井進著作集7』岩波書店、二〇〇五年)
鎌倉佐保　二〇〇五年「荘園整理令と中世荘園の成立」(のち再録『日本中世荘園制成立史論』塙書房、二〇〇九年)
鎌倉佐保　二〇〇八年「荘園制の成立と武門支配の統合」(『歴史学研究』八四六号)
鎌倉佐保　二〇〇九年『日本中世荘園制成立史論』(塙書房)
鎌倉佐保　二〇二三年「「開発領主」と荘園の形成――荘園をどう教えるか」(『史海』六九号)
川合康　二〇〇四年『鎌倉幕府成立史の研究』(校倉書房)
川端新　一九九六年「院政初期の立荘形態――寄進と立荘の間」(のち再録『荘園制成立史の研究』思文閣出版、二〇〇〇年)
下向井龍彦　二〇〇一年『日本の歴史7　武士の成長と院政』(講談社)
高橋一樹　二〇〇四年『中世荘園制と鎌倉幕府』(塙書房)
髙橋昌明　一九九八年「中世成立期における国家・社会と武力」(のち再録『武士の成立　武士像の創出』東京大学出版会、一九九九年)
髙橋昌明　二〇一八年『武士の日本史』(岩波新書)
戸田芳実　一九六七年『日本領主制成立史の研究』(岩波書店)
永原慶二　一九六一年『日本封建制成立過程の研究』(岩波書店)
元木泰雄　一九九四年『武士の成立』(吉川弘文館)

3 鎌倉幕府と朝廷

高橋　典幸

はじめに

鎌倉時代は、京都に朝廷、鎌倉に幕府と、二つの政治権力が並立していた点に大きな特徴がある。かつては鎌倉幕府のみに注目されがちであったが、研究が進んだ結果、鎌倉時代の政治はこの二つの政治権力の関係によって理解すべきことが明らかにされてきた［佐藤 一九八三、上横手 一九九一］。とはいえ、教科書の叙述はやはり鎌倉幕府の動きが中心になっている。そこで、本稿では鎌倉幕府と朝廷との関係に光を当てることにしたい。

鎌倉幕府と朝廷との関係は鎌倉時代を通じて一定していたわけではなく、様々な政治情勢により変化した。また鎌倉幕府や朝廷そのものも、朝幕関係の影響を受けて変容していた。本稿ではそうした点にも注目していきたい。とくに朝廷は、鎌倉幕府という新たな政治権力の台頭により大きな影響を受けたのであるが、その内実を見定めるためには、視野をより広くとる必要がある。教科書などでは、その構成上、院政期と鎌倉時代のあいだで叙述が分かれてしまうことになるが、本稿では院政期の朝廷のあり方からの変化を意識したい。

1 朝廷と武士

承久の乱

鎌倉幕府と朝廷との関係を考えるうえで注目されてきたのは、一二二一(承久三)年に勃発した承久の乱である。後鳥羽院と協調的な関係を築いていた将軍源実朝が一二一九(承久元)年正月に暗殺されたことをきっかけに幕府と朝廷の関係が不安定化し、後鳥羽院はついに北条義時追討を命じ、討幕に踏みきったのである。しかし結果は院方の惨敗に終わり、乱に加担した後鳥羽院の関係者は幕府によって厳しく処分された。

後鳥羽・土御門・順徳の三上皇、さらに後鳥羽皇子の雅成《まさなり》・頼仁《よりひと》親王は配流に処され、乱の首謀者とみなされた後鳥羽院の近臣たちは身柄を幕府に引き渡され、その多くが処刑された。とりわけ注目されるのは、乱直前に践祚《せんそ》していた仲恭天皇(順徳院の子)は廃位とされ、新たに後堀河天皇が立てられたことである(**図1**)。

かつて後鳥羽天皇から土御門天皇への譲位に際して源頼朝が慎重意見を呈したことがあったが、それは後鳥羽の容れるところとはならなかった。さらにさかのぼって平清盛は娘を高倉天皇の中宮とし、二人のあいだに生まれた安徳天皇を即位させ外戚の地位を手に入れたが、安徳天皇の即位そのものは院政を行っていた後白河院の意思でもあった。それらに対して、承久の乱後の鎌倉幕府は独断で皇位継承に介入し、かつそれを実現させてしまった点が画期的である。以後、皇位交代にあたって朝廷は事前に幕府の承認を求めるようになる。朝廷は幕府の意向を忖度《そんたく》せざるをえなくなったのである。すなわち承久の乱を転機として、朝廷に対して鎌倉幕府が優位に立つ状況が生まれたのである。

朝幕関係という観点からはもう一つ、少なからぬ御家人が承久の乱に後鳥羽院方として参戦したことにも注目したい。その顔ぶれは、大江親広《ちかひろ》や佐々木広綱《ひろつな》・経高《つねたか》、後藤基清《もときよ》、大内惟信《これのぶ》など、意外にも鎌倉幕府創設以来の有力御家人揃いである。これはいったいどうしたことなのだろうか。

院政と武士

乱前の後鳥羽院は、それまで対立していた摂関家の近衛家と九条家をともに起用するなど、多くの廷臣を従えたほか、八条院領や長講堂領など膨大な皇室領荘園を集積して、院政の政治的・経済的基盤の強化につとめていた。さらに西面の武士を設置して、武士の編成・組織にも積極的に取り組んでいた。

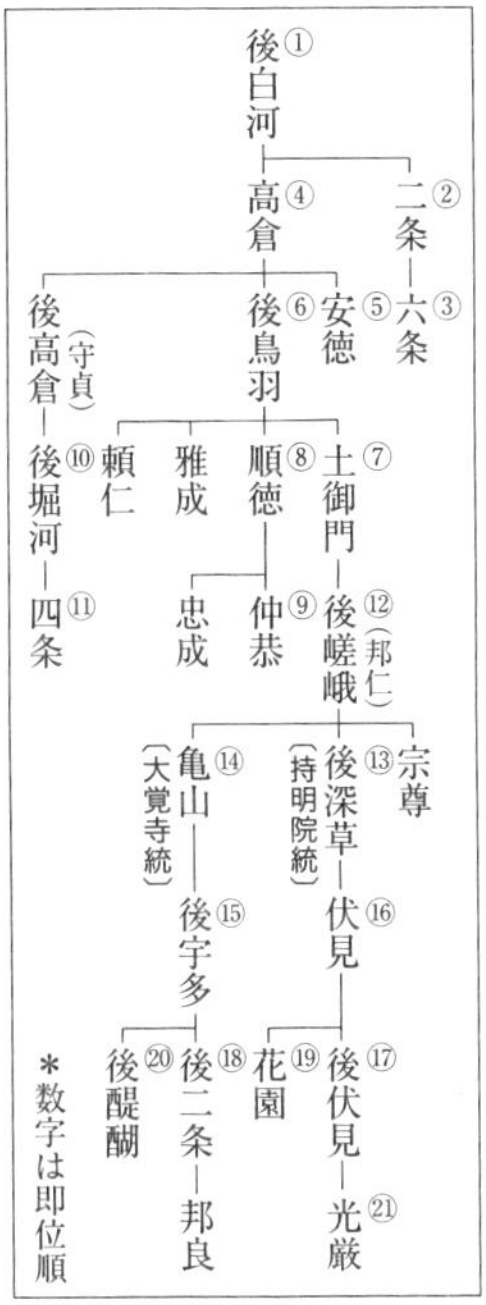

図1　天皇家略系図

一方、鎌倉幕府は洛中の治安維持

のため京都守護を派遣し、また西国守護の多くは京都を拠点にしており、在京する御家人は少なくなかった。彼らの中からは検非違使や西面の武士に任じられるなどして、後鳥羽院に仕える者も現れた。実際、後鳥羽院はこうした御家人を含んだ在京の武士を動員して、強訴に対する防御や寺社紛争の鎮定に当たらせていた[長村 二〇一五]。承久の乱に際してもこのような武士たちが動員されたので、有力御家人が院方に名を連ねることになったのである。

ただし在京する武士が朝廷に動員されることは、後鳥羽院に始まったことではなく、院政期にさかのぼる。院政期には寺社の強訴や海賊事件などが多発したが、朝廷は検非違使らだけではなく、京都周辺の武士を動員して対応に当たらせていた。こうした動員の中心になったのが白河院や鳥羽院であった。院政を行う院のもとには北面の武士が組織されており、彼らが院の命令を受けて派遣されたのである。こうした軍事動員を通じて院による武士の組織・編成もさらに進んでいった。また院の命令に応じて軍事活動に従事することによって武士の政治的地位も高まり、そうした中で生まれたのが平氏政権であった。

京都周辺の武士が院に仕え、その命令を受けて軍事活動を行うことは院政期以来のことであり、後鳥羽院の軍事動員もそれを踏襲・強化するものだったのである[木村 二〇一六]。

武力の放棄

重要なのは、将軍を主人とする御家人に対しても後鳥羽院による編成・軍事動員が行われたことである。院にとって、御家人も含めて武士はすべて院の命令に従うべき存在であった。一方の御家人においても、院の命令を拒否する謂れはなく、むしろ西面の武士などに抜擢されることは栄誉なことであり、幕府もそれを阻止することはできなかった。承久の乱のような究極の局面においてさえ、少なからぬ御家人が院方として参戦していることは、武士に対する院の求心力の強さを物語っていよう。

治承・寿永の内乱の中で軍事権力として登場した鎌倉幕府にとって、これは脅威であった。幕府を支える柱は御家人制、すなわち将軍と御家人とのあいだに結ばれた主従関係であったが、院の求心力は御家人制を阻害し、幕府を空中分解に導く危険性をはらんでいたのである。

結果として承久の乱は鎌倉方の圧勝に終わった。入京しようとする幕府軍に対し、後鳥羽院は北条義時追討令を撤回し、幕府の指示に従うことを伝えた。軍記物語『承久兵乱記《じょうきゅうへいらんき》』によれば、さらに後鳥羽院は今後武士を召し使わない旨も伝えたとされる［本郷 一九九五］。ほかの史料で確認することができないので、『承久兵乱記』の創作の可能性もあるが、右に述べたような経緯を考えれば、朝廷は幕府から武力の放棄を求められた可能性は高い。

実際、承久の乱後、院や朝廷による武士の軍事動員はみられなくなり、必要に応じて鎌倉幕府に武力発動を要請するばかりになる。朝廷の武力は放棄もしくは解体されたといってよかろう。承久の乱は、院政期以来の朝廷・院と武士との関係を断ち切り、国家的な武力を鎌倉幕府に一元化する役割を果たしたのである［川合 二〇一九］。

2　後嵯峨院政と鎌倉幕府

後嵯峨天皇の即位

承久の乱で幕府が皇位継承に介入した意図は、後鳥羽院とその子孫を今後の皇位継承から排除することにあった。乱の首謀者の子孫によって皇位が継承されることは幕府としては許せなかったのである。幕府が後鳥羽院に代えて選択したのが守貞《もりさだ》親王(後高倉院)であった。ただし守貞親王はすでに出家していたため、その子が新天皇(後堀河天皇)として即位し、守貞親王は院政を行うこととされた。

一二三二(貞永元)年、後堀河天皇が四条天皇へ譲位した際、鎌倉幕府は幼帝の即位(四条天皇は数え年で二歳であった)に難色を示してはいたが、結局は後堀河天皇や関白九条道家《みちいえ》の意向を受け入れた。後高倉院の子孫によって皇位が継承されれば十分であり、承久の乱で幕府が皇位継承に介入した意図もそれにとどまるものであった。鎌倉幕府は決して朝廷や天皇位を管理・統制しようとしていたわけではないのである。

ところが一二四二(仁治三)年正月に四条天皇が急死すると、状況は一変する。後高倉院・後堀河院はすでに死去してこの世になく、四条天皇には兄弟も皇子もいなかったので、後高倉院の皇統は断絶してしまったのである。残されていたのは、いずれも後鳥羽院の孫の忠成王《ただなりおう》(順徳院皇子)と邦仁王《くにひとおう》(土御門院皇子)であったが、幕府が選んだのは邦仁王(後嵯峨天皇)であった。

実は貴族たちの大勢は忠成王即位にあり、幕府の決定は貴族社会の大きな反発を招いたが、にもかかわらず幕府が彼らの意向を受け入れなかったのは、忠成王の父順徳院が後鳥羽院の正嫡《せいちゃく》だったからである。承久の乱を戦った鎌倉幕府にとって、後鳥羽院の皇統が復活せざるをえないという状況であっても、その正嫡の復活は阻止せねばならなかった〔河内・新田 二〇一二〕。承久の乱以来、後鳥羽院の皇統は避けるという点で、幕府の方針は一貫していたのである。後嵯峨天皇の即位からは、皇位継承に関する幕府の強い意志が読み取れよう。

九条道家と朝廷・幕府

四条天皇急死から半年後、一二四二年六月には北条泰時が六〇歳で死去した。跡を継いで執権についたのは泰時の孫経時《つねとき》であった。さらにその四年後、重病の経時は弟の時頼に執権をゆずった（経時・時頼の父時氏《ときうじ》は一二三〇〈寛喜二〉年に早逝していた）。

北条泰時のもと、評定衆が設置され、御成敗式目が制定されるなど、鎌倉幕府では政治体制の整備が進められていた。それは、執権が北条泰時から経時、時頼へと世襲されたことからもわかるように、北条氏、とりわけその嫡流家（得宗家）を中心とする整備であった。

ただし得宗家の権力強化に反発する御家人も少なくなく、北条氏一門の中にも得宗家に敵対的な勢力があった。そうした反得宗勢力の核になっていたのが将軍藤原頼経《よりつね》であった。源実朝の暗殺後、わずか二歳で摂関家九条家から将軍後継者として鎌倉に迎えられた頼経も、成長するにおよんで、その周囲に政治勢力が形成されるようになっていたのである。そして北条泰時の死をきっかけに得宗勢力と将軍勢力の対立が表面化するようになる。

実はこの対立は幕府内にとどまるものではなく、将軍勢力の背後には頼経の父九条道家の存在があった。承久の乱後、一時逼塞《ひっそく》していた道家であるが、一二二八(安貞二)年に関白に復帰すると、四条天皇の外戚の地位を手に入れ、摂政・関白を自身と息子たちで独占し、朝廷と鎌倉幕府との連絡窓口である関東申次《かんとうもうしつぎ》にも任じられるなど、朝廷政治の実権を握っていた。さらにその権勢は頼経を通じて鎌倉幕府にもおよんでおり、道家のもとでは得宗家を排除して将軍派の三浦氏を執権にすえる計画もあったといわれている。

将軍派の台頭は得宗家にとっては存亡の危機であった。これを乗り切るためには将軍派を打倒することが必要であり、その真の敵は九条道家だったわけであるが、得宗家の力のみでは朝廷の実力者道家を封じ込めることはできない。この時、得宗北条時頼が注目したのが後嵯峨院であった(後嵯峨は一二四六〈寛元四〉正月に後深草天皇に譲位していた)。

後嵯峨院と北条時頼の連携

すなわち時頼は後嵯峨院と連携して九条道家を封じ込めようとしたのである。実はこの時期、九条道家が後深草天皇に代えて忠成王の即位をはかっているという噂があった。これは得宗勢力による謀略の可能性もあるが、前項でみた即位の事情からすれば、後嵯峨院にとっても九条道家の存在は危険なものと映ったであろう。後嵯峨院の側にも時頼と連携する素地は十分あったのである。

一二四六年、時頼はついに将軍派の粛清に乗り出し、その頭目頼経を京都に送還し、さらに道家の関東申次更迭を後嵯峨院に申し入れた。翌年には将軍派の最大勢力三浦氏を滅ぼし、一二五二(建長四)年には頼経の子の将軍頼嗣《よりつぐ》も京都に追った。これに応じて後嵯峨院も九条家を勅勘《ちょっかん》(天皇による譴責《けんせき》処分)とした。まさに北条時頼と後嵯峨院の連係プレーによって九条道家は排除されたのである。新将軍には後嵯峨院の皇子宗尊《むねたか》親王が迎えられた。

注目されるのは、この過程で時頼が後嵯峨院に徳政を申し入れ、その結果、院評定が開催されるようになったことである。九条道家に代わって後嵯峨院が朝廷政治を主導することが求められたのであり、後嵯峨院政の制度的基盤として評定制が導入されたのである。これにより朝廷は院政によって自律的に運営され、得宗率いる鎌倉幕府とともに、相互に自己完結的な組織として並立・連携するという体制が目指されたのである。朝廷・幕府にまたがる九条道家のような存在は、得宗からすれば、幕府を脅かす存在であった。朝幕関係を整序することは、そうした不安定要素を取り除き、得宗を中心とする幕府の存立を確かなものとするために必要な措置であった[高橋 二〇二〇]。

3 鎌倉幕府の滅亡と朝幕関係

朝幕関係の緊密化

後嵯峨院政の成立により、朝幕関係は新たな段階に入った。一二六一(弘長元)年、幕府と朝廷はあいついでそれぞれ新制《しんせい》を発令しているが、これは朝廷・幕府が呼応して政治刷新を目指していたことを示しており、東西に並び立つ両政権の連携を象徴するできごとであった。両者をつなぐ関東申次の職掌も明確化するようになる[森 一九九一]。

しかし現実には両政権の関係は均衡したものにはならなかった。

守護の職掌として大犯三カ条が定められたように、鎌倉幕府は全国の治安維持を担っていたが、寺社や貴族の荘園に対しては直接介入せず、犯人の身柄を受け取るのにとどまっていた。ところが、十三世紀後半以降、各地の荘園で悪党の活動が活発化すると、寺社や貴族など荘園領主の側から幕府の介入が求められるようになり、朝廷を介して幕府が悪党取り締まりに当たるようになる[近藤 二〇一六]。また幕府は朝廷財政にも深く関与するようになった。朝廷の重要な行事の経費は一国平均役によって調達されていたが、その賦課・徴収は幕府によって行われ、さらに幕府が直接経費を負担・支出することもあった。むしろ朝廷行事は幕府の財政支援を前提として行われるありさまであった[上杉 二〇一五]。

こうした幕府と朝廷との関係はモンゴルからの服属要求への対応にもみてとることができる。朝廷側では返書を作成したにもかかわらず、幕府が握りつぶしてしまったことはよく知られているが、実は返書の可否を審議しながらも、貴族たちは「最終的な方針は幕府が決めるであろう」(『勘仲記《かんちゅうき》』一二七九〈弘安二〉年七月二十九日条)と考えていた。最終的な判断・決定は幕府任せだったのである。

以上のように、十三世紀後半の朝廷と幕府との関係は、両者の連携・協調というよりも、朝廷の幕府依存が進むという方向で緊密化していったといえよう。

両統迭立と鎌倉幕府

朝廷の幕府依存をさらに決定的なものにしたのは、皇位継承問題であった。

鎌倉幕府との協調のもと、後嵯峨院政は鎌倉時代最長の二六年におよんだ。この間、皇位は後深草天皇、亀山天皇と伝えられ、亀山の皇子(のちの後宇多天皇)が皇太子になっており、後嵯峨の皇統は亀山の系統に伝えられようとしていた。ところが一二七二(文永九)年、後嵯峨はその死にあたって、後継者を定めず、鎌倉幕府に一任するとしたのである。

院政期以来、天皇家の家長、すなわち院の「誰に皇位を伝えたいか」「誰を次代の家長とするか」という意志によって皇位継承は進められてきた。実際には天皇家のほかの人々や摂関など貴族社会との軋轢や紆余曲折を経ながらも、院の意志は中世における皇位継承の原動力となってきたのである［河内・新田 二〇一一］。ところが後嵯峨院はそうした院としての役割を放棄してしまったのである。その結果、天皇家は後深草の系統(持明院統)と亀山の系統(大覚寺統)とに分裂する。皇位継承をめぐって二人の家長が対立することになったのであり、天皇家で皇位継承を決められなくなってしまったのである。

結局、その決定は鎌倉幕府に求められるようになる。たしかに承久の乱以後、皇位継承には幕府の支持・同意が必要になっていた。幕府にも皇位継承について明確な意志が存在したが、しかしそれは「後鳥羽院の皇統を皇位継承から排除する」というものにすぎず、「誰をつぎの天皇家家長とすべきか」について明確な方針があるわけではなかった。「持明院統と大覚寺統いずれも皇位からはずれないようにする」(『吉続記《きちぞくき》』一三〇一〈正安三〉年十一月二十五日条)という姿勢以上に出るものではなかった。その結果、その時々の政治情勢によって持明院統・大覚寺統から天皇が即位する、いわゆる両統迭立状況が生まれたのである［佐伯 二〇一九］。

しかし両統から代わる代わる天皇が即位したのはあくまでも結果にすぎず、持明院統・大覚寺統はそれぞれ自統により皇位を独占しよう、より有利な条件を獲得しようとして幕府に働きかけていた。その都度、幕府は両統の面子を立てることに終始したため、結果として幕府が両統迭立を支持するという役回りになってしまったのである。これこそ究極の幕府依存であるが、それは決して幕府の望むところではなかったのである。

後醍醐天皇の登場

天皇家はさらに分裂する可能性をはらんでいた。持明院統では後伏見天皇にまだ皇子がいなかったため、弟の花園天皇が後二条天皇の皇太子となり、その後即位した。のちに後伏見に皇子(のちの光厳天皇)が生まれたため、持明院統は後伏見・花園の系統に分裂する可能性もあったが、正嫡は光厳天皇に継承され、花園は中継ぎの役割に徹し、分裂は回避された。

大覚寺統で、花園天皇と同様の立場にあったのが後醍醐天皇である。後醍醐は花園天皇即位にともなって皇太子に立てられたが、大覚寺統の正嫡は兄後二条天皇であった。そのため後醍醐天皇が即位すると、皇太子には後二条の皇子邦良《くによし》親王が立てられた。そして後醍醐天皇の在位が一〇年におよぶと、皇位の奪還を目指す持明院統だけではなく、皇太子邦良親王の側からも幕府に対して後醍醐の譲位が働きかけられるようになる。後醍醐も、大覚寺統ではあくまでも中継ぎとされていたのである。

しかし花園天皇とは異なり、後醍醐天皇は自らの子孫に皇位を伝えることを強く望んだ。ただしその立場は大覚寺統の傍流であり、両統迭立状況が続く限り、その可能性はゼロに等しかった。後醍醐天皇がどんなに幕府に運動しても、持明院統のみならず、大覚寺統の正嫡にもはばまれて、子孫に皇位を継承させることはできなかったのである。この状況を打開するには、両統迭立そのものを破壊すること、すなわち両統迭立を支持している鎌倉幕府を排除する必要があった。こうして後醍醐天皇は討幕へと突き進んでいくことになる。

鎌倉幕府の滅亡については様々な要因が考えられている。また討幕に動いた人々の思惑も様々であったが、そうした諸勢力を糾合して討幕を実現するにあたって、後醍醐天皇が大きな役割を果たした。そうした意味では、鎌倉幕府の滅亡は後醍醐天皇の登場に至る朝幕関係の帰結だったといえよう。

おわりに

「はじめに」で述べたように、鎌倉幕府と朝廷が並立する点に鎌倉時代の特徴があり、両者の関係は鎌倉時代の政治史や国家像を解明するうえで重要な検討課題である。ただし、これまでみてきたように両者の関係は複雑で、単なる外交関係や権限の分掌関係だけで理解するわけにはいかない難しさがある。むしろこの点にこそ、鎌倉時代の政治史、さらには中世史を研究するおもしろさがあるといえよう。朝幕関係を切り口として、これらについての認識が深まっていくことが期待される。

〈参考文献〉

上杉和彦　二〇一五年『鎌倉幕府統治構造の研究』(校倉書房)
上横手雅敬　一九九一年『鎌倉時代政治史研究』(吉川弘文館)
川合康　二〇一九年『院政期武士社会と鎌倉幕府』(吉川弘文館)
木村英一　二〇一六年『鎌倉時代公武関係と六波羅探題』(清文堂出版)
河内祥輔・新田一郎　二〇一一年『天皇の歴史4　天皇と中世の武家』(講談社)
近藤成一　二〇一六年『鎌倉時代政治構造の研究』(校倉書房)
佐伯智広　二〇一九年『皇位継承の中世史——血統をめぐる政治と内乱』(吉川弘文館)
佐藤進一　一九八三年『日本の中世国家』(岩波書店)
高橋典幸　二〇二〇年「鎌倉幕府と朝幕関係」(『日本史研究』六九五号)
長村祥知　二〇一五年『中世公武関係と承久の乱』(吉川弘文館)
本郷和人　一九九五年『中世朝廷訴訟の研究』(東京大学出版会)
森茂暁　一九九一年『鎌倉時代の朝幕関係』(思文閣出版)

4
鎌倉幕府の裁判――中世国家の一部分として考えるために

佐藤　雄基

1　中世前期における裁判の重要性

どうして鎌倉幕府の裁判制度が取り上げられているのか

高校の教科書には、鎌倉幕府の法と裁判に関する比較的詳細な記述がある。一二三二(貞永元)年に制定された御成敗式目について、二十年年紀法(第八条)などいくつかの具体的な条文に関する紹介とともに、有力御家人の合議体である評定衆の設置(一二二五〈嘉禄元〉年)に関連づけて、三問三答(後述)という特徴をもつ訴訟制度が整備されたことが紹介されている。

全時代を通してみた時、そこまで詳細な説明はほかの時代にはない(近現代の場合、日本史ではなく公民の範囲になるからという理由もあるのかもしれない)。その背景には、御家人どうしの争いを裁く裁判機能こそが鎌倉幕府権力にとって本質的に重要であり、古代・近世の公権力はもちろん中世の朝廷や室町幕府と比べても鎌倉幕府の特徴だという考え方があるに違いない。史学史を振り返ると、古くは大正時代には、西洋流の法治主義を受け入れる土壌が日本人にある例証を鎌倉時代に求める議論があった［三浦 一九一九］。戦後は「訴訟当事者にたいして第三の権力として機能することによって、公権力が成立」するという見通しのもと、現地で所領を経営する武士(在地領主)相互の争いを裁定する存在として鎌倉幕府は新しい公権力たりえたのだと論じられてきた［石母田 一九七二］。

院政期の訴訟制度

しかし、まずおさえておくべきことは、裁判の重要性は、鎌倉幕府のみならず中世前期の権力に共通する特徴だったということである。院政期の朝廷は、荘園公領制の成立にともなう訴訟の発生に対応して、記録所など裁判制度を整備していた［棚橋 一九八三］。律令法の専門家である「明法家《みょうぼうか》」の活動もまた院政期には活発化し、財産相続など当時の社会で発生していた新たな問題に対して、律令の再解釈によって正当化された新たな判断基準を提供する役割を果たし、それらの律令解釈と判断基準を集大成した『法曹至要抄《ほっそうしようしょう》』のような法書を生み出していた［上杉 一九九六、長又 二〇二〇］。鎌倉幕府の御成敗式目もまた『法曹至要抄』などの法書を参考にしていたし［佐藤進 一九九〇］、幕府の訴訟制度もまた朝廷の訴訟制度に源流がある(例えば、勘状《かんじょう》について［佐藤雄 二〇一二］、朝廷の問宣旨について［下向井 一九八〇］)。幕府執権である北条泰時は、御成敗式目制定の意図を伝える書状の中で、律令法の専門家(明法家)の判断がまちまちであるため、世間の人々は迷惑をしていると批判していたが、後鳥羽院政期には朝廷でも『裁判至要抄』が勅撰されていたことは見逃せない［長又 二〇二〇］。泰時書状は教科書にも掲載されるほど有名なもので(御成敗式目や泰時書状など基本史料は［石井進ほか 一九七二］に書き下しと解説があるほか、［佐藤雄 二〇二三a］も参照)、現在の歴史像にも影響を与えているが、御成敗式目制定の正当化のために書かれたという史料的性格を無視してはならない。

院政期に裁判が活発化する背景について、領主制に代表される私的所有の発展、すなわち争う対象である所領が誕生したからだ、とよく説明される。さらに踏み込んでいえば、荘園公領制の成立にともなうものである。貴族や在地領主のもつ権益が「職《しき》」として制度化され、職は上位の権力によって個別に任命・保証される性格をもったため(職についてさしあたり［西谷 二〇一四］を参照)、それまで国郡のレベルで解決されていたようなローカルな争いもまた、京都の朝廷や荘園領主のもとに持ち込まれるようになったのである。荘園内の問題を荘園領主に訴えるというルートが成立すると、「職」以外の(本来は扱わなくてもよい)多様な訴えも同様に荘園領主に提訴されるようになる。こうして成立した本所裁判は、荘園領主が「職」の任命権などと関わって、より積極的に関与する裁判(①)と、人々によって持ち込まれる裁判(②)との二層構造があったと考えられる。

鎌倉幕府と荘園制

鎌倉幕府もまた荘園公領制の中に地頭職を設置し、御家人を設定していたため、地頭や御家人に関する訴訟を引き受けざるをえなかった。幕府の扱う裁判の類型をみると、御家人どうしの争い(財産相続をめぐる裁判は［近藤 二〇一六］を参照)も多いが、地頭・御家人の非法行為を荘園領主などが訴えるというタイプも多い［古澤 一九九一］。こうした裁判は本所(荘園領主)間の紛争処理・裁判と本質的な差異はないが、治承・寿永の内乱という全国内乱の結果として成立した地頭・御家人が全国に遍在していたため、幕府に持ち込まれる訴訟は質量ともに一般の本所裁判とは明らかに隔絶していた。そうした人々の訴訟の動きを幕府は警戒し、地頭・御家人関係の訴訟以外は幕府裁判では受けつけないという原則をもち、しばしばそのことを言明していた。前述した本所裁判の二層構造に引きつけていえば、自らの関与を①の領域に限定し、②を自制する点に幕府裁判の特徴があったのである。

朝廷では「雑訴」「小事」とされてきた所領争いを対象とした裁判制度が、幕府においては重要事項として発展を遂げた。さらに鎌倉後期には幕府の影響を受けて朝廷訴訟制度［本郷 一九九五］や各寺社本所の訴訟制度も整備されていく［大山編 二〇〇八］。訴訟制度の整備はこの時代の中世国家全体の課題だったからである。幕府＝中世国家ではない。鎌倉時代史を「鎌倉幕府の歴史」ではなく、朝廷や寺社、百姓を含めた「全体の歴史」としてとらえなおすためには、幕府以外で行われていた裁判をきちんと認識する必要がある。

さらに幕府の裁判制度自体は室町幕府にも引き継がれていく。かつて荘園公領制度は南北朝動乱後、守護領国制の展開とともに衰退すると考えられていたが、現在では室町期における荘園制が積極的に評価されるようになっている。その中で、室町幕府の裁判制度についても一層研究が進んでいるという状況である(さしあたり［松園編 二〇二一］を参照)。中世後期の荘園制と武家政権も視野に入れて中世の裁判制度を考える必要があるのである。

2 鎌倉幕府の訴訟制度の特徴

三問三答

つづいて、幕府の法と裁判について具体的にみていこう。教科書類にはしばしば三問三答の訴訟手続きに関する模式図が掲載されている(**図1**)。

訴人(原告)が幕府に訴訟を起こした時、まず問注所が訴状を受理し、その訴訟を担当する引付に訴状を送付する(これを「賦《くばり》」という)。引付とは幕府の訴訟担当部局であり、時期によって変遷があるものの、基本的には五つの部局があり(五方《ごほう》引付)、幕府に寄せられた膨大な訴訟を分担して処理していた。各番(一番引付、二番引付、と呼称された)は、引付頭人《とうにん》(長官)、引付衆(合議メンバー)、引付奉行人から成る。幕府の最高合議体である評定会議のメンバー(評定衆)が引付頭人を兼ね、引付内部でも頭人・引付衆・奉行による引付合議を行った。引付では、「くじ」で担当奉行を決定した。

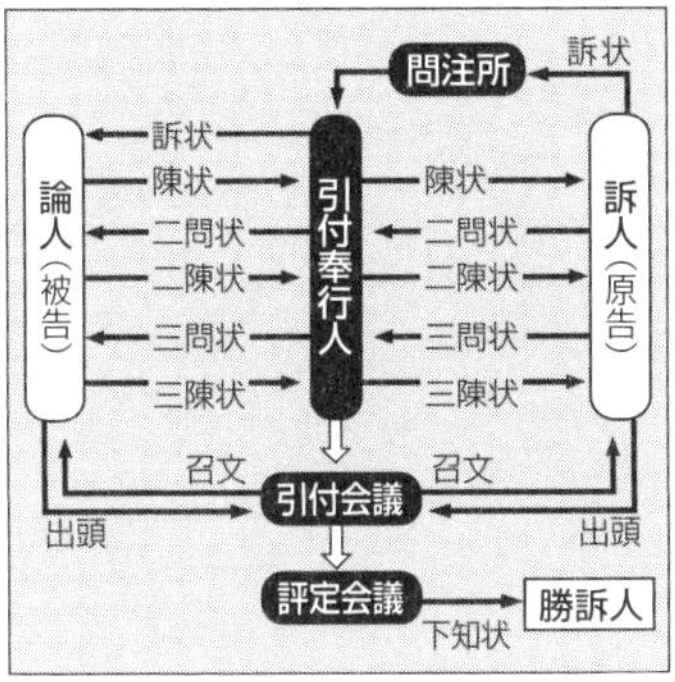

図1　訴訟制度の仕組み

さて、担当の奉行人は、論人(被告)を相手とする訴訟の場合、まず論人のもとに訴状を送り、それが事実かどうかをたずねる(一問)。論人は訴えの内容を認めない場合、訴えに反論する陳《ちん》状《じょう》を作成し、奉行人に返送する(一答)。このように訴人・論人が主張の応酬を三度までかわすことを三問三答という。引付頭人と引付衆全員が揃っている時に、召文《めしぶみ》(召喚状)によって出頭してきた訴人・論人に問答を加え、引付会議で判決に関する意見書(引付勘録《かんろく》)をまとめた。引付の意見書は評定会議で読み上げられ、意見書を原案として関東下知状《げちじょう》(裁許状ともいう。幕府の判決文書)が作成され、引付の場に呼び出された勝訴者の手に渡された。

以上の訴訟手続きは、鎌倉末期に成立した奉行人のマニュアル『沙汰未練書《さたみれんしょ》』の記述に依拠したものである(もっとも体系的で基礎的な研究として[石井良 一九三八])。幕府訴訟は御家人所領をめぐる訴訟(所務《しょむ》沙汰)、今でいう刑事事件を対象とする検断《けんだん》沙汰、それら以外の金銭貸借など雑多な訴訟を対象とする雑務《ざつむ》沙汰の三類型に分かれていた。上記の訴訟手続きは所務沙汰の説明である。

教科書などで幕府訴訟制度の説明は、評定衆や御成敗式目の制定などと並んで承久の乱後におかれることが一般的である。だが、所務沙汰を管轄する引付衆の設置は執権北条時頼の時代(一二四九〈建長元〉年)で、『沙汰未練書』およびそれに依拠した[石井良 一九三八]の説明も同書の成立した鎌倉末期のものである。これに対して、訴訟制度の発展史という観点に立つ[佐藤進 一九四三]は、訴訟の管轄権をもつ幕府の機関に注目し、鎌倉前期には、訴訟当事者の身分によって担当部署が分かれていたが、十三世紀半ば以降は訴訟対象(所務・検断・雑務という訴えの内容)によって分化した、と結論づけた。鎌倉幕府の訴訟制度は発展し続けていたのであり、決して鎌倉中期に完成していたわけではない。

紛争解決に向けた幕府の姿勢の変化

鎌倉後期には訴訟手続きだけではなく、様々な紛争解決の仕組みが整備されていた。

例えば、幕府に提訴するものの、途中で当事者どうしが和解(「和与《わよ》」)するケースが増えている[平山一九六四〕。『沙汰未練書』に「悪い奉行人はみだりに判決を出すが、よい奉行人は和解をさせるものだ」という記述がみえるように、当事者どうしをたがいに納得させて和解させることをよしとする考え方があった。三問三答を通して、両者が対話のテーブルにつくことが重要だった。前述の解説の中で述べたように、正式な引付会議の前に、担当奉行人のもとに訴人・論人が呼び出されて、訴状・陳状の確認や「内問答」が行われるが、それをきっかけにして和解が成立することもあった。判決以前に和解する場合、訴人と論人が同内容の「和与状」を作成し、相互に交換したうえで、和解内容を幕府に申し立てて、幕府から承認を得た(幕府は和与状の内容を引き写した「和与裁許」の文書を作成し、両者に交付した)。逆に、幕府の承認を得ない和解は「私和与《しわよ》」とされた。

同じく鎌倉後期にさかんに行われた紛争解決方法が下地中分《したじちゅうぶん》である。荘園制では、同じ所領に上級領主が荘園領主(領家)、現地の管理者(在地領主)が地頭として重層的に権益をもっていたが、荘園領主・地頭間の紛争を解決するため、荘園現地を領家分と地頭分に分割するという手段がとられた〔似鳥二〇一四、高橋傑 二〇二二〕。これを下地中分といい、この場合も幕府に認可を求め、幕府から裁許状が領家・地頭双方に交付された。教科書では地頭の荘園侵略という文脈で取り上げられる事項であるが、幕府訴訟制度の発展と密接に関連している。

和解の場合にも裁許が必要というのは興味深い現象であるが、いったん幕府の裁判が始まった以上、その結果を幕府が把握する必要があるという姿勢の表れだった。十三世紀中頃までの幕府裁判は「いい加減」な一面があり、訴人・論人が途中で裁判に参加しなくなって有耶無耶になり、幕府の側でもきちんと記録を保管しておらず、何度も同様の裁判が繰り返されたりしていた。しかし、十三世紀末頃から幕府法廷への出頭命令に従わない訴人・論人を処罰し(「召文違背《いはい》の咎《とが》」[古澤 一九九一])、訴人・論人を裁判にきちんと参加させるという姿勢を示した。また鎌倉後期には、裁判終了後は関連文書(訴状・陳状・判決記録)を幕府の側で保管する「文庫」が設置されていた[高橋一 二〇〇四]。

もう一点、幕府裁判制度の特徴として、しばしば強制執行の仕組みの不在が指摘されている。つまり、幕府から勝訴判決を獲得したとしても、それによって自動的に所領支配を実現できるわけではなく、判決を獲得した人間がそれを利用して(例えば、その土地を現に支配している人間や近隣の有力者に幕府の文書を見せてまわるなどして)自分で権利の実現をはからなければならなかった。ただし、鎌倉後期になると、判決に従わない者を処罰する「下知違背の咎」の適用も当事者から求められるようになっていた[古澤 一九九一]。「いい加減さ」の目立つ鎌倉中期に比べて、鎌倉後期はある程度「きちんとやる」ようになっていた。その背景には、公武一体となった「徳政」と呼ばれる荘園公領制再編を目指す改革があった[西谷 二〇一四]。

鎌倉幕府政治史の三段階論

一般的な歴史叙述(教科書も含む)において、鎌倉中期に幕府訴訟制度の説明がおかれがちなのはなぜだろうか。その背景には、幕府政治史の通説的理解すなわち三段階論がある。

三段階論とは、源頼朝によって武家政治が始まるものの(将軍独裁)、頼朝の死後、政争があいつぎ、承久の乱後、北条泰時の執権政治のもとで安定期を迎えるが、鎌倉後期には北条氏の家督(得宗)に権力が集中するとともに矛盾が激化するという三段階(将軍独裁・執権政治・得宗専制)で幕府政治史を理解する枠組みである[佐藤進一 一九九〇]。よい政治は公平な法治であるという近代的な考え方のもと、合議政治である評定衆の設置と御成敗式目制定とともに、執権政治が訴訟制度と結びつけられてきた。

一方、鎌倉末期の幕府政治は「得宗専制」として否定的にとらえられてきた。そのために、鎌倉末期には御家人の権利保護や公平な裁判が行われなくなり、御家人の支持を失って幕府は滅亡の道を歩んでいくという理解のもと、幕府法廷への出頭命令拒否に対する処罰や和解の奨励も「理非をきちんと究明せずに、強権的に紛争解決を目指す」得宗専制の施策として理解されてきた[佐藤進一 一九四三・一九八三]。だが、その根拠はいずれも曖昧で[佐藤雄 二〇二二]、三問三答に代表される訴訟制度が鎌倉後期に発展していく側面も十分に評価されていない点で問題がある。

教科書の限られた紙幅では、裁判制度の細かな変遷を叙述することはできないので、鎌倉幕府の法と裁判をどこか一カ所にまとめること自体は仕方がない。同時期における朝廷訴訟制度の興行や荘園公領制再編(徳政)も考えると、鎌倉後期におくのがベターだと思われるが、もし便宜上、鎌倉中期におくとしても、中世国家・荘園制と幕府との関係の中で構造的に位置づける必要がある。

3 鎌倉幕府の「法」

幕府法

裁判制度と同じく、幕府だけではなく朝廷や荘園領主、大寺社のそれぞれが独自の法をもち、その下には様々な法習俗をもつ在地法の世界が広がっていた。近代法とは異なり、中世の法は多元的で重層的だった(構造的描写としては[新田 二〇〇二]、具体的な史料は[石井進ほか 一九七二]と[笠松ほか 一九八一]を参照)。

「式目はあくまで地頭御家人を対象にした法であり、式目によって律令(公家法)に一切変更はありません」という北条泰時の書状(前述)がしばしば取り上げられるように、幕府法の効力に限界(限定)があることは幕府の側が強く意識していた。武家法・公家法・本所法(荘園領主の法)の法圏(法の管轄範囲)が併存していたことは、教科書にも記述されている。それにもかかわらず、武家法(御成敗式目)だけが執権政治と結びつけられて具体的に叙述され、「立派な幕府法」が公家法・本所法の領域にまで徐々に影響力を拡大するという描かれ方がなされている点にも注意する必要がある[佐藤雄 二〇二三b]。

ところが、こうした幕府法のイメージを根底からくつがえす業績が現れた。一九八三年の岩波新書『徳政令』に結実する笠松宏至氏の研究である[笠松 一九七九・一九八三]。鎌倉幕府の裁判では、訴訟当事者が根拠として持ち出した幕府法令について、もう一方の当事者がそれを実在しない法令であると述べ、幕府も過去の法令の記録保存をきちんとしておらず、その実在の真偽を判断することができない、ということが起こりえた。「法」と「法」とのあいだで矛盾が生じることも当たり前だった。「法」自体、その時問題になっていたケースに即して、この場合にはこうするという幕府の判断の一例を示したものにすぎなかった。

このように「いい加減な幕府法」というイメージは研究の世界では定着したが、教科書叙述にはほとんど反映されていない。一二九七(永仁五)年のいわゆる「永仁の徳政令」についても、教科書叙述では、戦前以来の通説の通り、御家人救済策の一環であると説明されがちだった。幕府の意図は御家人所領の質入れや売買を禁止し、それ以前に(非御家人に)質入れ、売却をした御家人所領を無償で取り戻させるというものだったが、「もののもどり」を望む社会的な慣習を背景として、幕府の意図を離れて、御家人以外の人々が幕府法令を「徳政」として受容し、これを利用しようとした[笠松 一九八三](社会史的な評価)。「永仁の徳政令」を契機にして、(御家人以外も含む)人々が作成する土地の売買証文には「この土地は徳政令が出されたとしても取り戻そうとはしません」という売却者側の文言(徳政文言)が書き加えられるようになる。何かの法令や制度でそのような文言の記入が命じられたわけでは決してなく、人々が「永仁の徳政令」を契機にして自発的に徳政文言を書き加えるようになり、それが短期間で全国的に広がったのである。この点に関わって、この頃、裁判などの手続きに関する一種の規範意識が人々に共有されはじめたことが指摘されている[新田 一九九五]。

幕府法の二層構造

教科書記述が変わらないうちに、研究の潮流も変化して「いい加減な幕府法」のイメージが修正されるようになった。通常、御成敗式目を補足する幕府法令を追加法と呼ぶと説明されているが、鎌倉時代における「追加」とは、御成敗式目以外の幕府法を漠然と指す概念ではなく、評定衆での決定をふまえて、御成敗式目五十一箇条の末尾に物理的に書き加えられた法文を指す[笠松 一九九四、前川 二〇〇八]。そうした本来の「式目追加」は鎌倉末期までの三十二箇条程度が伝わっている。「式目追加」は、五十一箇条に准じて「御式目」と呼ばれ、永続的・一般的な効力が期待され、幕府によって周知がはかられていた。幕府が自ら裁判管轄を限定(前述)したのと同じく、法の管理もある程度試みていたのである。

すなわち、鎌倉幕府法の世界は、御成敗式目五十一箇条とその奥の「式目追加」からなる中核部分(Ⓐ)と、その外部に広がる幕府自身も把握しきれていない雑多な法令群(Ⓑ)の二層構造になっていた。Ⓐは現代的な感覚からいっても「法」といえるが、Ⓑは、その場限りの幕府の命令や対応、個々の裁判の判例などから成り、「法」であるか否かも曖昧だった。ところが、幕府裁判制度を利用しようとする人々は、式目だけではなく、雑多な法令までも利用して、「あなたたち幕府自身がこのような法を出したのだから、これに従って自分の訴えを認めてほしい」と訴えたのである[上杉 一九九六]。笠松説が「いい加減」な中世法の特質を描いた時、Ⓐだけではなく Ⓑの像を多分に含んでいた。

古典学説において「立派な法」と考えられてきた幕府法に対して、その「いい加減さ」を説いた笠松説をさらに反転して、「意外ときちんとやっていた」というと、古典学説に戻っていくような印象を受ける人もいるかもしれない。しかし、注意をうながしておきたいのは、笠松氏が「いい加減な幕府法」として描いた雑多な法令の世界(Ⓑ)が、意外ときちんと管理されていた「式目」(Ⓐ)と無関係ではないことである。「式目」が幕府によって周知のはかられた「有名な法」だったがゆえに、「式目」に関連づけて幕府の雑多な法令をも「法」として人々が利用するようになったのである。その動きに対応して、前述のように鎌倉末期には、幕府は「文庫」を整備し、自らの「法」を(「式目追加」以外にも)広く記録管理しようと試みていた節がある。意外と「きちんとしよう」とする幕府の動きと、「いい加減」な人々の世界、両者の連関とダイナミズムこそが「永仁の徳政令」[笠松 一九八三]や「規範意識」[新田 一九九五]を生み出したのであり、現在でもなお大きな研究課題であるように思われるのである。

〈参考文献〉

石井進ほか　一九七二年『中世政治社会思想　上』（岩波書店）
石井良助　一九三八年『中世武家不動産訴訟法の研究』（弘文堂書房）
石母田正　一九七二年「解説」（石井進ほか『中世政治社会思想　上』岩波書店）
上杉和彦　一九九六年『日本中世法体系成立史論』（校倉書房）
大山喬平編　二〇〇八年『中世裁許状の研究』（塙書房）
笠松宏至　一九七九年『日本中世法史論』（東京大学出版会）
笠松宏至ほか　一九八一年『中世政治社会思想　下』（岩波書店）
笠松宏至　一九八三年『徳政令――中世の法と慣習』（岩波新書）
笠松宏至　一九九四年「幕府の法・守護の法」（のち再録『中世人との対話』東京大学出版会、一九九七年）
近藤成一　二〇一六年『鎌倉時代政治構造の研究』（校倉書房）
佐藤進一　一九四三年『鎌倉幕府訴訟制度の研究』（畝傍書房）
佐藤進一　一九八三年『日本の中世国家』（岩波書店）
佐藤進一　一九九〇年『日本中世史論集』（岩波書店）
佐藤雄基　二〇一二年『日本中世初期の文書と訴訟』（山川出版社）
佐藤雄基　二〇二一年「鎌倉幕府政治史三段階論から鎌倉時代史二段階論へ――日本史探究・佐藤進一・公武関係」（『史苑』八一巻二号）
佐藤雄基　二〇二三年ａ『御成敗式目――鎌倉武士の法と生活』（中公新書）

佐藤雄基　二〇二三年b「「本所法」とは何だったのか――院政期と鎌倉期とのあいだ」（有富純也・佐藤雄基編『摂関・院政期研究を読みなおす』思文閣出版）
下向井龍彦　一九八〇年「王朝国家体制下における権門間相論裁定手続について」（『史学研究』一四八号）
高橋一樹　二〇〇四年『中世荘園制と鎌倉幕府』（塙書房）
高橋傑　二〇二二年『中世荘園の検注と景観』（吉川弘文館）
棚橋光男　一九八三年『中世成立期の法と国家』（塙書房）
長又高夫　二〇二〇年『中世法書と明法道の研究』（汲古書院）
西谷正浩　二〇一四年「荘園制の展開と所有構造」（『岩波講座日本歴史8』岩波書店）
似鳥雄一　二〇一四年「下地中分と荘園経営――備中国新見荘を中心に」（のち再録『中世の荘園経営と惣村』吉川弘文館、二〇一八年）
新田一郎　一九九五年『日本中世の社会と法――国制史的変容』（東京大学出版会）
新田一郎　二〇〇一年「中世」（水林彪ほか編『新体系日本史2　法社会史』山川出版社）
平山行三　一九六四年『和与の研究――鎌倉幕府司法制度の一節』（吉川弘文館）
古澤直人　一九九一年『鎌倉幕府と中世国家』（校倉書房）
本郷和人　一九九五年『中世朝廷訴訟の研究』（東京大学出版会）
前川祐一郎　二〇〇八年「日本中世の幕府「追加法」生成と伝達の構造」（林信夫・新田一郎編『法が生まれるとき』創文社）
松園潤一朗編　二〇二一年『室町・戦国時代の法の世界』（吉川弘文館）
三浦周行　一九一九年「日本人に法治国民の素質ありや」（『法制史の研究』岩波書店）

5 中世の貴族社会

遠藤　珠紀

はじめに

教科書において、中世の政治に関する項目をみると、院政の開始に始まり、鎌倉幕府・室町幕府・戦国大名と武家政権が展開していく。このように中世は武士の時代、というイメージがあるだろう。一方で、京には引き続き天皇がいて、朝廷・貴族社会が存在する。教科書では、中世の貴族社会については、詳しくは記述されていないが、どのような構造だったのだろうか。本稿では、朝廷の政治体制の展開とそれを支える官人たちに注目して、その構造を探ってみたい。

なお中世の朝廷について、黒田俊雄氏により「権門体制論《けんもんたいせい》」、佐藤進一氏により「王朝国家論《おうちょうこっか》」という考え方が提示されている[黒田 一九七五、佐藤 一九八三]。権門体制論では公家権門と武家権門・宗教権門の相互補完と依存の関係を見出す。王朝国家論は、律令国家から中世国家への過渡期を王朝国家とし、鎌倉幕府(東国国家)と対置する議論である。こうした論考を基礎として、中世の朝廷、貴族社会の役割の検討が進められてきた。

1 院政の開始から両統迭立、室町時代への展開

院政の開始

退位した上皇(院)が、天皇の直系尊属として国政、ことに皇位継承を主導する政治形態を院政という。一〇八六(応徳三)年、白河天皇は幼い息子の堀河天皇に譲位した。この譲位が院政の開始の画期とされる。ただし堀河天皇への譲位は、その時点で院政を企図していたわけではなく、異母弟の輔仁《すけひと》親王の即位を避け、子孫に皇位を継承しようとしたためのものと推測されている。

以降、十一世紀後半から十二世紀後半を「院政期」と呼ぶ。この間、幼帝が続けて即位し、父院あるいは祖父院による院政が行われた。院が複数存在する場合もあったが、院政を行う院は天皇家の家長一人で、この院を「治天《ちてん》の君」という(鎌倉時代後期には治天の君と家長が分離する例もある)。政治のシステムは、引き続き太政官制に拠り、院は院宣や奏事《そうじ》(伝奏よりの案件奏上を受けて判断を下す)・御前での会議等により国政に関与した。また中級貴族である諸大夫《しょだいぶ》層が院近臣として院を支えた。

院政の変質と両統迭立

院政というと院政期のみの特徴的な政治体制というイメージがあるかもしれない。しかし実は鎌倉

時代以降も引き続き行われていた。

一二二一(承久三)年、承久の乱が勃発した。乱後、治天の君である後鳥羽院とその子の三上皇が流罪、孫の仲恭天皇は廃された。幕府は後堀河天皇を擁立し、その父入道守貞《もりさだ》親王(高倉院皇子)に太政天皇の尊号を奉って後高倉院とした。そして後高倉院が院政をとる体裁をとった。守貞親王は即位経験がなく異例であるが、院政という政治形態をとることが当たり前のものとなっていたための措置である[美川 一九九六]。また後高倉院は後鳥羽院が管轄していた莫大な王家領荘園を受け継いだ。この後堀河天皇即位は、幕府が皇位継承に関与した初例となった。

しかし後堀河天皇、その子四条天皇は早世し、後高倉院の皇統は断絶する。朝廷は幕府に相談し、土御門院の子後嵯峨天皇が即位した。一二四六(寛元四)年、後嵯峨天皇は子の後深草天皇に譲位する。同年、鎌倉では宮騒動《みやそうどう》が発生し、四代将軍九条頼経《よりつね》は京に送還された。その後、幕府は朝廷に「徳政」の興行、人事の公正化、幕府とのあいだをつなぐ関東申次《かんとうもうしつぎ》を九条道家《みちいえ》(頼経父)から交代することを申し入れた。これを受けて関東申次は西園寺《さいおんじ》家が代々つとめるようになった。また「徳政」として、訴

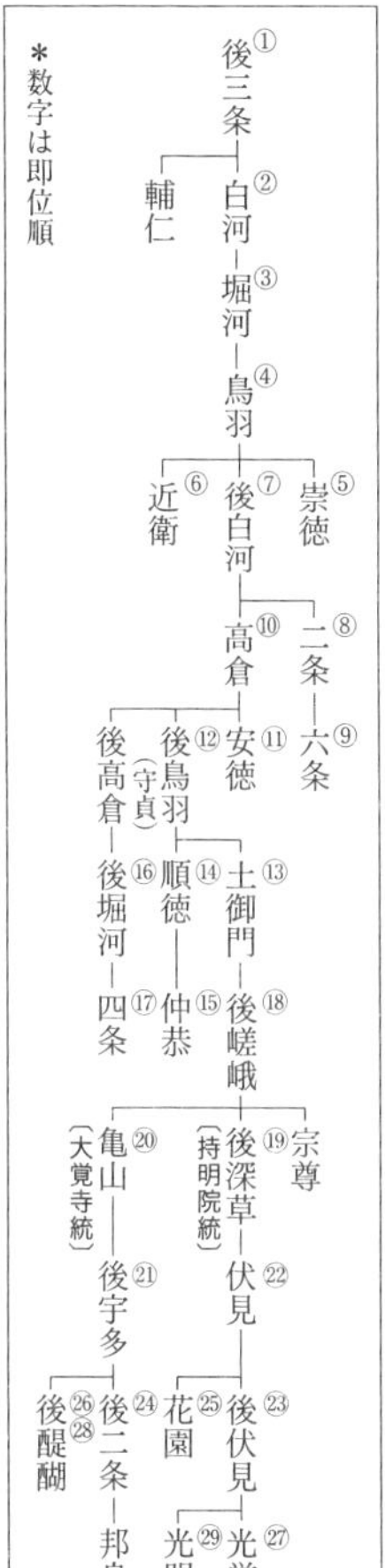

図1 天皇家略系図①

訟を審議する「院評定《いんのひょうじょう》」が設置された。「徳政」とは、災害は為政者の不徳によるとし、攘災《じょうさい》のために徳のある政治を行う必要があるという考えである。そして当時朝廷の「徳政」の中心とされたのが訴訟、仏事神事の振興、公正な人事であった[市沢 二〇一一]。

院の御所で会議が行われることはこれまでもあったが、院評定では、式日(開催日。当初は月に六日)と評定衆が設定され、訴訟に当たった点が特徴的である。評定衆の人選は、鎌倉幕府の承認が求められていた。また関東申次は院評定衆を兼ねており、このルートを通じて幕府の意向は、朝廷の意思決定にも関与するようになった。この後も朝廷は徳政を強く意識し、訴訟制度は鎌倉時代を通じて整備されていった([野口・長村・坂口 二〇二二]による整理が明解である)。

院評定での訴訟といっても、中世社会では統一的に訴訟が行われたわけではない。朝廷以外にも本所《ほんじょ》(荘園領主)、幕府でそれぞれ裁判が行われていた。その中で朝廷の法(公家法)は、律令をもととし、その後の補足法である格《きゃく》(公家新制《くげしんせい》・官符・宣旨・院宣など)、法の専門家(明法家《みょうぼうか》)による答申、先例・有職故実《ゆうそくこじつ》などの慣習法が含まれるものであった。

このほか後嵯峨院政のもとでは、院執権《いんのしっけん》、伝奏《てんそう》の制度が確立した。院執権は院庁《いんのちょう》の実務責任者、伝奏は院と貴族のあいだを取次ぐ存在である。伝奏も院評定衆を兼ねることが多い。なお伝奏というと、十五世紀以降武家と朝廷のあいだをつなぐ「武家伝奏《ぶけてんそう》」の存在が目立つが、元来は院に貴族たちの申し出を伝え奏する存在である。また大きな儀式に際して、実行委員としておかれる儀式伝奏、特定の社寺とのあいだをつなぐ伝奏(賀茂伝奏など)も存在した。

このようにして、後嵯峨院の時期に「制度としての院政」が定まる[美川 一九九六]。制度としては安定したが、鎌倉幕府の影響が強く、後鳥羽院以前に比べて自律性は失われていった。

　後嵯峨院のあと、その子後深草・亀山兄弟が即位した。しかし後嵯峨院はつぎの「治天の君」を指名しないまま、一二七二(文永九)年に没した。幕府は後嵯峨院の中宮だった大宮院《おおみやいん》に院の遺志をたずね、弟亀山天皇が治天の君となった。亀山天皇は在位中で、天皇による親政となるが、院政と質的な差はないと指摘されている[橋本 一九七六]。亀山天皇が治天の君となったことに、兄の後深草院は納得しなかった。皇統は二つに分かれ、家長が二人存在する事態となった。後深草院の子孫が持明院統、亀山院の子孫が大覚寺統と呼ばれる。

　両統は、それぞれ幕府に申し入れて自らの子孫に皇位を継承させようとした。幕府は両統に配慮するかたちで調停し、「両統迭立」と称される事態となったのである。

建武の新政から室町時代に

そうした中、一三一八(文保二)年に大覚寺統の後醍醐天皇が即位した。後醍醐天皇は本来甥の邦良《くによし》親王が即位するまでの中継ぎで、子孫が即位する可能性は低かった。自らの子孫に皇位を伝えたいとの思いが、鎌倉幕府打倒につながったと推測されている。また、後醍醐天皇は先例に従わない異形の王権とのイメージがある。しかし近年は、鎌倉時代後期からの社会状況・治天の君の権力構築の流れの中に位置づける研究が進められている[市沢 二〇一一]。

　一三三三(元弘三)年、後醍醐天皇は足利尊氏の協力を得て鎌倉幕府を滅ぼし、建武の新政が始まる。やがて尊氏は後醍醐天皇と決別し、持明院統光厳院の院政として、その弟光明天皇、子崇光天皇を擁

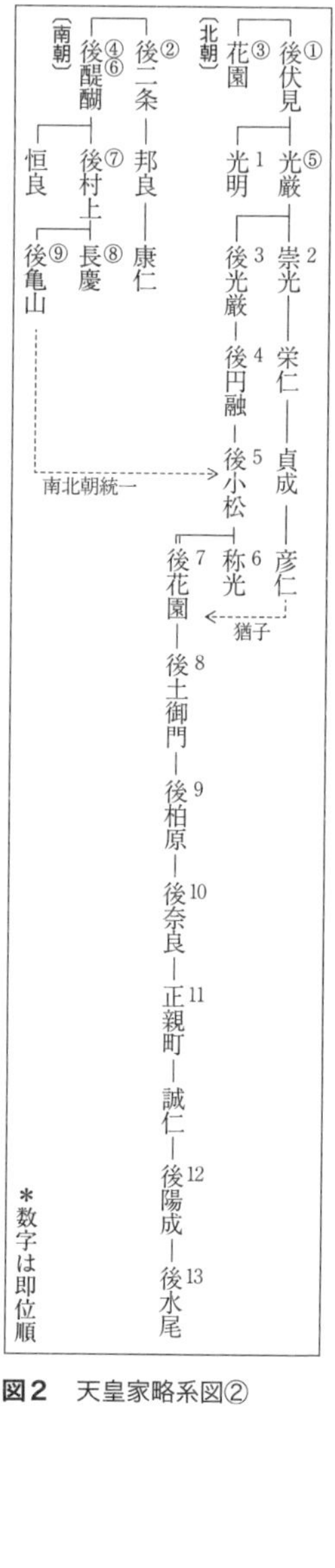

図2　天皇家略系図②

立した。再び皇統は南朝(後醍醐)・北朝(光厳)に分かれる。さらに一三五二(観応三・正平六)年、正平の一統が瓦解すると、南朝は光厳院以下、北朝の主だった人物を連れ去った。そのため、幕府は光厳院の母広義門院《こうぎもんいん》西園寺寧子《ねいし(やすこ)》を「治天の君」の代わりとして崇光天皇の弟後光厳天皇を即位させた。以後、北朝も崇光院流(伏見宮《ふしみのみや》)と後光厳院流の二つに分裂した。

後光厳天皇は広義門院の指名であることや三種の神器をもたないなど、即位の正統性が充分ではなかった。そのため天皇を擁立した室町幕府との運命共同体としての性格が強まる。従来、室町幕府は朝廷の権限を吸収した、あるいは王権を簒奪しようとしたと考えられていた[佐藤 一九八三]。しかし近年では、両者の協調による公武統一政権としてとらえられている[富田 一九八九、石原 二〇一五]。例えば室町時代になると、幕府の援助を受けて朝廷の年中行事や天皇の即位などの儀礼が行われた。将軍が朝廷の儀礼の責任者(上卿《しょうけい》)をつとめることもあった。室町幕府は朝廷の儀式を利用して、幕府の権威を示していたのである[松永 二〇一三、久水 二〇一一]。

一四二八(正長元)年、称光天皇が崩御すると、崇光院流伏見宮貞成《さだふさ》親王の子後花園天皇が、治天の君後小松院の猶子《ゆうし》として即位した。院政は引き続き後小松院が行うが、院の没後、皇統は生家の崇光院流と意識されることとなった[久水 二〇二〇]。

応仁・文明の乱以降は幕府の力が衰え、朝廷のサポートも困難になっていく[末柄 二〇一八]。そのためかつては、戦国時代の朝廷は窮乏し、内裏《だいり》の壁が崩れても修理が行えないほどだった、と考えられていた。実際にはこの時期にも皇室領より一定度の収入はあり、天皇の生活は保たれていた。とはいえ、譲位・即位のような大きな儀礼は行うことができなかった。一四六四(寛正五)年の後花園天皇の譲位を最後に、後土御門・後柏原・後奈良の三代の天皇は譲位できず、亡くなるまで在位した。一五八六(天正十四)年、正親町天皇は孫の後陽成天皇に譲位し、約一二〇年ぶりの上皇が誕生した。ただし訴訟や人事の主導権は後陽成天皇が握っており、院政は行われなかったようである。

後陽成天皇の即位に際して、摂関家出身の近衛前子《このえさきこ》が関白豊臣秀吉の養女として後陽成天皇の女御《にょうご》となった。皇后・中宮・女御などの天皇のキサキは、十四世紀の後醍醐天皇中宮・女御以降立てられなくなっており、約二五〇年ぶりの女御であった。この間、天皇の子は側に仕える女房が産んでいたのである。女房は天皇の子を産んでも女房として仕え、子が即位すると国母として准后《じゅごう》や女院《にょいん》の地位を与えられた。中宮の復活は、さらにつぎの代、後水尾天皇中宮の徳川和子《まさこ》(江戸幕府二代将軍秀忠の娘。一六二四〈寛永元〉年冊立《さくりつ》)である。

2　朝廷を支える人々

官司運営の変化

朝廷を支えるのは官人である。つぎに官人たちについてみていきたい。官僚組織の基本は律令職員令《りょうしきいんりょう》で定められた。多くの教科書には「律令官制表」というタイトルの組織図が示されている(**図3**)。二官八省以下多数の官司によって構成されている図である。しかし時代の変化とともに、そのままでは朝廷の運営に不都合が生じるようになってきた。そこで実情にあわせて統廃合が行われたり、令には存在しない官司(令外官《りょうげのかん》)が設置されたりした。

さらに貴族社会では、十二世紀頃より摂関家など家格《かかく》が形成されていく。それぞれの家格によって経歴する官、昇進のパターンやおおよその任官年齢が固定化していった。そして官職や、その職務遂行に必要な家の代々の日記・家文書、祖先祭祀等が、父から子へ嫡継承される「中世的家」が成立していく[高橋 一九九六]。院政期から鎌倉後期にかけて、貴族たちは家の形成、分家を繰り返し、家督継承・嫡流をめぐる争いが頻発した。

官司の再編も進んだ。同じく十二世紀頃「官司請負制《かんしうけおいせい》」と称される運営体制がみられるようになる[佐藤 一九八三]。佐藤氏は律令官制の統属関係が解体し、蔵人所・検非違使庁の役割が増し、さらに下級官人が一族で特定の官司を世襲し、その官司の収益を自らの得分とするとともに官司の運営を支えたと評価している。例えば、太政官の事務を掌る弁官局の史の上首左大史《さだいし》は小槻《おづき》氏が寡占した。こうした特定の官職の寡占化の傾向は、より上級の公家の家でも進んだ。ただし佐藤説については、官司全体ではなく、官司が細分化されたり統合されたりし、それぞれの職の寡占であるとの再検討もなされている［遠藤 二〇一二］。

こうした官司の構造変化は、官職《かんしょく》故実《こじつ》書を見比べることでもうかがうことができる。官職故実書とは、様々な官職の由来や仕事内容、その官司の官人を選定する際の習慣を記した書である。例えば、大学寮で経書を教授する明経博士《みょうぎょうはかせ》について、『官職秘抄《かんしょくひしょう》』『職原抄《しょくげんしょう》』を見比べてみよう。『官職秘抄』は、鎌倉時代初期に平基親《たいらのもとちか》が選進した書、『職原抄』は十四世紀初めに北畠親房が後村上天皇のためにまとめた書である。先述の通り、人事の公正さも徳政の一つである。その遂行のための書であろう。

『官職秘抄』では「(明経博士には)明《みょう》経道《ぎょうどう》の中で序列が一番上の者が任じられる。多くは助教から転任する」とある。これが『職原抄』になると、「明経道の最高の官である。中古以来、清原・中原の両家が序列によって任じられる」とある。院政期までは明経道の学者であれば、どの氏でも任官できたものが、鎌倉時代を通じて清原・中原

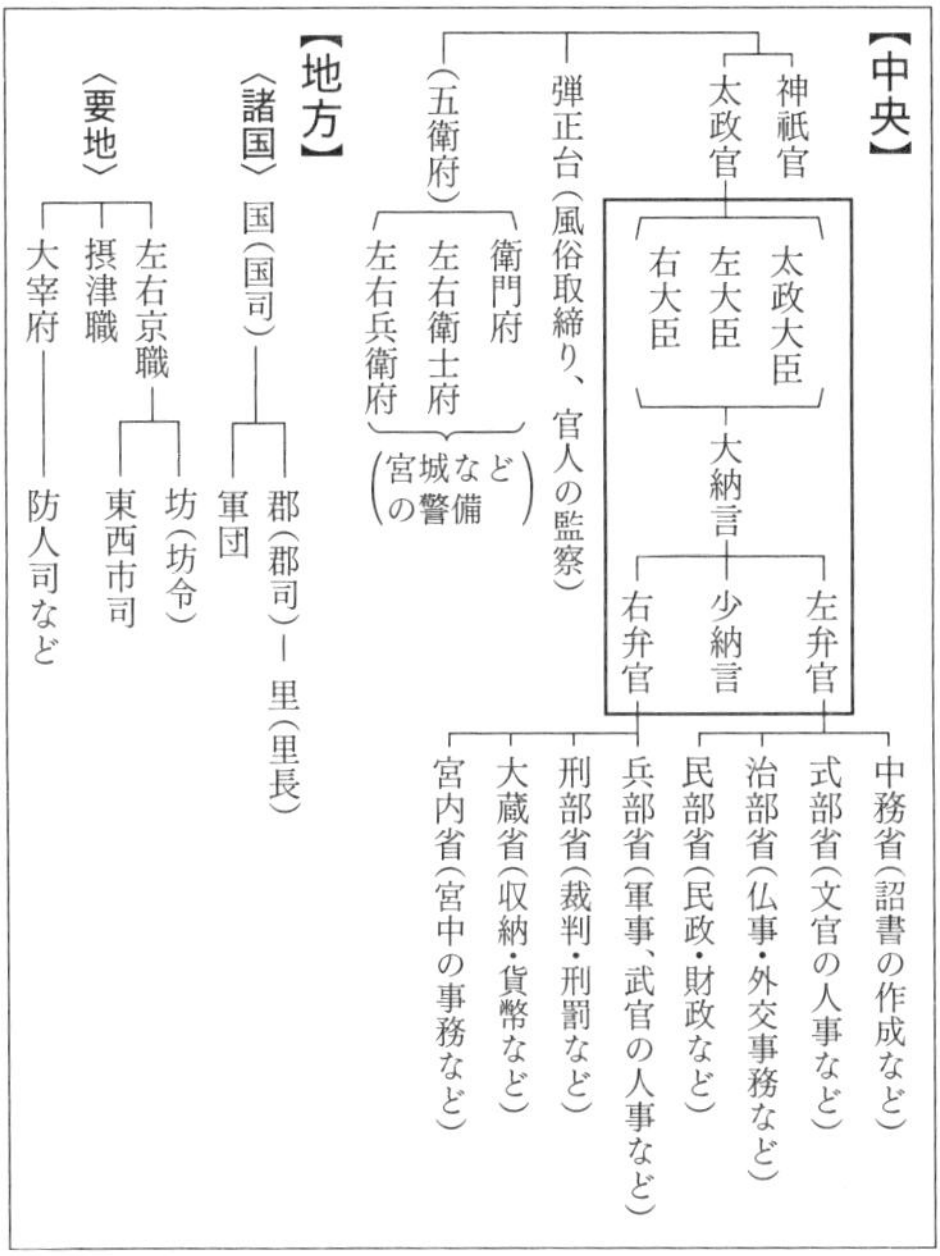

図3 律令官制表

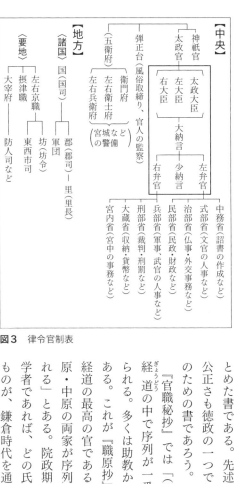

の二氏に寡占されるようになるのである。

ある官に任じられる人物の出身が、様々な氏族から特定の氏族に、さらにその特定の氏族の中でも特定の家に、という変化がこの時期様々な官でみられる。これはその家にとっては、安定した収益の確保につながり、官司にとっては、経験の蓄積された安定した運営につながった。

室町・戦国時代の貴族たち

室町時代には禁裏小番《きんりこばん》が編成された。この制度は、史料上十五世紀初頭から確認されるため、これ以前に整えられたと推測される。公卿・殿上人たち(摂関家・大臣など一部を除く)をいくつかの番(グループ)に分け、その番が決められた日に内裏に祗候し、警護に当たった(十番・六番・五番など番編成は時期により異なる)。禁裏小番は、十五世紀初頭に六代将軍足利義教の関与で強化がはかられ、さらに一四七六(文明八)年、近臣による内々《ないない》番と外様《とざま》番に分かれた[明石 一九九一]。

応仁・文明の乱以後、貴族たちは経済的に窮乏していき、断絶する家が多くみられた。また貴族の中には、自らの所領や庇護してくれる大名のもとに下向する者もいた。彼らは文化の広がりや、京と大名のあいだをつなぐ役割を果たした。朝廷の儀式は内々番が参加する小規模な「御祝《おいわい》」が中心となり[酒井 一九八三]、京の貴族社会は大きく縮小されることとなる。

京下官人

武家政権と朝廷の官僚との関係も深い。ここでは、十二世紀末に成立した鎌倉幕府との関係を紹介しよう。幕府の組織、行政を支えるためには文官、文筆に秀でた人々が必要になる。幕府が成立した当初、文官として支えたのは朝廷の下級の官人や、摂関家など権門に仕えていた経験をもつ人々だった。京から鎌倉に下向してきて、幕府の運営を支えた朝廷の下級官人たちを「京下官人《きょうくだりかんじん》」という。

鎌倉幕府を開いた源頼朝は、政所・問注所等を設置し、組織を整えていった。この時のメンバーをみると、政所別当の大江広元《ひろもと》、政所令の二階堂行政《ゆきまさ》、問注所執事三善康信《やすのぶ》、そのほか藤原親能《ちかよし》・中原仲業《なかなり》・清原実俊《さねとし》・三善康清《やすきよ》など、いずれも京下官人である。

経歴をみると、例えば大江広元は外記《げき》、二階堂行政は主計少允《かずえのしょうじょう》・民部少丞《みんぶのしょうじょう》、三善康信は史をつとめていた。この外記・史は朝廷で文書行政を支えた六位官人、主計允は徴税に関わる六位官人である。六位官人は、官位相当制のため昇進して五位となると、それまでの官を離れ、つぎの官を得るまで散《さん》位《に》(官のない立場)となった。院政期には、散位となった下級官人はその後の糧を求めて地方におもむき、受領の目代《もくだい》として働いたり、地方で荘園の経営に携わったりして活動していた。そして自らが受領となる順番が回ってくると京に戻ってきたという［五味　一九八四］。頼朝の周囲にいた文官は、こうした実務経験豊かな下級官人たちであった。

頼朝ののちも政所・問注所の構成員の多くは京下官人で、文書発給、訴訟、京都の朝廷や諸寺社との折衝、さらに政務の参考となるべき先例の調査・答申などを担当していた。『吾妻鏡』の原型となる記録もこうした人々により記されたものと考えられる。また京下官人たちはおもに鎌倉で活動しているとはいえ、朝廷やほかの官人との関係が断絶するわけではない。それまでに培った人的ネットワークも生かされた。

鎌倉幕府が安定してくると、さらに下向する貴族は増える。京の貴族社会では、先述の通り一族の分立競合が激しくなっていた。そうした中で傍流となった家の出身者が鎌倉に下向する例がみられるようになる。彼らは幕府に仕え、一方で幕府の後ろ盾を得て従来の家業でも昇進を果たそうとした。陰陽道《おんみょうどう》安倍氏、明経道清原氏などの傍流は鎌倉で地歩を築いていった[赤澤 二〇一二]。こうしたかたちで、技術や知識も広まっていった。

また、より上級の貴族たちも鎌倉に下向し活動するようになる。ことに六代将軍宗尊《むねたか》親王が将軍として下向する折には、多くの公卿・殿上人が従い、鎌倉に居住した。

女房たち

朝廷には女性たちも仕えている。最後に女性たちの仕事をみていく。

律令では、宮人《きゅうじん》(女官)は後宮《こうきゅう》十二司《じゅうにし》に編成され、官僚として男性官人と分業していた。こうした律令制的なあり方は、八世紀末以降変質していく。十世紀後半になると後宮十二司は解体し、職務体制は大きく変貌したと指摘されている[吉川 一九九八]。以後の上級女官を女房と呼ぶ。

女房は典侍《ないしのすけ》・乳母《めのと》—掌侍《ないしのじょう》—命婦《みょうぶ》—女蔵人《にょくろうど》という構成となる(最上位の尚侍《ないしのかみ》は、天皇・皇太子のキサキ候補者の称号になったが、鎌倉時代までに廃絶した)。女房は天皇の衣食住の世話、取次ぎ、主《あるじ》の仰せを伝える女房奉書《にょうぼうほうしょ》の発給などを行った。

摂関期から鎌倉時代にかけては、多くのキサキ(皇后・中宮・女御)・女院等が存在し、その周辺には多数の女房が仕えた[松薗 二〇一八]。キサキの生家では、女房の選定にも意を用いた。女房たちの出身の階層も変化し、中級貴族(諸大夫層)の娘たちだけでなく、摂関・大臣・公卿などの娘も上臈女房として召し抱えられるようになる。女房たちは、天皇と貴族たちをつなぐ役割を果たし、取次ぎをつとめる貴族から経済的支援を得ていた[吉川 一九九八]。

摂関期は女流文学が盛んになった。女性が自らの内面を記した「女流日記」(『蜻蛉《かげろう》日記』『更級《さらしな》日記』など)が有名であろう。女房たちは、女流日記とは性格の異なる、主の賀儀を記録し賛美する「女房日記」も記している(『讃岐典侍《さぬきのすけ》日記』『弁内侍《べんのないし》日記』『竹むきが記』など)。これらはいずれもリアルタイムの日記ではないが、執筆の基礎にはリアルタイムの女性の日記が存在したと推測される。朝廷の儀式を担う女房たちは、儀式の記録を記し、作法・故実に通じており、男性公家とともに朝廷を支えていた[松薗 二〇一八]。

十四世紀になると、キサキや女院、ひいては女房の数も激減する。女性による記録は十四世紀前半の『竹むきが記』を最後に途絶する[松薗 二〇一八]。その後、十五世紀末より、内裏女房による業務日記『御湯殿上日記《おゆどののうえにっき》』が記されるようになった。女房たちが輪番で記したこの日記は江戸時代までずっと記された。そのほか十六世紀後半になると、正親町上皇の女房たちが記した『院中御湯殿上日記』もみられる。女性の個人の日記で現存最古の日記は、十六世紀末に正親町天皇(上皇)らの女房をつとめた播磨局《はりまのつぼね》の日記である[遠藤 二〇一七]。

室町時代には、女房となる家が固定化し、おばから姪に、と引き継がれていった[吉野 一九八二]。上臈局には清華家の娘が、典侍には広橋《ひろはし》・勧修寺《かじゅうじ》家など大中納言の娘が、高倉《たかくら》家・東坊城《ひがしぼうじょう》家の娘は勾当内侍《こうとうのないし》(長橋局《ながはしのつぼね》、掌侍)と、女性も生家・養家の家格によって、女房としての格が定まった。女房の中でも中心的な存在が勾当内侍である。勾当内侍は、天皇との取次ぎ、年中行事の手配、近臣たちの出欠や人事、経理などに携わり、宮中を取り仕切った［脇田　一九九二］。また女房が天皇の命令を伝える女房奉書は十世紀頃よりみられるが、この時期ことに重要な役割を果たした。

戦国期には、女房のなり手の不足が問題になっているが、女房を輩出する家では姉妹の多くが、長期間宮仕えをしている様子もみえる。

また朝廷だけでなく、将軍御所に仕える女房もいた。近年、中世後期の室町幕府の女房の研究が進んでいる。こうした女性たちも朝廷と公家・武家、寺社をつなぐ役割を果たした。

以上、本稿では政治体制の変化とそれを支えた人々についてご紹介した。このほかにも中世の貴族社会には、人物や文化的営為、都市や経済との関わりなど、多くの興味深い側面がある。ぜひ注目していただきたい。

〈**参考文献**〉

赤澤春彦　二〇一一年『鎌倉期官人陰陽師の研究』（吉川弘文館）
明石治郎　一九九一年「室町期の禁裏小番——内々小番の成立に関して」（『歴史』七六号）
石原比伊呂　二〇一五年『室町時代の将軍家と天皇家』（勉誠出版）
市沢哲　二〇一一年『日本中世公家政治史の研究』（校倉書房）
遠藤珠紀　二〇一一年『中世朝廷の官司制度』（吉川弘文館）
遠藤珠紀　二〇一七年「中世後期の女性の日記——伝『大外記中原師生母記』について」（『日本文学研究

ジャーナル』二号)
黒田俊雄　一九七五年『日本中世の国家と宗教』(岩波書店)
五味文彦　一九八四年『院政期社会の研究』(山川出版社)
酒井信彦　一九八三年「朝廷年中行事の転換──「御祝」の成立」(『東京大学史料編纂所報』一八号)
佐藤進一　一九八三年『日本の中世国家』(岩波書店)
末柄豊　二〇一八年『日本史リブレット82　戦国時代の天皇』(山川出版社)
高橋秀樹　一九九六年『日本中世の家と親族』(吉川弘文館)
富田正弘　一九八九年「室町殿と天皇」(『日本史研究』三一九号)
野口実・長村祥知・坂口太郎　二〇二二年『京都の中世史3　公武政権の競合と協調』(吉川弘文館)
橋本義彦　一九七六年『平安貴族社会の研究』(吉川弘文館)
久水俊和　二〇一一年『室町期の朝廷公事と公武関係』(岩田書院)
久水俊和　二〇二〇年『中世天皇家の作法と律令制の残像』(八木書店)
松薗斉　二〇一八年『中世禁裏女房の研究』(思文閣出版)
松永和浩　二〇一三年『室町期公武関係と南北朝内乱』(吉川弘文館)
美川圭　一九九六年『院政の研究』(臨川書店)
吉川真司　一九九八年『律令官僚制の研究』(塙書房)
吉野芳恵　一九八一年「室町時代の禁裏の女房」(『國學院大學大学院紀要』一三輯)
脇田晴子　一九九二年『日本中世女性史の研究──性別役割分担と母性・家政・性愛』(東京大学出版会)

6 武士と地域社会

田中 大喜

はじめに

鎌倉時代の武士は、列島各地に複数の所領をもつのが一般的であり、そうした散在所領を一族と家人が必要に応じて往来しながら分業するかたちで経営していた［井上 二〇〇三、湯浅 二〇〇五］。その散在所領の中で、もっとも重要な所領と認識されたのが、「名字の地」とも呼ばれる本領《ほんりょう》である。

それでは、当時の武士は本領をどのようにして支配・維持できたのだろうか。山川出版社の教科書『詳説日本史』（日探 二〇二三）には、武士は、①河川の近くの微高地に館を構え、その周辺部に年貢・公事《くじ》のかからない直営地を設け、下人《げにん》や百姓を使って耕作させたこと、②荒野の開発を進めていき、自らは地頭など現地の管理者となって百姓から年貢を徴収して国衙や荘園領主におさめ、定められた収入として加徴米《かちょうまい》などを得ていたこと、が記されている。しかし、これらの記述からは、武士の本領支配・維持の具体的な様子を知ることは難しいように思われる。そこで本稿では、このことについて、鎌倉〜南北朝時代の具体例に即しながら明らかにしてみたい。

1　武士の地域支配と家

武士の本拠

武士は本領の地に自身の屋敷を構えた。屋敷は、当然のことながら武士とその家族の生活の場であったが、本領支配の拠点でもあった。室町時代に成立した『庭訓往来《ていきんおうらい》』には、武士の屋敷(御館《みたち》)は周囲を大堀に囲まれ、内部には築地塀《ついじべい》や棟門《むねかど》をはじめとするいくつかの門、そして寝殿《しんでん》・侍・御厩《みうまや》・会所《かいしょ》・公文所《くもんじょ》・台所・持仏堂・文庫などの多くの建物が建てられ、さらには馬場や庭園・茶園が設けられた様子が描かれている。こうした屋敷の様子は鎌倉時代にまでさかのぼれるのかについては検討を要するが、その支配拠点のあり方を具体的にうかがうことができ、興味深い。

さて、武士の屋敷は、「大道《だいどう》」と呼ばれた幹線道路や河川交通にアクセスしやすい、交通の要地に構えられた。交通の要地には物資の集散地(町場)が成立したことを想起すると、武士は交通の要地に屋敷を構えることで、本領における交通・流通の掌握を試みた様子が認められる。また、武士の屋敷は、耕地を灌漑《かんがい》する用水路を押さえるようなかたちで設定されることも多く、これは武士が本領における農業生産を掌握した姿を示している。加えて、武士の屋敷の周辺には寺社や墓所などの宗教施設が設けられたが、これらの宗教施設は武士の祖先や一族の極楽往生・現世利益《げんぜりやく》を願うとともに、本領に暮らす民衆の安穏を祈る場でもあった。武士はこうした宗教施設を整えて保護することで、本領支配の正当性を得たと考えられる。

このように武士は、自身の屋敷と交通路・集散地・用水路・宗教施設とを結びつけることで、本領の支配を成り立たせていたのである。こうした武士の屋敷を中心とする地域支配の空間は「本拠《ほんきょ》」と概念化され、**図1**のようなモデルが提示されている［齋藤 二〇〇六］。本拠の様相は、武士の地域支配のあり方を具体的に映し出す「鏡」といえよう。

武士の本拠の様相は、文献・考古資料の調査やフィールドワーク（水利灌漑調査・聞き取り調査）といった多様な調査手法を駆使することで明らかにすることができる。そこでつぎに、このような調査手法にもとづいて復元した石見益田《いわみますだ》氏の本拠を確認し［田中・渡邊 二〇二四］、実際の本拠の様相をみてみよう。

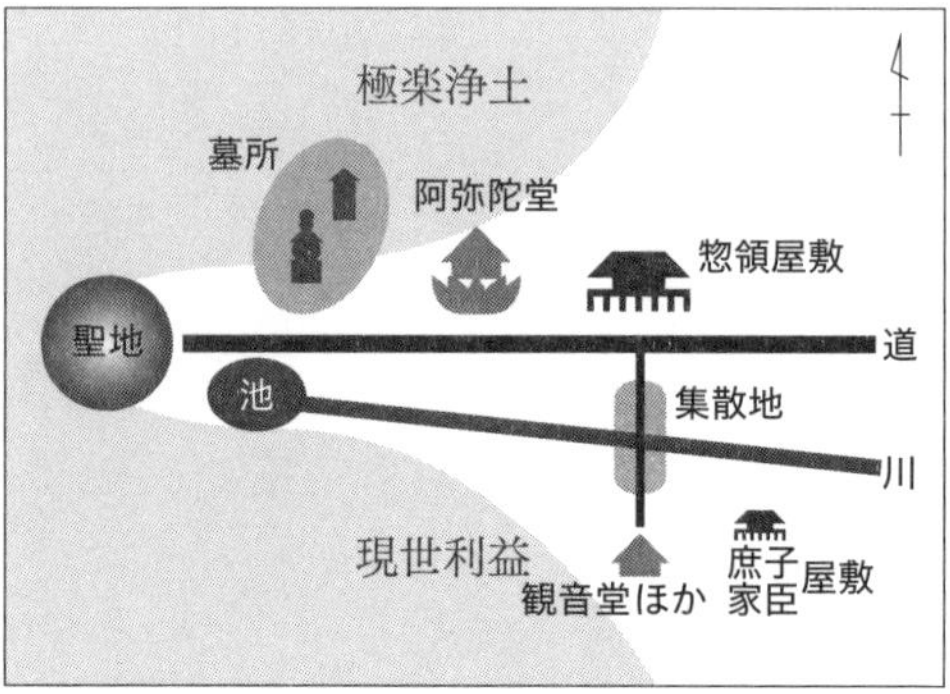

図1　本拠概念図（村木二郎作成）

石見益田氏の本拠

石見益田氏の本領は、石見国益田荘（現島根県益田市）である。石見益田氏の屋敷は、荘内の益田本郷《ほんごう》（上本郷）に所在する国指定史跡の三宅御土居跡《みやけおどいあと》とみて間違いない。**図2**は、この三宅御土居跡を中心とする石見益田氏の本拠の様相を示したものである。

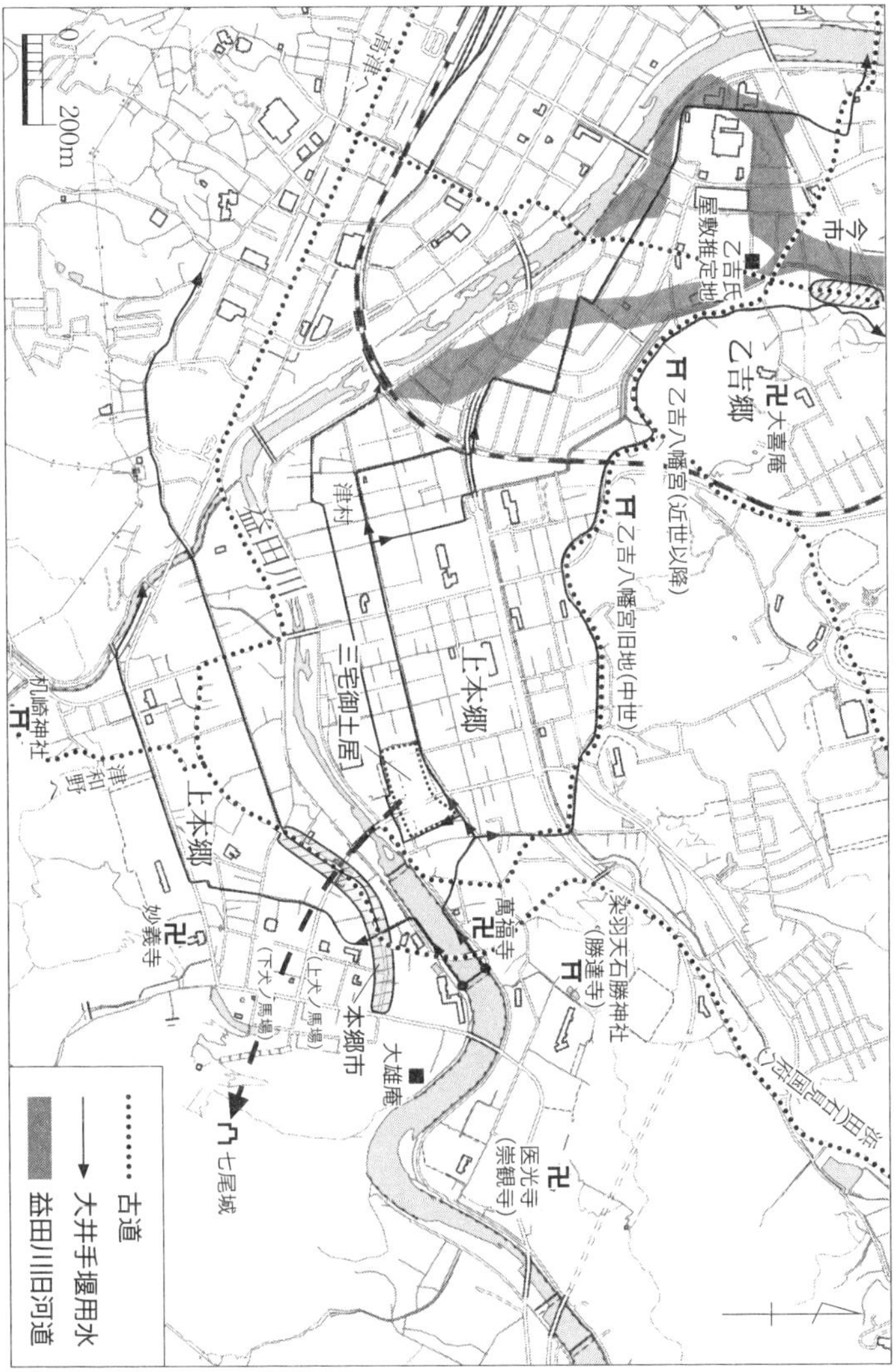

図2 石見益田氏の本拠地図（土山祐之作成）

三宅御土居跡は、河口から三・五キロほどさかのぼった益田川右岸の微高地上に立地する。一九四三年と一九八三年に益田川が氾濫した際、三宅御土居跡は水に浸からず周辺住民の避難場所になったというから、石見益田氏は水害にあわない安定した場所を選定して屋敷を構えたことがわかる。

三宅御土居跡の付近には益田本郷と益田荘内外とを結ぶ道路が集まっていたようであり、石見益田氏の屋敷は交通路の結節点に立地していた様子がうかがえる。益田川を挟んだ対岸の道沿いには、「上市」「中市」「下市」という字名《あざめい》が残っているが、ここが一五九一(天正十九)年の益田《ますだ》元祥《もとよし》領《りょう》打渡《うちわたし》検《けん》地目録《ちもくろく》(『大日本古文書　益田家文書之二』三四九号)にみえる集散地「本郷市」の故地であろう。石見益田氏が三宅御土居跡の場所に屋敷を構えた背景には、水害を避けることに加えて、益田荘の交通・流通への高い関心があったのである。

現在、益田本郷の益田川右岸地域は、益田川大井手堰《おおいでぜき》から取水する用水路によって灌漑されている。一三七四(応安七)年に益田兼見《かねみ》が萬福寺《まんぷくじ》に宛てた寄進状《きしんじょう》(『南北朝遺文　中国・四国編』四一〇三号)には、境内地の南の境界として「河下大溝《かわしものおおみぞ》」という記載がみえるが、これが今も萬福寺の南側を流れる益田川大井手堰の用水路に該当するとみられる。したがって、この用水路は十四世紀には存在していたことが判明する。この用水路は途中で分岐し、三宅御土居跡の周囲をめぐって津村《つむら》までの一帯を灌漑するものと、隣接する乙吉郷《おとよしごう》へ抜けていくものとに分かれるが、石見益田氏の屋敷に引水されている点に着目すると、石見益田氏は益田本郷と乙吉郷の開発を企図してこの用水路の開削に関わったと推測される。

三宅御土居跡の周辺には、染羽《そめは》天石勝神社《あめのいわかつじんじゃ》(瀧蔵権現《たきくらごんげん》)・医光寺《いこうじ》・萬福寺といった寺社が所在している。これらのうち染羽天石勝神社は、九二七(延長五)年に編纂された『延喜式神名帳《えんぎしきじんみょうちょう》』にみえる、古くからの当地の守り神である。一三八三(永徳三)年に記された益田兼見の置文《おきぶみ》(『南北朝遺文　中国・四国編』四八一三号)には、「当所根本大社」の一つとして「御祭礼神役《しんやく》」は「先例に任せて退転すべからず」と定められており、石見益田氏が当社を保護していたことが知られる。また、医光寺については、同置文によると、兼見が室町幕府に働きかけて臨済宗寺院だった医光寺の前身の崇観寺《すうかんじ》を諸山《しょざん》(官寺)に列し、「殊《こと》に当家が賞翫《しょうがん》申すべき」寺院と位置づけたことが確認できる。石見益田氏が崇観寺を創建したのかは不明だが、十四世紀には当寺を保護していたことがわかる。そして萬福寺は、兼見が自身の菩提寺として創建した時宗寺院である。同置文には、「本道場」として「末代に至り退転すべからず」と定められており、石見益田氏は萬福寺に時宗寺院としての格を与えて保護した様子が認められる。このように石見益田氏は、自身の屋敷の周辺に所在する寺社を積極的に保護することで、これらの宗教施設を本拠の一部に組み込んだのだった。

なお、南北朝内乱が勃発すると、石見益田氏は益田川を挟んだ三宅御土居跡の対岸丘陵上に七尾《ななお》城《じょう》という山城を築いた。全山が城塞化するのは戦国時代になってからのことだが、南北朝内乱を機に本拠には山城という新たな要素が加わり、本拠の武装化が始まったのである。

惣領家の相続と女性

石見益田氏は、一一一四(永久二)年に石見国の国司として京都から下向してきたと伝わる藤原国兼《くにかね》を祖とする武士であった。系図(**図3**)によると、十二世紀末に活躍した益田兼高《かねたか》は「益田権介《ますだごんのすけ》」を称

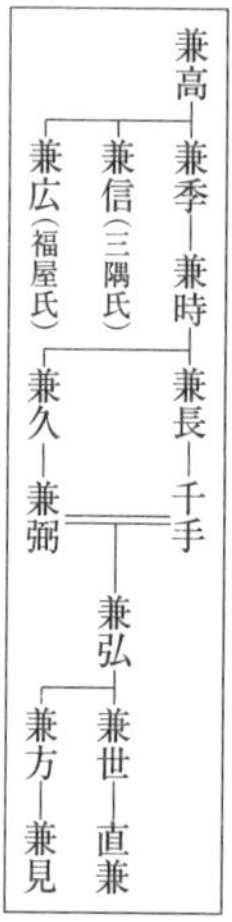

図3　石見益田氏略系図

しており、当該期の石見益田氏は石見国の有力在庁官人になっていた様子がうかがえる。このことと照応するように、石見益田氏は国衙の所在する那賀《なか》郡と美濃《みの》郡という西石見地域に集中的に所領を有していたことが明らかにされている［西田 二〇一一］。

鎌倉方に与して治承・寿永内乱を乗り切った兼高は、鎌倉幕府の御家人にもなったことで益田荘の地頭職に補任《ぶにん》された。兼高には兼季《かねすえ》・兼信《かねのぶ》・兼広《かねひろ》の三人の男子がいたが、兼季が益田荘地頭職を相続して益田氏を名乗り、この系統の家督が幕府に「益田権介跡」(『吾妻鏡』一二五〇〈建長二〉年三月一日条)として把握された、兼高遺領の相続者(おもに兼高の子孫)を構成員とする御家人役負担単位の惣領になったとみられる。すなわち、益田氏の家督が「益田権介跡」の惣領をつとめ、幕府から賦課された御家人役を所領の大きさに応じて庶子(兼高遺領の相続者たち)に配分するとともに、彼らからそれを徴収したのである。こうした御家人役の配分・徴収のシステムが鎌倉幕府の惣領制であり、それは家督を中心とする御家人の家＝一族組織をベースに幕府によって創り出された制度的な仕組みであった［羽下 一九六六、田中 二〇一四］。

兼季の死後、益田荘地頭職は子の兼時《かねとき》・孫の兼長《かねなが》へと相続されたが、兼長が所領の配分を決定しないままに死去したため、兼長の遺領は一二七三(文永十)年に幕府によって一族に配分されることになった。この時、益田荘地頭職は兼長の娘の千手《せんじゅ》に配分され、やがて子の兼弘《かねひろ》へ相続された。益田荘地頭職は益田氏の家督＝「益田権介跡」の惣領の地位と一体化していたとみられることから、益田氏の家督＝「益田権介跡」の惣領の地位も兼時・兼長から千手を経て兼弘に相続されたと考えられる。千手は従兄弟の兼弼《かねすけ》（兼長の弟の兼久の子）と結婚して兼弘をもうけていたから、益田氏の家督＝「益田権介跡」の惣領の地位は千手を介して兼久の系統へ移ったことになる。すなわち、「益田権介跡」の惣領家は女系を通じて相続されたといえ、この事実は鎌倉時代の女性の地位の高さを物語るものとして注目されよう［国立歴史民俗博物館編 二〇二二］。

2 武士の地域的結合

地域的結合の機能

本領を支配・維持するためには、一族の結束が不可欠だが、それだけでは不充分だった。すなわち、近隣の武士たちとの結びつき＝地域的結合も必要だったのだが、本領の支配・維持のためのその具体的な機能を確認してみよう。

(1)文書確認による知行保障

紀伊国池田荘《いけだのしょう》豊田村《とよた》（現和歌山県紀の川市）の地頭だった栗栖実行《くるすさねゆき》は、自身の知行《ちぎょう》を証明する幕府の発給文書が焼失したため紛失状《ふんしつじょう》を作成した（『鎌倉遺文』三二三五一号）。この紛失状の奥には、近隣の武士たちが証人として「順次不同」に連署しているが、彼らは焼失した文書を日頃から「存知」していたとみえる。つまり、栗栖氏は自身の知行を証明する文書を近隣の武士たちにあらかじめ披露していたのであり、それによって彼らを証人とした紛失状を作成できたわけだが、このことから武士の地域的結合は、たがいに知行を証明する文書を確認しあい、個々の知行を保障する機能を有していたことが知られる［小林 二〇〇一］。

(2)山野用益保障と人返し

越後国奥山《おくやま》荘(現新潟県胎内《たいない》市)内の所領をめぐって争っていた和田茂実《もちざね》と海老名忠顕《えびなただあき》は、和与《わよ》による解決をはかり和与状を作成した(『鎌倉遺文』三一四三七号)。この和与状には、①茂実と忠顕は切田《きりた》名《みょう》の山を折中して堺を明確にし、百姓が草木をとる時はたがいに妨害しないこと、②自領の百姓が相手の領内に「逃脱《ちょうだつ》」した場合は、その百姓を居え置いてはならないこと、が規定された。①は自領百姓の山野用益を保障する内容である。一方、②は他所へ移動した百姓をもとの領主に返還するという中世の人返法《ひとがえしほう》に類似した措置とみられるが、そうであるならば、年貢・公事を弁済せずに債務を負ったまま逃亡した百姓に対する債権の回収＝年貢・公事の徴収を目的とした内容と考えられる。茂実と忠顕は地域的結合を結んでいたわけではないが、これらの規定は所領が近接する者たちのあいだでは普遍的に起こりうる問題への対処とみられることから、武士の地域的結合にはこのような機能も備わっていたと考えられる［田中 二〇一二］。

(3)戦時の合力

下野国西茂木保《にしもてぎのほ》(現栃木県茂木町)を本領とした茂木《もてぎ》氏は、一三三六(建武三)年十一月に拠点の茂木城が南朝方の攻撃を受けて落城するという事態に見舞われた。この時、家督の茂木知貞《ともさだ》は、同国の南朝方の重要拠点だった宇都宮を攻めるために出陣中であり、代官の祐恵《ゆうけい》が本領の留守を預かっていた。茂木城を失った祐恵は、すぐに代替地を要請する一方、「近憐(隣)の人々の合力」をつのって茂木城の奪還に成功した(『南北朝遺文　関東編』五八九・五九六号)。祐恵に合力した「近憐(隣)の人々」とは、茂木氏と地域的結合を結んでいた武士たちとみられるが、武士の地域的結合は戦時の際の合力としても機能したのであり、これにより武士たちは戦争による本領の喪失という不測の事態に備えていたことがわかる[藤井 二〇二二]。

様々な結合の契機

近隣の武士たちとの地域的結合は、当然のことながら地縁的関係をベースにして結ばれることが多かった。具体的には、所領を結ぶ幹線道路や河川交通といった地域の交通・流通路を媒介にして結ばれたのだが、その結節点となった場が地域の拠点的な町場である。

すなわち、武士たちは現地を支配する領主として京都の荘園領主や知行国主へ年貢を送進することを責務としていたが、その際、金融業者が発行する割符《さいふ》をしばしば使用した。また、主家から多大な経済的課役が課された場合には、金融業者から借財しなければならなかった。こうしたことから武士たちは、地域における金融の窓口となっていた拠点的な町場に活動拠点(宿所)を構えたのであり、ここでの活動を通じて相互に交流を深め、地域的結合を結んだと考えられるのである[田中 二〇一一・二〇一五]。

地域における拠点的な町場以外にも、武士の地域的結合の結節点となった場は存在した。それは京都である。京都は武士たちが出仕した朝廷が所在し、かつ彼らの主家が暮らす都市でもあったため、武士たちは京都にも活動拠点を構えていた。そして、京都での政治的活動を通じて交流を深め、地域的結合が結ばれたのである。例えば、一一八四(元暦元)年に鎌倉幕府に対して反乱を起こした伊勢・伊賀国の武士団連合は、京都で平重盛《しげもり》の家人としてともに活動していた武士たちであった[川合 二〇〇四]。また、鎌倉後期に悪党活動をした伊賀国黒田荘《くろだ》(現三重県名張市)の武士団連合は、京都の六波羅を共通の活動拠点としていた武士たちであった[清水 二〇〇七]。

ほかに武士の地域的結合は、戦争を契機に結ばれることもあった。すなわち、下野茂木氏は隣国常陸国の佐竹《さたけ》氏と地域的結合を結び、南北朝内乱時には佐竹氏を介して足利尊氏に軍功を申請したが、両者はともに尊氏に従い、上洛戦を戦う中で親交を深めたことが結合の契機になったと指摘されているのである[藤井 二〇二二]。なお、南北朝内乱の初期に当たる建武・暦応年間(一三三四〜四二年)は、足利方の軍事指揮・軍功認定の担い手は守護に一元化されていなかったため、武士たちは個別の関係・人脈にもとづいて複数の軍事指揮者と接触していたことが明らかにされている[堀川 二〇一四]。茂木氏と佐竹氏の関係は、このことを示す事例としても理解できよう。

国人一揆への展開

前述したように、鎌倉時代の武士の地域的結合は、これに加わった武士個々の知行を保障する機能を有していた。従来、こうした機能は、南北朝・室町時代に現れる国人一揆の属性として理解されてきたものである。すなわち、鎌倉時代の武士の地域的結合は一揆的な性格を有していたといえ、こうした武士の地域的結合の存在を前提にして考えることで、南北朝・室町時代の国人一揆の出現をスムースに理解することができるのである[久留島 一九九四]。

それでは、国人一揆とは地域的結合から直接的に展開して成立したものなのだろうか。このことを考えるうえで、一三八八(嘉慶二)年に制定された松浦党《まつらとう》(下松浦一揆《したまつらいっき》)の一揆契諾状《いっきけいだくじょう》(『南北朝遺文 九州編』六〇五八号)は示唆に富む[市沢 二〇〇七]。

この契諾状をみると、松浦党一揆には同心円状に三つの法状態があったことがわかる。すなわち、①一揆内においては実力行使を禁止する、②一揆ないしその一員が外部に対する場合は、相手が自分の「重縁《じゅうえん》」の者でも一揆の構成員に味方し、そののちに両者の「理非」を吟味する、③一揆外の紛争については「重縁」あるいは「道理」により、一方の味方についてもよい、という三つである。

ここで注目されるのは、②と③において一揆の構成員が一揆外の人物と「重縁」関係があることが前提とされており、そのうえで②では一揆が外部との「縁」より優越することを示している点である。また、③では一揆外への合力の規定が設けられている点も、一揆の構成員が一揆外の人物と「重縁」をもち、それが構成員の行動に大きな影響を与えていたことをうかがわせる。加えて、当然のことながら①も、一揆内に一揆外の「重縁」を持ち込まないことを含意していると考えられる。つまりこれらからは、一揆の外部の「重縁」といかなる関係を切り結ぶかが、一揆の存立にとって重要な課題だったことが看取されるのである。

このことは、南北朝時代になると武士たちが取り結んだ「縁」=地域的結合が拡大したことで、戦時の際の合力関係も拡大し、それがかえって地域社会の秩序に混乱を来し、本領を維持するうえで問題となったことを示していると理解できる。したがって、国人一揆とは、鎌倉時代に武士たちが取り結んだ地域的結合から直接的に展開して成立したとは考えにくい。それは、武士の地域的結合の拡大が招来した地域社会秩序の混乱を解決するための方策として、それを地域の武士側が自ら制御することを目的として成立したと考えられるのである。

〈**参考文献**〉

市沢哲　二〇〇七年「一四世紀政治史の成果と課題——社会構造の転換期としての一四世紀をどうとらえるか」(『日本史研究』五四〇号)
井上聡　二〇〇三年「御家人と荘園公領制」(五味文彦編『日本の時代史8　京・鎌倉の王権』吉川弘文館)
川合康　二〇〇四年『鎌倉幕府成立史の研究』(校倉書房)
久留島典子　一九九四年「領主の一揆と中世後期社会」(『岩波講座日本通史9』岩波書店)
国立歴史民俗博物館編　二〇二二年『企画展示　中世武士団——地域に生きた武家の領主』
小林一岳　二〇〇一年『日本中世の一揆と戦争』(校倉書房)
齋藤慎一　二〇〇六年『中世武士の城』(吉川弘文館)
清水亮　二〇〇七年『鎌倉幕府御家人制の政治史的研究』(校倉書房)
田中大喜　二〇一一年『中世武士団構造の研究』(校倉書房)
田中大喜　二〇一四年「家督と惣領」(高橋秀樹編『生活と文化の歴史学4　婚姻と教育』竹林舎)
田中大喜　二〇一五年「中世前期の在地領主と町場の城館」(齋藤慎一編『城館と中世史料——機能論と探求』高志書院)
田中大喜・渡邊浩貴　二〇二四年「中世益田の武家領主本拠調査」(『国立歴史民俗博物館研究報告』二四

五集）
西田友広　二〇一一年「石見益田氏の系譜と地域社会」（高橋慎一朗編『列島の鎌倉時代――地域を動かす武士と寺社』高志書院）
羽下徳彦　一九六六年『惣領制』（至文堂）
藤井達也　二〇二二年「南北朝内乱と茂木氏――知貞・知世・朝音三代の戦記」（高橋修編『戦う茂木一族――中世を生き抜いた東国武士』高志書院）
堀川康史　二〇一四年「北陸道「両大将」と守護・国人――初期室町幕府軍事制度再検討の試み」（『歴史学研究』九一四号）
湯浅治久　二〇〇五年「「御家人経済」の展開と地域経済圏の成立」（五味文彦編『交流・物流・越境　中世都市研究11』新人物往来社）

7 新しい仏教者たち

菊地　大樹

はじめに

いわゆる「鎌倉新仏教」に関する中等教育の教科書は、専修《せんじゅ》・易行《いぎょう》・民衆性をキーワードとして記述されてきた[家永 一九四七]。彼らの起こした教団は大規模に発展し、現代社会にも影響力をもっている。したがって教科書にも、その後の鎌倉新仏教諸教団が現代の諸問題へどのように通じているのかについての理解をうながすための工夫が、各時代について求められている。もっともこれまでの研究水準は、これらの教団が、やがて葬儀や法事、墓(墓制)の管理を基盤とした安定的な経営にあぐらをかいているという、いわゆる仏教堕落論や葬式仏教論[圭室 一九六三]にとどまっていたため、教育現場で取り上げられることはまれであった。しかし近年では、近世・近代仏教の研究の進展は著しく、思想的にも仏教者の諸活動の面でも、魅力的な実像がつぎつぎに明らかになってきた。このような成果を取り入れた、新たな教科書記述を進める必要がある。

思想的には、一八八九年に刊行された中西牛郎『宗教革命論』が「新仏教」を概念化した早い例であるという〔福島 二〇二三〕。そこでは旧仏教に対し、新仏教は純潔な真理と真正な道徳による精神性を特徴とすると説かれる。一九〇〇年に発行された雑誌『新仏教』や、その前年に『反省(会)雑誌』(普通教校〈龍谷大学〉反省会発行)から改称・発展した『中央公論』も、組織的権威や儀礼を否定して内面の信仰や禁酒などの道徳を重視する、「プロテスタント仏教」ともいわれるような近代教学を志向した。ここから、各宗派の祖師を生み出した鎌倉時代の仏教への関心が高まり、近代歴史学・宗教学にも大きな影響を与えた。さらに社会的には、都市への一極集中と地域の過疎化が進む現代において、前近代的な檀家制度だけでは寺院と地域住民の関係はもはや維持しえない。精神面でも、寺院が担っていた伝統的な死生観は薄れている。だが一方で、近代化の物語のほころびの中から環境問題が顔を出し、大きな災害も頻発している中、鎌倉新仏教の系譜を引く伝統諸教団は、宗教宗派の枠組みを越えて社会活動に関わるようになってきた〔高橋 二〇〇九〕。以上のような切り口から、近現代社会を意識し、そこへつながっていく鎌倉新仏教の歴史についての発展的学習が期待できるであろう。

本稿では、このような研究上の進展および現代的要請を意識した教科書叙述の刷新を準備するうえで、鎌倉時代の新しい仏教者たちをいったん近代化の物語から解放し、中世の歴史叙述の中に取り戻すことから鎌倉新仏教の意味を再確認していきたい。

1 大規模造営から勧進の時代へ

平安院政期の仏教

従来の中等教育では、平安初期の仏教界は最澄・空海によって刷新されたものの、以後は呪術としての密教の加持祈禱《かじきとう》に専心するようになったと説かれてきた。そこで教科書にも、以後の平安仏教の動向が取り上げられることはほとんどない。ここでは中世成立期としての院政期社会を出発点としながら、それまでの仏教を簡単に振り返り、鎌倉時代の仏教に直接関わる構造を見出していきたい。

後三条天皇は、それ以前の天皇らの例にならって「円」の付く四つ目の寺(四円寺《しえんじ》)として円宗寺《えんしゅうじ》を建立した(一〇七〇〈延久二〉年)。つづいて白河天皇は一〇七七(承暦元)年、「勝」の付く六つの寺(六勝寺《ろくしょうじ》)の最初に当たる法勝寺《ほっしょうじ》を京都白河に建立する。法勝寺は院の仏教政策の構想をよく示している。平安初期には南都六宗に天台・真言二宗を加えた正統八宗が成立するが[曽根 二〇一五]、僧位《そうい》・僧官《そうかん》をおびる僧綱《そうごう》への昇進は、御斎会《ごさいえ》・興福寺維摩会《ゆいまえ》・薬師寺最勝会《さいしょうえ》の南都三会《なんとさんえ》において論義会《ろんぎえ》の竪者《りっしゃ》(指名回答者)や講師をつとめることが必須とされ、南都諸宗の僧が有利であった。これに対して、十世紀後半に比叡山を復興し、東塔・西塔・横川《よかわ》の三塔体制を確立した座主良源《ざすりょうげん》の活動を画期として延暦寺(山門派)の勢力が拡大した。円珍門徒の依る園城寺(寺門派)とも競合しながら、天台宗は存在感を増していった。

これに続き院政期には、さらに論義会を通して天台宗にも僧綱の道が開かれていく。円宗寺法華会・同最勝会および法勝寺大乗会は北京三会《ほっきょうさんえ》と称され、内裏《だいり》最勝講・院最勝講・法勝寺最勝講の三講とともに、講師などをつとめた天台僧らの昇進ルートとなっていった。このように、御願寺《ごがんじ》（天皇・上皇などの発願で建てられた寺）の建立は単に院権力の誇示にとどまるものではなく、とくに院政期の仏教政策を教学面でも推進する国家事業であった。ここから分かるように、平安時代中期から鎌倉時代に至るまで、南都や天台・真言の諸宗教学は形骸化していたわけではない。とくにこれらの法会は、引き続き学僧の研鑽《けんさん》の場となっていたのである。あわせて、貴族たちの欲望を満足させるという面から否定的に考えられてきた加持祈禱も、教理と一体化した儀礼研究の立場から再評価が進んでいる。そのきっかけの一つをつくったのが顕密《けんみつ》体制論であった［黒田 一九七五］。いわゆる「旧仏教」を中世宗教の正統たる「顕密仏教」として積極的に評価したことにより、大寺院に所蔵されてきた聖教資料に目が向けられるようになり、一九八〇年代以降、漸次調査が進展した。その結果、平安・鎌倉期の寺院における修学や儀礼の詳細がつぎつぎに明らかにされている。

御願寺の造営には、院権力を支えた受領層の成功《じょうごう》が大きな役割を果たす。かくして院政期は、「大規模造営の時代」と特徴づけられていく［上島 二〇一〇］。たしかに成功は、一気に巨額の投資により事業を達成するのには効果的であった。しかし、いったん造営された寺院には院領荘園の寄進などにより経済基盤が与えられた場合でも、実際に安定的な経営を持続させるのは困難な場合も多かった。またもなく火災や災害、老朽化により多くの御願寺が衰退の危機を迎える。そのたびに成功を募るものの、受領は国務の運営に、寺家は経済基盤の運営に失敗することも少なくなかった。

院政期の勧進

これに対して、新たに一般的となっていったのが勧進であった。勧進は少額の金品を広域に、また幅広い階層にわたって募り、これを集積して大規模な仏事や造営につなげる方式である。勧進僧は請け負った寺社の造営について、建築と経営の両面から優れた技術力と知識を発揮すると同時に、勧進組織を確立し、社会的ネットワークを張りめぐらせる能力を求められた。そしてなにより、そのような勧進僧の求心性の核には、幅広い階層から崇敬を集めるような深い宗教性がなければならなかった。従来の研究は、おもに勧進の経済的側面に注目してきた。しかし、仏教において善行を実施する作善一般を勧める宗教行為こそ勧進の本質であった。

白河院政期の一〇九六(永長元)年、慈応《じおう》は一日一切経《いっさいきょう》書写を勧進した。約七〇〇〇巻の一切経を一日のうちに書写するため、多くの人々に巻を割り当てて結縁をうながすのである。関白藤原師通《もろみち》家ではそのうち『華厳経《けごんきょう》』六〇巻を担当し、師通自ら「外題《げだい》の七字」(大方広仏《だいほうこうぶつ》華厳経という経題)を書くと、自宅で経供養の儀式を行った(『後二条師通記《ごにじょうもろみちき》』永長元年三月十八日条)。『中右記《ちゅうゆうき》』の記主、中御門宗忠《なかみかどむねただ》もこの事業に応じて「大善根《だいぜんこん》」と日記に記し、同じく自家で書写を行ったようである(同日条)。いったん集められた一切経は摂関家の護持する法成寺《ほうじょうじ》で校正が施され、のちに大和吉野の霊山である金峯《きんぷ》山寺《せんじ》へ送られた。この時、師通の父である大殿師実《おおとのもろざね》と、師通の子の左大将忠実《ただざね》からも人夫や浄衣を給わっていることから、摂関家が大きなパトロンとなってはいたものの、経典の大半は京中の多くの人々が結縁することにより実現したのであった(『中右記』承徳二年三月二十一日条)。

続く鳥羽院政期には、東国において一切経書写を発願した富士上人末代《ふじしょうにんまつだい》の勧進が知られている。その活動は都に及び、鳥羽院も結縁した。末代は駿河富士山や越前白山《はくさん》で活動した山林修行者であった。『本朝世紀《ほんちょうせいき》』（一一四九〈久安五〉年四月十六日条）が述べるように、院政期頃から如法清浄《にょほうしょうじょう》の写経（如法経）が盛んになった。この一切経の仕上げとして、末代は霊山の水を用いて調製した料紙を携え上京すると、鳥羽法皇にこれを献じて結縁をうながした。そこで法皇はさらに近臣を誘い、『大般若経《だいはんにゃきょう》』六〇〇巻を書写させると、五月十三日にきらびやかな供養の法会を執り行った。結縁の道俗は雲霞の如く集まったという。こうして成った一切経は、富士上人により富士山に埋納された（同上）。近代になり、その一部が発見され保存されている。

2 復興という新義

鳥羽院の仏教政策

教学や儀礼の振興をはかった白河院の路線を引き継ぎながらも、並行して勧進聖や山林修行者など都の周縁や地方で活動する実践的な宗教者に注目したのが鳥羽院であった［菊地 二〇二〇a］。その一人である覚鑁《かくばん》は肥前藤津《ふじつ》荘の出身で身分は低かったが、仁和寺寛助《かんじょ》から広沢《ひろさわ》流の灌頂《かんじょう》を受けると高野山に登り、一一三二（長承元）年に鳥羽院の外護を得て大伝法院《だいでんぽういん》を建立する。覚鑁は、奈良時代以来の山林修行者の伝統である虚空蔵菩薩求聞持法《こくうぞうぼさつぐもんじほう》や無言行《むごんぎょう》などの実践修行者として知られる。一方、高野山衆徒《しゅと》との軋轢《あつれき》にさらされながらも、流派の枠を越え小野流の伝授も受けて密教儀礼に通じ、修学を続けて密教浄土教関係のほか多くの文献を著した。なかでも『五輪九字明秘密釈《ごりんくじみょうひみつしゃく》』は、五臓曼荼羅《ごぞうまんだら》説や五輪塔説《ごりんとう》について、身体論を軸に異端的ともいえるようなきわめて斬新な説を展開しており、中世密教の原点として最近再び注目されている［亀山 二〇一三］。覚鑁の一派はついに高野山を離れて紀伊根来《ねごろ》（現和歌山県岩出市）に拠点を移すが、やがてそのユニークな教学が鎌倉時代中期の頼瑜《らいゆ》により大成されていく。覚鑁は、のちに新義《しんぎ》真言宗の祖と仰がれるようになった［櫛田 一九七五］。

覚鑁と同時期に、鳥羽院や摂関家の外護を受けながら活動したのが実範《じっぱん》である。実範は興福寺僧として僧綱に昇ろうとしながら、その手前で大和忍辱山円成寺《にんくせんえんじょうじ》に遁世《とんせい》し、山林修行に従事していた時期もあったようである［菊地 二〇一一］。やがて一一二九（大治四）年頃に鳥羽院や摂関家の外護を得て同国中川《なかのがわ》に成身院《じょうしんいん》を建立し、修学を深めていく［堀池 二〇〇四］。その関心は多岐にわたるが、とくに受戒《じゅかい》の次第書である『東大寺戒壇院受戒式《かいだんいんじゅかいしき》』に注目したい。東大寺では形式化しながらも、古代以来の受戒会が途絶えたわけではなかった。しかし実範の『授戒式』は、実は復興というかたちを取りながら、それまでにはない新たな仏教の動向を生み出していくことになる。

実範の戒律復興を受け継いだのは貞慶《じょうけい》であり、『戒律興行願書《かいりつこうぎょうがんしょ》』を著して運動を後押しした。その弟子覚真《かくしん》（藤原長房《ながふさ》）は興福寺常喜院《じょうきいん》に依り、運動を継承する。無住《むじゅう》『沙石集《しゃせきしゅう》』（巻三第五話）によれば、堂衆の拠点となった常喜院では、「夏中《げちゅう》」（四月中旬から七月中旬までの九〇日間）に集中修行（夏安居《げあんご》）が行われていた。無住自身は、これが終わると持斎《じさい》（戒律を守ること）をやめてしまうと歎き、続けて稚児に魚を取らせる破戒僧らの説話を引いて学と行の相違を嘆く。しかし、修学を旨とする学侶に対して堂衆はむしろ実践行を重視し、平安時代後期には無住の語る夏中に「当行」と呼ばれる山林修行に励んでいた［徳永 一九九八］。もっとも、堂衆中心の律学はいまだ洗練されておらず、戒律の系譜も不明瞭なまま、山林修行などの苦行や実践行の総体をもって「持戒清浄《じかいしょうじょう》」を主張する段階にとどまっていた。勧進聖として鎌倉初期東大寺復興の中心に立った俊乗房重源《しゅんじょうぼうちょうげん》も、同じく山林修行者であった。従来は、おもに美術や建築の面から取り上げられてきたが、今後はさらにこのような山林修行の流れの中に重源を位置づけることで、南都との関係を考えていきたいところである。

復興の展開

こうした運動が、つぎの時期に現れた覚盛《かくじょう》・有厳《ゆうごん》・円晴《えんせい》・叡尊《えいぞん》らへと連続したことは間違いない。ここから、西大寺・唐招提寺・東大寺戒壇院などを拠点とする南都の戒律復興運動は一挙に洗練され、完成されていく。それぞれに関係をもちながらも、とくに西大寺律宗は厳格な統制を旨とする教団組織を急速に成長させた。律僧らは奈良時代の行基に範を求めつつ、勧進方式により経営・技術両面の能力を発揮し、廃絶した古代寺院の復興、交通路や港湾などの整備、病者・貧民の救済など広範にわたる社会活動を実践した。そのために彼らが掲げた宗教的な核が、高度な戒律の体系に支えられ、新たな意味をもった持戒清浄であった。叡尊の活動を伝える『感身学正記《かんしんがくしょうき》』は、近年改めて注釈研究が進んでいる。以上の諸活動に目をつけた鎌倉幕府は、叡尊・忍性の鎌倉下向を要請し、鎌倉に残った忍《にん》性《しょう》を核として西大寺律宗を保護していく。

叡尊らの戒律護持は古代の伝統を復興したかのように語られていたが、教学的には多くの新義を立てた。伝戒師の代わりに諸仏を請じて持戒を誓う自誓受戒《じせいじゅかい》により活動をスタートさせた叡尊は、三つの作善の大綱を示した三聚浄戒《さんじゅじょうかい》を介して、大乗仏教系の梵網戒《ぼんもうかい》と上座仏教系の四分律《しぶんりつ》をともに保つという新しいスタイルを確立した〔蓑輪 一九九九〕。また叡尊自身が真言宗小野流下の伝授を受けたことから、真言密教もあわせて行った。

このように、斬新な戒律理解にもとづき、持戒清浄の律僧を独自の儀礼により再生産していく点から、叡尊教団を「新仏教」と理解する説もある〔松尾 一九九八〕。この見方は、先行する顕密体制論が明恵《みょうえ》・貞慶や叡尊らを顕密仏教の「改革派」と位置づけたことへの、強い批判を含んでいる。ただし、ここまでみてきたように院政・南都仏教の特徴は、復興というかたちをとりながら新義を展開することにあった。その両面を考えなければ実態はみえてこない。松尾氏はとくに論じていないが、先に触れた覚鑁も同様に評価できよう。すでに考察したように、「新仏教」という言葉の今日的限界もふまえ、新旧あるいは正統・異端の二元論を越えた新たなモデルを考える段階に進みたい。

3 大陸からの伝統と革新

大陸の革新と日本の伝統

そこで本節では、平安仏教の伝統の中から革新的な思想が生まれてくるという関係について、さらにみていきたい。栄西は備前出身の天台僧で、延暦寺で修行したあと一一六八(仁安三)年・一一八七(文治三)年に入宋した。のちに『興禅護国論《こうぜんごこくろん》』を著して禅の興隆を訴えたが、第一回入宋の前には中国地方を巡り天台密教の優勢な法流を受けた。後年に至るまで、禅の興隆と密教の伝授はともに栄西の宗教の柱であった。禅と天台密教の一致を標榜するこのようなスタイルは、上野長楽寺《ちょうらくじ》(現群馬県太田市)の栄朝を通じて東福寺円爾《えんに》(弁円《べんえん》)のもとでさらに発展し、真言密教も取り入れながら尾張・伊勢方面に展開した。このような禅のスタイルは、のちの純粋禅に劣ると評価されてきた。しかし最近では、「純粋」を一方的に高く評価することは近代の鎌倉新仏教論の産物であり、平安時代を通じて日本で独自に展開した密教の体系に禅を適合させ、総合化しようとする思想的営為が再評価されつつある[中世禅籍叢刊編集委員会編 二〇一九]。

栄西と同じく天台僧として出発し、宋から禅を伝えた道元は、独自の路線を歩んだ。「仏祖単伝」つまり釈迦からまっすぐに伝わってきた仏法を受け継ぐという意味では伝統を重んじた道元だが、その先蹤《せんしょう》は日本ではなく、また中国でもなかった。したがって道元には曹洞宗という意識もなく、あくまで伝統の根源は釈迦牟尼仏《むにぶつ》であった。『正法眼蔵《しょうぼうげんぞう》』に代表される道元の到達点が、近代哲学にも比せられる高度な思弁性に満ちていることとあわせ、その思想が革新的であったことはいうまでもない。なかでも坐禅を重視する「只管打坐《しかんたざ》」あるいは黙照禅《もくしょうぜん》は、どんな時、どんな場所をも修行と考える「本証妙修《ほんしょうみょうしゅう》」という道元の禅の特徴に裏付けられており、同時代の宋で流行していた公案《こうあん》(いわゆる禅問答)を用いる看話禅《かんなぜん》には批判的であった[小川 二〇一五]。また道元は、大日房能忍《だいにちぼうのうにん》の系譜を引く懐弉《えじょう》ら、いわゆる達磨宗《だるましゅう》の一群を受け入れていたことが知られるが、その実態についての再検討も進んでいる[古瀬 二〇一三]。従来言われてきた修行不要論などとは一線を画すにせよ、達磨宗的な思想傾向もまた、道元の向きあうべき課題の一つであった。このような近年の新たな研究の見直しから出発し、道元をいったん純粋性や近代的な性格から解放して同時代の社会的文脈に位置づけなおすことは、なお今後の課題である。

勧進の新段階

栄西と宋で邂逅し、いっしょに帰国したとの説話が伝えられる重源については、早くから法然との交流を語る説話も残されている。そのような事実があっても不自然ではないと同時代の人々に感じさせたのは、両者が勧進聖としての性格を共有していたためである。ある法然の伝記には一一八一(養和元)年、後白河院が東大寺大勧進職として最初は法然を指名したが固辞し、その紹介で重源を指名した説話が収められている(『黒谷源空上人伝《くろだにげんくうしょうにんでん》』)。それによれば、法然の布教スタイルは明らかに院政期の勧進聖の延長にある。一方で彼の専修念仏義は、それまでの全仏教を否定する要素をもつ点で革新的でもあった[平 一九九二]。しかし法然自身は、唐代の浄土教家である善導の伝統を復興し、回帰することを説くというスタイルを基本とする。

専修念仏義とそれまでの念仏行の本質的な違いについて理解することは容易ではなく、全仏教否定論についても同時代から異論があった。したがって、法然のカリスマ性のもとに集った念仏者の数は急激に膨張したが、多くの異義に満ち、統制を欠いていた。没後の教団は分裂状態のまま発展し、なかでも一念《いちねん》・多念《たねん》・西山《せいざん》・鎮西《ちんぜい》・諸行本願義《しょぎょうほんがん》などが台頭する。それらの諸派を、法然の真意を理解できず、あるいは社会との妥協を図るための門下の思想的後退であると安易に評価することは、法然を特権的な位置に押しやる鎌倉新仏教論に回帰しかねず、注意が必要である。法然をどう受け止めるかは、門下の主体的課題として別に考察するのが歴史的評価の方法であろう。

4 鎌倉新仏教の展開

専修念仏の新展開

法然の流れをくむ念仏者のうち、鎌倉後期の一遍も、熊野権現の夢告により「信不信を選ばず、浄不浄を嫌わず」、念仏名号札を六〇万人に賦《くば》ることを旨とした。そこで自らは遊行する時衆の核となり、やがて踊念仏を興行して多くの人々に念仏への結縁を勧めたのである。彼は晩年に自身の著作を焼却したと言われるが、『一遍上人《いっぺんしょうにん》語録《ごろく》』がその思想を伝えている。『一遍聖《いっぺんひじり》絵《え》』はその思想に加えて伝記としても興味深い。さらに鎌倉時代の絵巻として都市や霊場、またそこに集う民衆の姿を描いており、中世絵画史料を代表する作品である。このように、時と処を変えながら踊念仏の興行を通じて民衆を集め、結縁をうながす時衆のスタイルの根底には、勧進の思想が受け継がれている。

これに対して親鸞は、同じく専修念仏を継承しながらも、阿弥陀仏による他力の信心を獲得したことに究極の価値をおき、多念義の対極にある一念義に近いように理解される場合もある。この点で親鸞はやはり革新的であった。とはいえ、親鸞自身は信心を得たのちも報恩のため称名により念じ続けることを説く。信心さえあれば悪を行っても憚らないとする「造悪無碍」からは距離をとった。彼の思想については長らく『歎異抄《たんにしょう》』を中心に語られてきたが、その著者唯円のバイアスもあり、近年ではむしろ主著『教行信証《きょうぎょうしんしょう》』や晩年の和讃《わさん》類に改めて注目が集まっている。そもそも親鸞は独自の思想にもとづいて聖徳太子を讃仰しており、『皇太子聖徳奉讃《こうたいししょうとくほうさん》』などが残されている。親鸞は聖徳太子を浄土教に結びつけ、専修念仏が日本仏教の伝統の中に確固たる地位を占めているとも主張したのである。

親鸞のもとには京都の本願寺派のほかに仏光寺《ぶっこうじ》派、また流罪時代の関東には高田《たかだ》派や横曽根《よこそね》・鹿島《かしま》の門弟などの諸派が成立したことから、多くの人に念仏を勧める意志が旺盛であったことに疑いはない。

新たな仏教者を批判する新仏教

鎌倉前期の新たな仏教者である法然や栄西に続き、中期に活動した日蓮は、天台教学の伝統の復興者と自身を位置づけ、まず『立正安国論《りっしょうあんこくろん》』の中で最新の仏教として社会に定着しつつあった禅・念仏の批判に着手した。しかし同時に、『法華経』二八品《ほん》のうち前半・後半を迹門《しゃくもん》と本門に分け、迹門に注目して立てられた一念三千《いちねんさんぜん》論を重視する天台教学の基本的立場のみでは、末法の世にはもはや適合しないと批判する。そして本門による世界観から独自の教理を打ち出し、題目に込められた『法華経』の功徳の絶対性を説いて、唱題行《しょうだいぎょう》を実践の中心にすえていく。さらに彼の批判は、やがて密教にも及んでいく。それらの集大成が、流罪先の佐渡において著された『開目抄《かいもくしょう》』『観心本尊抄《かんじんほんぞんしょう》』である。

天台教学の伝統に立脚しているとはいえ、同時代の天台教学が最澄に続く平安前期の円仁・円珍の時代以来、すでに密教教学なしには成り立たなくなっていたことから、日蓮は教学・実践の両面で革新的であった。その日蓮にしても、実は密教の助けを大きく借りて教学を確立した面もある。修行時代には覚鑁の『五輪九字明秘密釈』などを書写し、また密教に立脚した初期の遺文も知られている。この問題について従来は、後期になってこのような密教の影響を払拭すると理解されてきた。ただし、後期の日蓮が創作した独自の文字曼荼羅(十界曼荼羅《じっかい》)には、中央に題目が大書され、その両脇には不動《ふどう》・愛染《あいぜん》両明王の種子《しゅじ》(梵字《ぼんじ》)が添えられる。この点については、近年の密教図像等の研究の進展などにより新たな検討段階に入ったばかりであり、日蓮と中世密教についてはなお今後の課題である［菊地 二〇二〇c］。なお、日蓮自筆の曼荼羅は現在、一二〇幅余りが確認されている。大型のものも複数残されていることは、個人向けではなく、多くの人々が道場に集まり唱題する時の本尊とされたことを意味している。このように、唱題を広く積極的に勧めたことは日蓮も勧進聖と同様であった。

おわりに

顕密体制論が提示した鎌倉新仏教論への批判的な論点の一つは、この時代に登場した新しい仏教者たちを祖師と仰ぎ現代に続く大教団が、実は江戸時代以後の宗派体制を反映したものに過ぎないとすることであった。たしかに、宗派を超えた日本宗教研究は顕密体制論以前から強調され、現在もなお模索され続けいている重要な課題である。だが少なくとも、現在では十五世紀後半以降の「戦国仏教」が新たに注目されており［湯浅 二〇〇九］、中世後期に江戸時代以降の宗派の前提が形成されていたことも明らかとなってきた。宗派仏教は日本仏教の大きな特徴であり、歴史的に検討すべき種々の可能性を秘めている［菊地 二〇二〇b］。これは、東アジアの中で日本仏教がもっとも積極的に僧侶の妻帯を認めていることとあわせて、再評価に値する。その先駆者と目され「非僧非俗」を掲げた親鸞が、ほかならぬ新しい仏教者たちの一人であったことは、このテーマの歴史的・地域的な広がりを示しているという点で重要であろう。

このように、明治以来の思想運動の影響下に戦後まもなく示された鎌倉新仏教論、一九七〇年代に示された顕密体制論に代わり、現在の研究水準や現代的問題関心に即して中世仏教を理解するための新しい枠組みの模索が続いている。例えば、中世対外交流史の成果を取り入れ、同時期の大陸仏教における禅教律体制の日本に与えた影響を考える大塚紀弘氏［大塚 二〇〇九］、戒定慧《かいじょうえ》の三学の枠組みをベースに、そこからの逸脱や思想的深化をはかる上島享氏［上島 二〇一三］、中心・周縁概念に等しく注目しながらも、中世前期と後期で異なる視点からアプローチする末木文美士氏［末木 二〇〇八］や安藤弥氏［安藤 二〇一八］などの説が注目される。今後、これらをすりあわせて検討する中から、中世社会の中を生き抜いた新たな仏教者たちの姿をふまえた教科書叙述により、中等教育段階から鎌倉新仏教への斬新な視点を歴史教育に導入することが期待されている。

〈参考文献〉

安藤弥　二〇一八年「宗教一揆論という課題」（『日本史研究』六六七号）
家永三郎　一九四七年『中世仏教思想史研究』（法藏館）
上島享　二〇一〇年『日本中世社会の形成と王権』（名古屋大学出版会）
上島享　二〇一三年「鎌倉時代の仏教」（『岩波講座日本歴史6』岩波書店）
大塚紀弘　二〇〇九年『中世禅律仏教論』（山川出版社）
小川隆　二〇一五年『禅思想史講義』（春秋社）
亀山隆彦　二〇二三年『平安期密教思想の展開――安然の真如論から覚鑁の身体論へ』（臨川書店）
菊地大樹　二〇一一年『鎌倉仏教への道――実践と修学・信心の系譜』（講談社選書メチエ）
菊地大樹　二〇二〇年a『日本人と山の宗教』（講談社現代新書）

菊地大樹　二〇二〇年ｂ「宗派仏教論の展開過程」（佐藤文子・吉田一彦編『日本宗教史6　日本宗教史研究の軌跡』吉川弘文館）
菊地大樹　二〇二〇年ｃ「再考・持経者から日蓮へ――虚空蔵求聞持法と『不動愛染感見記』」（花野充道博士古稀記念論文集刊行会編『仏教思想の展開』山喜房佛書林）
櫛田良洪　一九七五年『覚鑁の研究』（吉川弘文館）
黒田俊雄　一九七五年『日本中世の国家と宗教』（岩波書店）
末木文美士　二〇〇八年「顕密体制論以後の仏教研究――中世の諸宗論から」（『日本仏教綜合研究』六号）
曽根正人　二〇一五年「平安仏教の展開と信仰」（『岩波講座日本歴史5』岩波書店）
平雅行　一九九二年『日本中世の社会と仏教』（塙書房）
高橋卓志　二〇〇九年『寺よ、変われ』（岩波新書）
圭室諦成　一九六三年『葬式仏教』（大法輪閣）
中世禅籍叢刊編集委員会編　二〇一九年『中世禅への新視角――『中世禅籍叢刊』が開く世界』（臨川書店）
徳永誓子　一九九八年「修験道当山派と興福寺堂衆」（『日本史研究』四三五号）
福島栄寿　二〇二三年『近代日本の国家と浄土真宗――戦争・ナショナリズム・ジェンダー』（法蔵館）
古瀬珠水　二〇一三年「再考――大日房能忍と「達磨宗」」（『鶴見大学仏教文化研究所紀要』一八号）
堀池春峰　二〇〇四年『南都仏教史の研究　遺芳編』（法蔵館）
松尾剛次　一九九八年『新版　鎌倉新仏教の成立――入門儀礼と祖師神話』（吉川弘文館）
蓑輪顕量　一九九九年『中世初期南都戒律復興の研究』（法蔵館）
湯浅治久　二〇〇九年『戦国仏教――中世社会と日蓮宗』（中公新書）

8

村に生きる人々

西谷　正浩

はじめに

前近代の日本の社会において、水田稲作を中心とした農業は基幹産業であった。農業のあり方は時代とともに推移していった。古代には、農業は在地首長層を中心とした共同体の営みであったとされる。古代末期には、広大な土地を抱え込んで粗放な農業を営む大農《だいのう》が登場し、時代の農業を牽引した。この新興勢力は、日本史学では富豪層と概念化されている[戸田 一九六七]。鎌倉時代になると、大農に代わって数町規模の土地を経営する中農《ちゅうのう》が主力となった。室町時代には、狭い農地を丹念に耕す集約農業の時代を迎え、家族経営の小農《しょうのう》が活躍した。

こうした農業の歩みは、担い手の農民家族や共同体(村)の変化と相関している。ここでは、過渡的な中世初期から始めて、中農の時代(鎌倉時代)・小農の時代(室町時代)と三つのステージに分けて、村に生きた民衆の暮らしを段階的に論じていこう［西谷 二〇二二］。

1　放浪する農民――中世初期

大開墾時代

古代末期の九世紀から十世紀にかけて、地域社会は深刻な危機に瀕していた。三善清行《みよしのきよゆき》が九一四（延喜十四）年に醍醐天皇に上呈した「意見封事十二箇条《いけんふうじじゅうにかじょう》」の中で、八世紀半ばには課丁《かてい》一九〇〇余人を数えた備中国邇磨郷《にまごう》が、九世紀後半には七〇余人から七人に減り、十世紀初頭には一人もいなくなったといっている。数値の正否はさておき、課丁が激減した主因は律令体制の行き詰まりにあったが、もちろん理由はそれだけではない。

古代末期は、大地震や火山噴火が頻発した大地動乱の時代であった。深刻な疫病が繰り返し流行して大勢の命を奪った。異常気象による自然災害や飢饉も辛苦をもたらした。十世紀には降水量の変動が極端に振れた。中期の大渇水期から一転して、後期には著しい多雨期に入り、大洪水が村々を襲った。分厚く積もった土砂に屈して村は捨てられ、古代村落の大半は九・十世紀に廃絶した［坂上 二〇〇二］。

中世初期の十一・十二世紀は、力強く荒野の開発が進み、日本の「大開墾時代」と呼ばれる。活発に私領《しりょうかいほつ》（開発所領）が形成され、これがのちに成立する荘園のもととなった。「五畿七道《ごきしちどう》の習い、諸国荘公の例、荒野は千町と雖《いえど》も無益なり、開作は一段《いったん》と雖も利あるなり」（『平安遺文』三六七〇号）という言葉は、当時の旺盛な開拓者精神を表している。人々は荒野を負の存在とみなし、意欲的に開発に乗り出していった。

大洪水でできた段丘で用水路が無効化し、各地で耕地の荒廃が起こった。秦為辰《はたのためたつ》の久富保《ひさとみのほ》(播磨国赤穂郡《あこう》)の「荒野開発」は、この状況に対応した代表例である(『平安遺文』一一一三号)。為辰は新しい井口をはるか上流に取り、延べ五〇〇〇人以上の労働力を動員した難工事の末、三〇町(約三キロ)におよぶ長大な用水路を完成させ、五〇町(約六〇ヘクタール)の田地の再開発に成功した。

復興から始まった開発の躍動は、やがて低開発地や未開地にもおよんだ。開発地には隣国・近郷から積極的に労働力として移住者(浪人)が招き寄せられた。来住して公領や荘園の作手《つくて》(耕作権)を得た浪人は、その地の住人となり、田堵《たと》や寄人《よりうど》と呼ばれた。こうして新たな村がつぎつぎと生まれ、地域社会の基礎が築かれていった。

粗放な農業

一一〇二(康和四)年の東寺領丹波国大山荘《おおやま》の立券目録《りっけんもくろく》によると(『教王護国寺文書』二四号)、総田数八九町余のうち、現作が四四町余、年荒《ねんこう》が二六町余、常荒《じょうこう》が一八町余、総畠数七四町余のうち、現作が六三町余、荒《あれ》が一一町であった。水田の現作率は五〇%と低いが、平安時代後半の所領の平均現作率は約六〇%だから、当時の水準からすると、突出して悪いわけではない。また、全耕地の四五%を占める畠では現作率が八五%だから、水田よりも畠の方が安定していた。

常荒・年荒は当時の農政用語で、常荒は長年耕作されていない再開発予定地、総田数の三〇%を占める年荒(片荒し《かたあら》)は、その年だけ耕作されなかった既墾地を意味する。耕作率が低く、しかも良田が少なく悪田が多いのが、中世初期の特徴であった。平安後期には、灌漑《かんがい》用水や地力の不足によって休耕せざるをえない不安定耕地が大量に存在し、用水の調整や地力の回復を目的に、現作や年荒の中から年ごとに耕作の適地を選び直すといった、粗放な農業が営まれていた［戸田 一九六七］。

土地の生産性や利用率の低い農業を粗放農業と呼ぶ。逆に、資本や労働力の多量投下で単位面積から高い収益を上げるのを集約農業という。狭い土地で忙しく働く近世・近代の日本の水田稲作は、集約農業（労働集約型農業）の典型である。中世初期の農業が粗放なのは、復興（再開発）から日が浅く、水田稲作のためのインフラがまだ整っていなかったからである。

十一世紀の文人貴族藤原明衡《あきひら》は、『新猿楽記《しんさるがくき》』で「大名田堵」田中豊益《とよます》の姿として理想の農業経営者を描いている。豊益は洪水や旱魃《かんばつ》の年を予測して準備をおこたらず、土地の厚薄を見きわめて年ごとに耕作の適地を選んだ。彼は優秀な農具を備え、労働力（田夫農人《でんぷのうにん》）を確保して周到に灌漑整備や農作業を進めた。田では早稲《わせ》・晩稲《おくて》・粳《うるち》・糯《もち》をつくり、畠には多種多様な作物を育てて、多くの収穫を得たとする。厳しい耕作環境に対応した、当時の農民の技術水準の高さがみてとれる。

放浪する農民

簡単にいうと、領主は荘園・所領の所有者、荘司《しょうじ》・荘官はその管理者、田堵は農業経営者に当たる。荘園制社会の中世では、荘園制の中で占める地位によって身分が分かれていたが、中世初期には、こうした社会階層は未分化な段階にあり、田堵の経営規模や身分も様々だった。数十町を経営する大農クラスの者（大名田堵）や複数を掛け持ちする「諸方兼帯」の者から、数町を耕す中農クラスの者（小名田堵)までがいた。なかには、下級貴族相当の五位《ごい》の位をもつ有力者もいて、ある所領では田堵だが、他所では領主や荘司というケースも珍しくなかった。

領主と田堵は、毎春、充文《あてぶみ》(任命書)と請文《うけぶみ》(誓約書)を取り交わして一年間の請作《うけさく》契約を結んだ。中世初期は「大開墾時代」で、人手不足の時代だった。領主は田堵をとどめるために、田堵の経営を支援する勧農《かんのう》を行った。労働条件に不満があれば、田堵の方から契約を解消した。「浮浪の輩」、つまり故郷を捨てて移動する者(浪人)も多かった。農民たちは、よりよい働き場を求めて放浪することもいとわなかったのである。

長らく荒廃していた東大寺領越後国石井荘《いしいのしょう》では、十一世紀中頃、荘司の兼算《けんさん》を中心に再建が始まった。兼算は隣国・近郷から浪人を集めて田堵に編成し、荒田の開発に取り組んだ。こうした所領開発にともなって、人々の居住地としての中世の村が生まれた。ところが、兼算と有力田堵の古志得延《こしのとくえん》が対立すると、得延は息のかかった大勢の「荘子《しょうじ》」(百姓)たちを引き連れて信濃国に移っていったという。一般的な村のイメージとは裏腹に、中世初期の村はきわめて流動的であった。

2　中農の時代——鎌倉時代

鎌倉時代の在地社会

「大開墾時代」の農民にとって転地は間違った選択ではないが、土地利用産業である農業は、長い目でみると落ち着いて耕地に手を入れた方がよい報酬を期待できる。現在地に定住を決めた者は、放浪をやめ、地域の発展に注力した。彼ら彼女らとその子孫が、荘園・村落の草分けとして重きをおかれた。鎌倉時代に入ると「大開墾時代」は過去のこととなり、中世を通じて存在する地域社会の枠組みが固まった。

荘園の領主・荘官や百姓は、領内に残る荒野の開発や不安定耕地の改善に取り組んだ。用水路や堤防などインフラの整備や荒野の開発は領主や荘官が主導した。百姓は土地の微起伏をならし、やせた土地に肥料を入れ、耕地を改良した。こうした努力の積み重ねによって、やがて農地にできる土地は開発しつくし、安定した耕地で集約農業を営む段階を迎えるが、それはずいぶん時を経たあとのことであった。鎌倉時代は、粗放農業を営んだ平安後期と集約農業を実現した室町時代の過渡期に当たる。鎌倉時代には農民の定住が一般化したが、荘内には開発の余地が存在し、よそ者の農民もオープンに受け入れた。

中世には荘園と村落が相関して地域社会の基礎を形成していた。鎌倉時代の荘園村落の住人には、名《みょう》主《しゅ》・小百姓《こびゃくしょう》・間人《もうと》などの階層があった。名主は自身が農業労働者であるとともに、領主から百姓名《ひゃくしょうみょう》を任された正式の百姓、つまり本百姓である。百姓名には名主のほかに複数の耕作者が存在し、名主は名の関係者を取りまとめて百姓名の経営に当たった。小百姓は弱小農民だが、身分的には、名主と同じく自立した百姓とみなされた。間人は他所からきた浪人だが、必要な労働力とされ、やがて荘園村落の構成員となった。

中世の百姓は、古くは隷属性が指摘されていたが、現在では自由な存在と理解されている。百姓は荘地の請作者である限りにおいて領主の支配を受けたが、中世初期の田堵と同じく、主体的に領主との関係を解消して移住する権利をもっていた。

中農の時代

古代末期には、東京ディズニーランドの面積(約五一ヘクタール)におよぶような広大な土地を抱え込んで粗放農業を営む大農が活躍した。しかし鎌倉時代には、そうした大農は完全に姿を消し、二、三町程度の耕地を一家で経営する中農たちが農業の主要な担い手となった(中世の一町は約一・一九ヘクタール)。この中農とは、荘園の名主をつとめる者たちであった。農業は中世の基幹産業であり、鎌倉時代の農業は、まさに「中農の時代」であった。

古代・中世の主要な農具には、人力による鋤《すき》・鍬《くわ》、牛馬に引かせる犂《からすき》・馬鍬《まぐわ》があった。人間と比べて大きな動力をもつ役畜《えきちく》の牛馬は、耕地開発や農耕の作業を大幅に効率化した。古代には、高価な鉄製農具は庶民のもてる物ではなかった。中世には、増産で鉄価格が大幅に下がり、零細農民でも鉄製農具を買えるようになった。風呂(木製の土台)に鉄の刃を取り付ける風呂鍬は農人を象徴する道具とされた。

古代には牛馬は高級品であり、役畜の所有は豪族・寺院や富豪層などに限られていた。中世に入ると、有力農民の名主層が役畜を飼うようになり、さらに鎌倉後期以降には、小百姓の一部にまで広がった。鎌倉時代の中農層は、まだ農民一般には普及していなかった、役畜や馬鍬・犂を駆使して、時代の先進的な農業経営を実践していた。

中農層は、自作を中心におおよそ二、三町規模を経営したが、これをやり遂げるには、少なくとも三〜六人の男手が必要だった。また、名主の職務も多忙であり、業務を補佐する成人男子の存在が不可欠だった。職務がまっとうできないと名主職《みょうしゅしき》を解任されるが、名主一家が豊かな中農でありえたのは、名主の地位を保持してこそであった。

ところで、教科書では、鎌倉時代の農業史のトピックとして、刈敷《かりしき》・草木灰《そうもくばい》などの施肥《せひ》や牛馬の利用、鎌倉後期に西日本一帯で二毛作が広がったことなどを取り上げている。こうしたできごとの背景には、十一世紀前後頃、耕地の荒廃を引き起こした、河川まわりの環境の変化があったことを歴史地理学の研究が指摘している〔高橋 二〇〇四〕。十世紀末から十二世紀の初頭に、河川の浸食によって河床が低下し、川沿いに低い崖(段丘化)が生じた。河床から高くなったことで段丘面は、洪水の被害を受けにくくなって耕地が安定したが、反面、洪水による地表面の更新がとまったために土壌劣化が進み、施肥が必要になった。また、段丘化によって地下水位が低下して収穫後に水を落とせる乾田が増加した。乾田では畜力が利用しやすく、安定した灌漑用水を確保してしっかり施肥をすれば、水田を高度に利用する二毛作も可能になった。

百姓の在家と村の景観

百姓の家屋敷を在家《ざいけ》という。一三〇二(乾元元)年頃、若狭国太良荘《たら》助国名《すけこくみょう》には少なくとも九軒の在家があった。名主の屋敷地(本在家《ほんざいけ》)は四反(約四七六〇平方メートル)と飛び抜けて広く、国安と三人の息子が暮らしていた。八軒の小百姓の屋敷地(脇在家《わきざいけ》)の面積は、最大が一反一二〇歩(約一五八四平方メートル)、最小が一二〇歩(約三九六平方メートル)である。

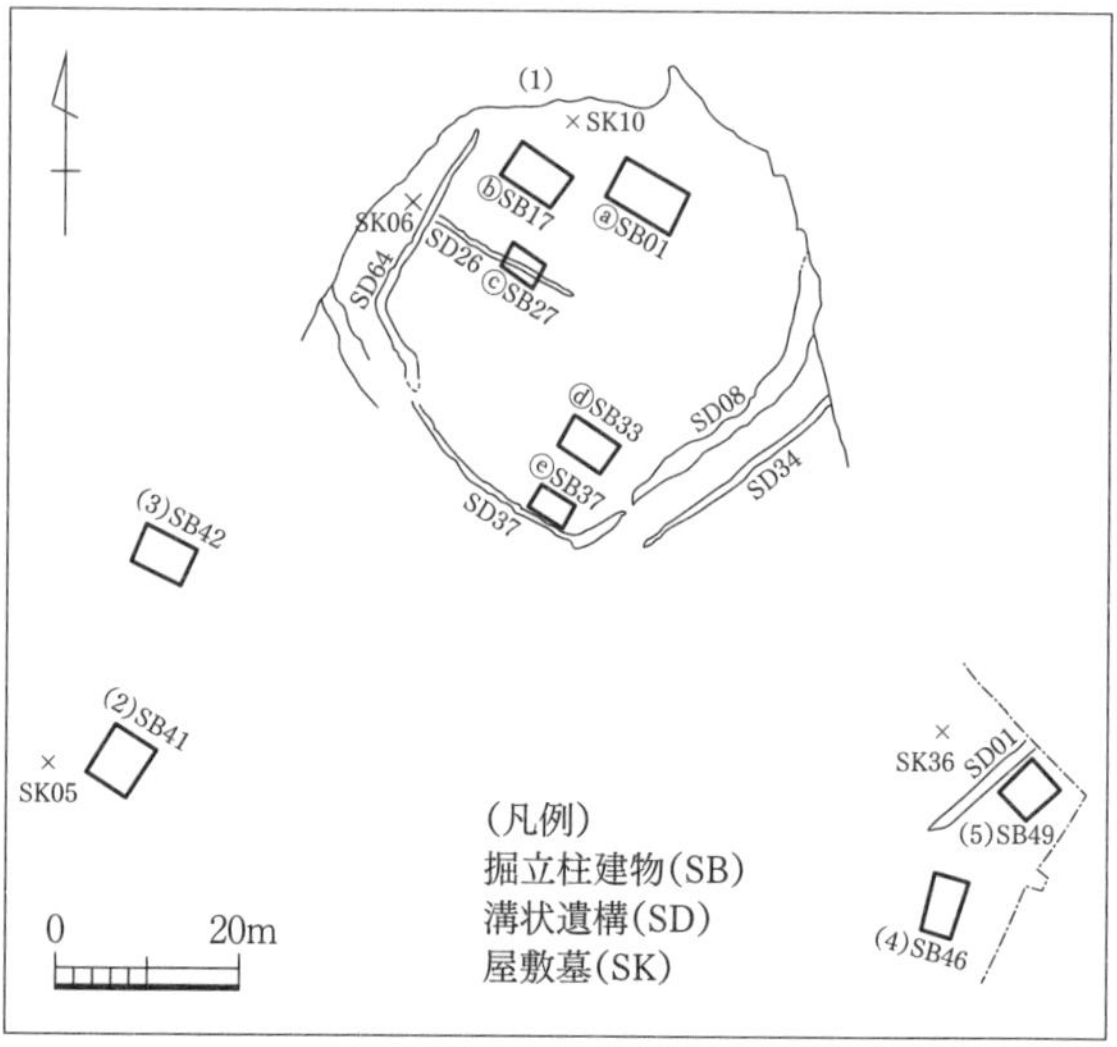

図1　戸原麦尾遺跡の百姓屋敷遺構([西谷 2021]より作成)

名集落の景観をみよう。**図1**は戸原麦尾《とばらむぎお》遺跡(福岡県粕屋《かすや》町)の百姓屋敷の配置図である。北側の名主屋敷と推測される屋敷地(1)は、一辺約五〇メートルの溝がまわり、土塁をめぐらす。出土品からみて周辺の住人よりかなり豊かだった。五棟があり、面積はⓐ三九平方メートル、ⓑ三〇平方メートル、ⓒ一三・三平方メートル、ⓓ二一・七平方メートル、ⓔ一三・四平方メートルである。最大のⓐが名主夫婦の住居と思われるが、どれも狭く大家族の同居には適さない。屋敷地(1)には、名主夫婦世帯を中心に、四、五世帯の家族が建物ごとに住んでいたのだろう。

屋敷地(1)の周辺の四軒は小百姓の在家とみられる。建物の面積は(2)三三・九平方メートル、(3)二七・二平方メートル、(4)二八・八平方メートル、(5)二四・三平方メートルである。同じ微高地に隣接して建つ(4)と(5)は一家の可能性が高い。考古学の知見によると、小百姓の屋敷地には、一般には一～二棟、多い場合には三棟ほどの家屋が建てられたという。複数の場合は、親子や兄弟・姉妹が別棟を建てて、夫婦ごとに住んでいたのだろう。

屋敷地⑴と家屋の⑵、⑶、⑷・⑸は、それぞれ一五～四〇メートルほど離れている。鎌倉時代の名集落は、家々が散在する散村(疎塊村《そかいそん》)的な景観だった。それぞれの在家には菜園があり、名集落の家々は畠地を挟んでルーズにまとまる。屋敷地や垣内《かいと》畠(屋敷地付属の畠)の境界には、生垣《いけがき》に卯木《うつぎ》を植え、屋敷地の開発者を祀《まつ》る屋敷墓をつくり、毎年四月に「家の神」を祀った。当時の村はこうした名集落の集まりとして存在していた。

民衆の家族

中世民衆の家族は、夫婦と未婚の子が同居する核家族だった。結婚した子は親と別居して一家を構える。片親が死ぬと、残った老親は子夫婦と同居した。古代の疫病ほど圧倒的ではないが、鎌倉時代にも外来の疫病が猛威をふるい、配偶者を亡くしたり、子どもに先立たれたりする者も多かった。配偶者を失った男女は再婚した。中世社会は夫婦関係に依存して生きていくほかない社会であり、現実的に独身のままではいられなかった。

中世民衆の衣服は一家の妻女がつくった。紡績労働に多大な時間を要したので、女性は農業にあまり関与できず、農作業は基本的に男の仕事となった。つまり中世には、農業は男、衣料の生産は女という分業関係が存在し、男女が揃ってようやく一家の生活がまわった。また、名主の仕事にも女性の協力が欠かせなかった。領主の使者に食事を提供する厨供給《くりやぐきゅう》は名主一家の女性の役目(女公事)だった。一二七五(建治元)年に紀伊国阿氏河荘《あてがわ》上村《かみむら》の百姓は、十三カ条にわたって地頭の非法を訴えた。地頭が「ミヽ《(耳)》ヲキリ、ハナ《(鼻)》ヲソキ《(削ぎ)》」と威嚇したという一節が有名だが、第六・十一条では、地頭が女公事の仕組みを悪用して、大勢の使いを派遣して過剰な厨供給を強要したと厳しく非難している。

鎌倉時代に支配層では人口が増加したが、民衆の人口はおそらく横ばい程度だろう。財産は男女を問わず分与された。支配階級では鎌倉後期頃から単独相続制に移っていくが、相続人が平均して二人ほどの民衆層では、分割相続による細分化の弊害は小さい。中世前期の民衆社会は平等主義的であって、兄弟姉妹のあいだに権威や財産相続において明確な差別は存在しなかった。老後の面倒をみる実子がいない場合は、異姓他人でも老人を介護して追善供養をする者が正当な相続人とみなされた。

民衆社会の基本的なユニットは夫婦関係を軸とした核家族であった。住居だけでなく、食事や家計も核家族ごとに独立していた。さらに名主の一家では、広い屋敷地に四～五軒程度の核家族世帯が暮らし、「屋敷地共住集団」と呼べるような、親族的な協同組織を形成していた。名主の屋敷地共住集団は近親者を中心に組織されたが、非親族者もオープンに受け入れる独特の開放性を備えていた。名主の地位が家族の命運を大きく左右したから、一家の者たちは、勢力を保持するために名主職を紐帯《ちゅうたい》に強く結びついていた。

3　小農の時代――室町時代

集村化した村

一九四六年撮影の上久世《かみくぜ》一帯(京都市南区)の空中写真を掲げる(**図2**)。微高地に家々が密集して建ち、周囲に美田が広がる。日本の典型的な村(集村)の景色である。上久世村は垣内ごとに家々が疎《まば》らに分布していたが、鎌倉末期頃、集村に生まれ変わった。こうした集村への転換は、従来型の開発が飽和点に達した段階で、さらなる土地利用の高度化を目指して行われた。鎌倉時代には疎塊村が一般的であったが、室町時代には、全国的に集村化が進み、近世・近代につながる伝統的な村社会の姿が現れた。

集村化した村では、粗放な農業環境が克服され、土地を高度に利用する集約農業を実現し、田地の反収《たんしゅう》(一反あたりの収穫量)が大幅に増加した。室町時代の村には、土豪的な有力者がいて土地の多くを握っていたが、そうした規模の大きい経営では、大部分を小作として中小農民に耕作を任せていた。直営中心の鎌倉時代とはかわって、室町時代の集村では、独立的な小農が村の農業経営の主力を担った。畿内の豊かな農村では、すでに十五世紀初頭の段階で平均反収が一・五石に達していた。領主(年貢)・地主(加地子《かじし》)・小作人の平均的な取り分は、おおよそ三分の一ずつであった。

図2 集村の景観(1946年の上久世、国土地理院・空中写真USA-R275-A-7-188)

中世の庶民は麦を主食とした。十三世紀半ばから普及しはじめた二毛作は、室町時代にはさらに広がった。裏作《うらさく》麦は非課税で、収穫は耕作農民の所得となる。大唐米《だいとうまい》と呼ばれた大陸伝来の稲も各地でつくられ、庶民によく食された。麦の増産や大唐米の普及は、室町時代の人口増加を牽引した。条里水田地域の奈良県八田村《はったむら》の「明治七年物産取調書」は、村の生産物として鯉《こい》・鮒《ふな》・鰻《うなぎ》・泥鰌《どじょう》・田螺《たにし》・蟹《かに》を書き上げる(『田原本町史』史料編第二巻)。弥生時代の水田稲作の開始以来、水田の環境は淡水魚介類を生育し、貴重な動物性タンパク質を獲得する有望な漁場となっていた[設楽二〇一九]。

惣村の世界

室町時代には、日本各地で近世につながる自立的・自治的な地縁共同体が現れた。これを惣村と呼ぶ。農業生産力が上昇した室町時代には、人口が増加し、新しい村が生まれた。惣村は、村落住人の生活と生産を支えるとともに、年貢の村請の主体となるなど、社会体制の基礎単位に成長していった。村の正式な構成員を村人《むらうど》、村に生まれた子どもを村子という。男子は一五歳、女子は一二歳から一四歳で成人した。成年式の烏帽子《えぼし》着の儀礼を経て村子は宮座の成員となり、惣(惣村)の集会に出席する権利をえた。成人した若衆《わかしゅ》は村の役《やく》をつとめ、宮座の儀式を通過して、村の指導層の乙名《おとな》になった。

地域における村密度が上昇したことで、山野や用水の利用をめぐって近隣の村々が対立することも多くなった。競争的な環境の中で惣村は、共同体の秩序を保つために村独自の村掟《むらおきて》(村法《そんぽう》)を定めた。フリーライダーは許されず、村の運営のために村人の義務として金銭や労働が賦課され、務めを果たせない者は村人の資格を失った。「犬を飼ってはならない」などと、生活上の細かい約束事を決めたものもある。また、村の平和のために同じ村人に死刑をくだすことや、近隣との紛争に村人を動員して合戦におよぶこともあった。

中世前期の社会は移住者に寛容だったが、集村化を遂げた惣村では、村掟でよそ者が村人になるのを禁じたように閉鎖性を強めた。室町時代の村には、一般の百姓(平百姓)とともに殿原《とのばら》と呼ばれる地侍(侍分)がいた。平百姓と侍分のあいだには、侍分の者だけが名字(苗字)を名乗るなど、家柄による身分差があった。対外的な場面では、身分による差別は明確であったが、村の中では、大事な宮座の頭《とう》役《やく》を身分の区別なく平等につとめたり、講の寄合で身分を超えた交流をもったりするなど、格差を打ち消す力も作動していた。中世の惣村では身分や経済力に格差が存在したが、一方で、村人たちは惣の成員は対等という平等意識をもっていた。村の内部は一枚岩ではないが、領主や他村など外部の勢力には強い一体感を示した。

小農の家族と経営、村人のライフコース

農業経営の前提となる灌漑施設などのインフラは、惣村や惣村を代表する土豪たちの地域的な連携によって維持されたが、集村の村では、自立的な小農たちが生産活動の中心を担った。核家族社会であるから、結婚した子どもたちは実家を出た。中世には、夜逃げした子の未進は、親の負担とはせず、子の家を売って補填するのが、大法《たいほう》(社会慣習)とされた。こうした大法が成立したのは、別居して暮らす親子・兄弟が、それぞれ家計を別にし、独立的に農業経営を行っていたからにほかならない。

人口増加期である室町時代には、おそらく若者の人口は多かっただろう。室町時代の村には、調理場の竈《かまど》さえない貧相な家が数多く存在していた。成人した男子は、早いうちに実家を離れたが、両親

の家の近所にある粗末な小屋で暮らし、独身のあいだは食事などは母親の世話になっていた。貧者などと並んで、こうした一人暮らしの青年が、あばら屋のおもな居住者であった。一方、娘の方は、結婚するまでやはり親元で暮らしていたらしい。ただし、青年たちは粗末なあばら屋に滞留したわけではない。やがて結婚して家族をもつと、それにふさわしい設備をもつ家に住み替えていったとみられる。

当時、母親の世話になる未婚の成人男子は「母懸《ははがかり》」と揶揄され、半人前に扱われた。中世社会では、「男は三度の晴業《はれわざ》に心つく、元服して魂つく、妻を具《ぐ》して魂つく、官をして魂つく」「男は妻を具して心つく、女房は夫にそひて心つくなり」(『御伽草子《おとぎぞうし》』「物くさ太郎」)といわれたように、男女ともに、人は結婚して所帯をもって、ようやく一人前と認められた。核家族である中世民衆の世界は、夫婦関係に依存して生きていくほかない社会であって、結婚による夫婦世帯の形成によって青年男女の自立が完成した。

変化する家族関係

鎌倉時代の民衆の家は掘立柱《ほったてばしら》なので住宅寿命が短く、一世代ごとに建て替えられた。室町時代には、地侍や豊かな平百姓の住居として、耐久性のある礎石《そせき》建ての民家が建てられるようになった。**図3**は、現存最古の民家とされる箱木家住宅《はこぎけじゅうたく》(神戸市)である。間取りは東半分が土間、西半分が三室で構成される床構造(前座敷三間取《まえざしきみまど》り)で、土間には家畜部屋がある。箱木家住宅は、近代まで住み継がれ、「千《せん》年家《ねんや》」と呼ばれた。このように室町時代には、専門の建築職人の手にかかり、超世代的に継承される本格的な農家住宅が出現した。

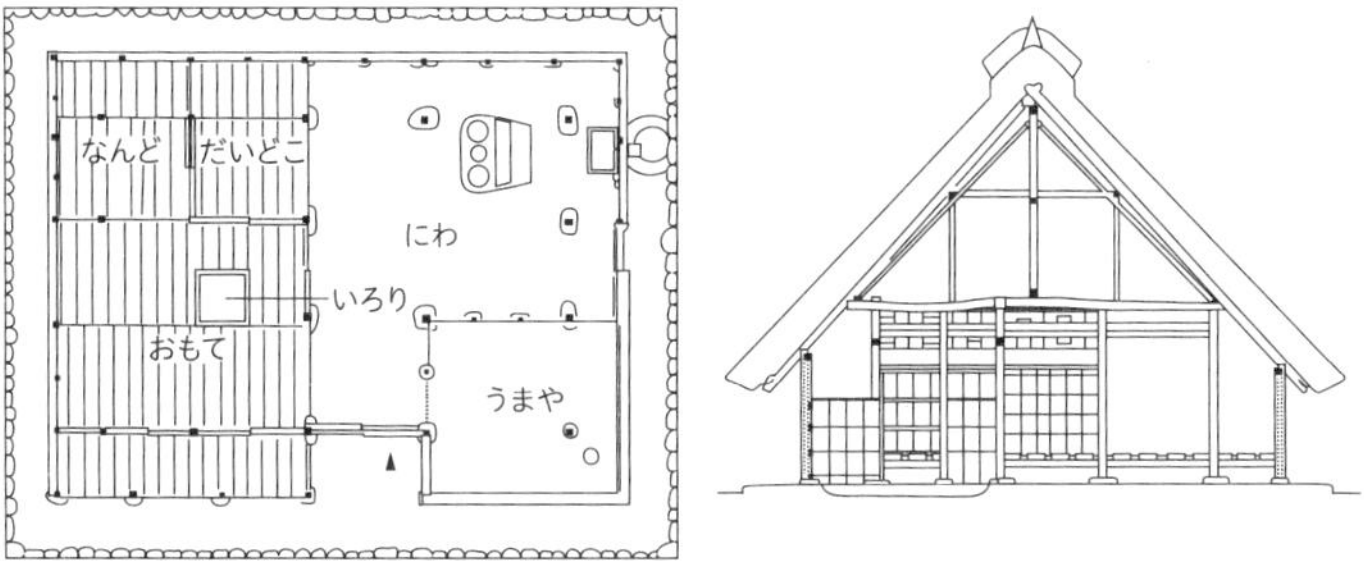

図3　箱木家住宅(関口欣也先生退官記念論文集刊行会編『建築史の空間』より作成)

　十五世紀には、貴族や武士では単独相続制が通常になっていたが、地侍を含めて民衆の世界では、分割相続が行われ、家々が分立した。しかし十六世紀になると、地侍の家では、分割相続による財産の細分化を避けるために特定の子を優遇する傾向が強まり、やがて単独相続制に移るものも現れた。

　中世は核家族社会であったが、近世には直系家族である家《いえ》が一般化した。室町時代後期(戦国時代)は、民衆家族の過渡期にあたる。直系家族の家には跡取りがいる。一方、夫婦一代ごとに更新される核家族には、本来、跡取りはいないはずだが、実家に残ってほかの子どもたちよりも明らかに優遇される者が現れた。ここでは、同じ屋敷地に親夫婦と息子夫婦が別棟を建てて暮らした。同棟に住まないのは、中世には「核家族ごとに暮らすべし」という社会規範が存在したからである。隠居した親は主屋《おもや》を息子夫婦に譲り、息子夫婦がいた従屋に移る。一方、屋敷地単位でみると、特定の一子が家にとどまり、実質的に親の家の跡取りとなった。こうした同居を世代的に繰り返すことにより、家族に属する財産・職業・社会的地位を一子が継承する直系制家族が、民衆の世界にも姿を現した。

おわりに——近世の「大開墾時代」

中世の耕地開発の主戦場は、基本的に河川中流域にとどまる。大河川下流域は湿地帯であり、政治権力が分裂する中世には開発が難しかった。近世になると、江戸幕府や各地の大名が行った大規模な治水工事によって大河川の流路が安定し、広い沖積平野《ちゅうせきへいや》の開発が本格的に進んだ。とくに十七世紀は「大開墾時代」となり、耕地面積が拡大し、新天地に新しい村々が簇生《そうせい》して、人口も急増した［渡辺 二〇二二］。そして、フロンティアでは、鎌倉時代にみられた屋敷地共住集団と類似した一家が活躍した［斎藤 一九八八］。

〈参考文献〉

斎藤修　一九八八年「大開墾・人口・小農経済」（速水融・宮本又郎編『日本経済史1　経済社会の成立』岩波書店）

坂上康俊　二〇〇一年『日本の歴史5　律令国家の転換と「日本」』（講談社）

設楽博己　二〇一九年『弥生時代——邪馬台国への道』（敬文舎）

高橋学　二〇〇四年「列島をめぐる地理的環境」（井上勲編『日本の時代史29　日本史の環境』吉川弘文館）

戸田芳実　一九六七年『日本領主制成立史の研究』（岩波書店）

西谷正浩　二〇二一年『中世は核家族だったのか——民衆の暮らしと生き方』（吉川弘文館）

渡辺尚志　二〇二二年『川と海からみた近世——時代の転換期をとらえる』（塙書房）

9
自然環境からみる中世社会──気候変動・災害・生業

田村　憲美

はじめに

高校の日本史教科書と気象災害

気候変動など自然環境の変動が日本中世社会のあり方をいかに規定したかという課題に取り組んだ研究者の一人に磯貝富士男氏がいる。磯貝氏は一九七〇年代末に発表した論文の冒頭で、自然環境の異変が前近代社会にもたらす大きな社会的影響として飢饉を指摘しつつ、日本史教育における飢饉の問題の扱いにつぎのように言及した。「すべての高校日本史教科書」で、享保・天明・天保の大飢饉が百姓一揆・打ちこわしなどと関連づけられ、享保・寛政・天保の三大改革の背景として記述されているが、このように明確に政治過程に飢饉が位置づけて記述されるのは近世のみで、古代・中世の飢饉は具体的にはほとんど取り扱われることがない〔磯貝 一九七八〕。

この指摘は現在でもほぼそのまま当てはまる。代表的な高校日本史教科書二種、山川出版社『詳説日本史』(日探 二〇二三、以下「山川版」)と実教出版『日本史探究』(日探 二〇二三、以下「実教版」)の近世の記述では先に述べた三大飢饉の意義に加えて、十七世紀の寛永の飢饉に触れて農民統制の進展や藩政の改革など幕藩体制の確立過程に気象災害を位置づけている。しかし、中世についてはそのような視角はまったくみられない。わずかに十二世紀末の治承・寿永の乱での平氏の退勢に関連して、山川版・実教版ともに関連略年表で「養和《ようわ》の飢饉」に触れている程度で、以後はどのような具体的な飢饉の記述もないのである。

飢饉はとくに作物の成長期・結実期における天候不順、稲の場合は夏季の降水量不足(旱魃《かんばつ》)や低温(冷害)・日照不良(霖雨《りんう》)などで秋の収穫期に凶作となり、翌年春から初夏にかけて食糧の欠乏をもたらすことで起こる。ついで、多くの場合、夏にかけては栄養不良や生活の混乱から疫病が蔓延することも忘れてはならない。飢饉は日本前近代社会においてもっとも影響の大きい気象災害であった。

日本中世と気象災害

しかし、もとより日本中世は気象災害と無縁であったわけではない。すでに一九九〇年代から中世史家藤木久志氏は十世紀初めから十七世紀半ばに至る時期の旱損《かんそん》(旱魃)・水損(霖雨・洪水)・風損(大風)・虫損(蝗害《こうがい》)・凶作・飢饉・疫病などの気象災害とそれに由来する諸危機に関する文献史料のデータベースの構築を進めて、中世に限れば最大といえる約一万四〇〇〇件の史料原文を収録した災害史料集[藤木編 二〇〇七]を作成した(以下、『藤木年表』)。時期によって気象災害史料の残存件数は一様ではないが、平均すれば年に二〇〇件程度の災害史料があるわけで、藤木氏が強調するように凶作・飢饉などは「偶発的で個別的な小事件」ではなく「日本中世全体のおかれた、厳しい気象状況の中に位置付け」て理解すべき事象なのである。

藤木氏は戦国時代には一五二〇年代のごく短い中断期を除けば、どこかで飢饉が生起している慢性型というべき状況が現出しており、とくに戦国時代後半の一〇〇年間は「飢饉や疫病の時代」であったとする時代相を提示している［藤木 二〇〇一］。この見解に対する評価はおくとしても、中世社会においても近世社会と同等かそれ以上の規定性が自然環境の変動、あるいは自然災害にはあったという視角の重要性はいうまでもあるまい。

伊藤啓介氏は『藤木年表』所載の史料原文にみえる「飢」の文字に着目して十〜十三世紀では二年間に一五件以上、十四世紀以降では一年で一五件以上の「飢」の文字が含まれる史料が残存する事象を「大飢饉」とみなして、日本中世において少なくとも七つの飢饉を掲げた。すなわち保延《ほうえん》の飢饉（一一三五年）・養和の飢饉（一一八一〜八二年）・寛喜《かんき》の飢饉（一二三〇〜三一年）・正嘉《しょうか》の飢饉（一二五八年）・応永《おうえい》の飢饉（一四二〇〜二一年）・寛正《かんしょう》の飢饉（一四六〇〜六一年）・永正《えいしょう》の飢饉（一五〇三〜〇四年）である［伊藤啓 二〇一六］。しかし、この間にも史料上に残された多くの「飢饉」が生起していたことはもちろんである。

教科書で触れられる自然災害は飢饉だけではない。近・現代で関東大震災・阪神淡路大震災と東日本大震災が記述され、前近代では一七八三（天明三）年の浅間山噴火が天明の飢饉との関連で言及される。とくに山川版では「現代日本の課題の探究　様々な災害と日本」の項で、災害対応の歴史的な事例として宝永《ほうえい》の富士山噴火(一七〇七年)と濃尾《のうび》地震(一八九一年)が取り上げられている。

現在、近世以前でも多くの歴史的な地震が確認されているが、なかでも注目されるのが、一〇〇~二〇〇年周期で発生し太平洋沿岸の広い地域に被害を与える「南海トラフ巨大地震」である[石橋 二〇一四]。中世に確認されているこの巨大地震の発生年次も**図1**にプロットしておこう(図の詳細については次節参照)。このうち、もっとも解明が進んでいる一四九八(明応七)年の明応《めいおう》東海地震では、津波の被害が駿河国から紀伊国までおよび、地域の物資集散地や太平洋海運の拠点として栄えた遠江橋本《はしもと》(現静岡県湖西市)や紀伊和田浦《わだうら》(現和歌山市)、伊勢安濃津《あのつ》(現津市)などの港湾が壊滅し、移転・復興に半世紀もの時間を要したと推定されている[矢田 二〇〇九・二〇一〇]。中世の地震における復旧過程などの具体相はいまだ不明な点が多く、その影響についても今後の研究が望まれるが、本稿では気候変動に由来する気象災害に焦点をしぼって述べていきたい。

1　夏季気候(気温・降水量)と「大飢饉」

中世における夏季気候(気温・降水量)の復元と変動周期

地球規模の温暖化が問題となる中、二十一世紀になって従来の気候復元とは面目を新たにした研究が現れた。北緯二三度から五四度までの温帯東アジアの過去一二一〇年間におよぶ夏季(六月~八月)の毎年の気温変動について、日本列島を含む東アジア各地に分布する四〇〇件以上の年輪幅データを統計的に処理して復元した、クック氏らの研究[Cook et al. 2013]やヒノキの樹木年輪に含まれるセルロー

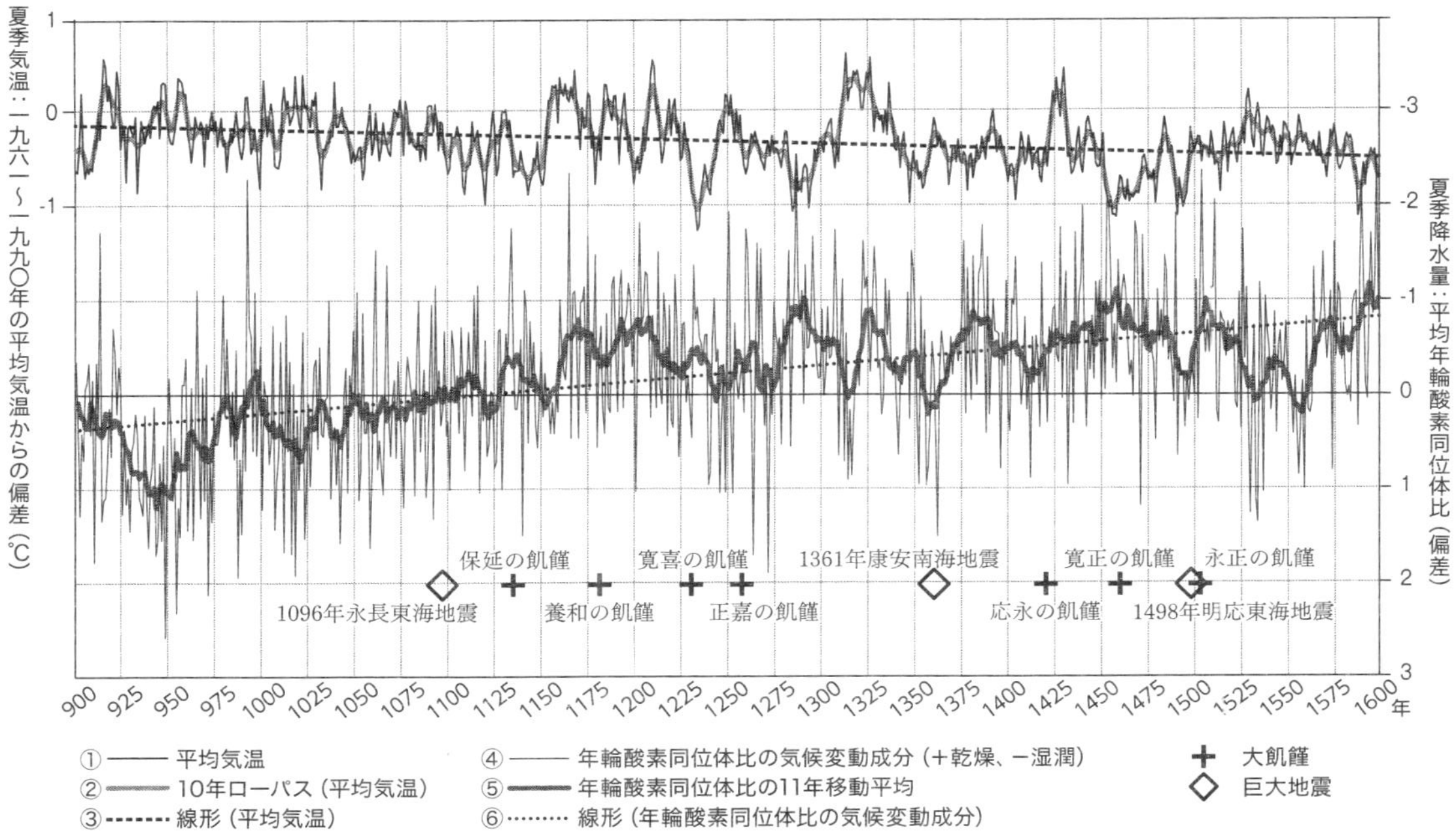

図1　夏季気温・降水量の変動（900～1600年、［Cook et al. 2013、Nakatsuka et al. 2020］より作成）

スの酸素同位体比（酸素18／酸素16の存在比）から本州中部から近畿地方にかけての夏季の降水量変動を一年単位で復元した、中塚武氏の研究［Nakatsuka et al. 2020］はその注目すべき成果である。これらの研究の画期性は空間的にも時間的にも歴史史料と対照できるほど分解能《ぶんかいのう》（解像度）が高いことにある。

図1に西暦九〇〇年から一六〇〇年について、その結果を示しておいた。**図1**上部の細い折線（①）は東アジアの毎年の夏季気温を一九六一年から一九九〇年までの平均気温からの偏差をセ氏（摂氏）で示したもので、下部の細い折線（④）は夏季降水量と密接に連動する酸素同位体比の毎年の変動を示したものである（後者では酸素同位体比が減少するほど、降水量は増大しているという関係になるので、直感的に把握しやすいように縦軸を逆転させている）。また、気温のグラフには太い曲線（②）で一〇年以上の変動成分のみを表示し、酸素同位体比のグラフには一一年移動平均を同じく太い曲線（⑤）で表示している。

「大飢饉」発生の状況と気候変動周期

復元データによれば先の中世の七つの「大飢饉」を生起させた気候状況はつぎのようであった。保延の飢饉はこの前後の低温期と長雨、養和の飢饉は低温期の底からの上昇局面に発生した旱魃、寛喜の飢饉は前後十余年にわたる気温低下期の急下降局面での冷害、正嘉の飢饉も気温の低下局面で起こった。中世後期の応永の飢饉は気温の上昇局面における旱魃、寛正の飢饉の場合はこの前後は中世でももっとも長い気温低下期であり、その低下のピークにおける長雨が引き金となった。永正の飢饉は気温上昇期における旱魃である［伊藤啓 二〇一六］。**図1**の下部に七つの「大飢饉」の年次をプロットしておいた。

ここで上昇局面や下降局面という概念を用いているのは、**図1**を観察すれば明らかなように気温も降水量も複数の変動周期をもつからである。一つは毎年の変動、これはかなり大きいものであるが、グラフの太い曲線(②・⑤)で示されるように気温や降水量は十数年ないし数十年の周期でも相当の幅で変動している。この中期的周期が毎年の変動と複合して生業に悪影響を与える気象条件が生起するわけで、とくに生業に有利な気候状況の中期的周期に社会が慣れたあとでそのような条件が成立した場合にはとりわけ影響は深刻なものとなったであろう[中塚 二〇一二]。さらに百年から数百年の長期的周期も観察される。**図1**に一次近似直線(③・⑥)で示したが、中世から近世へとかけて夏季気温は徐々に低下し、夏季降水量は徐々に増加した。中世前期よりも後期の夏の方がより寒冷湿潤な傾向があったということである[中塚 二〇二〇]。

「大飢饉」と中世社会①——寛喜の飢饉とその社会的影響

十三世紀前半の寛喜の飢饉は中世において大飢饉がもたらす政治的・社会的な影響に関してもっとも検討が進んでいる事例である。一二三〇(寛喜二)年夏の冷害による稲作の被害とそれに続く暖冬による麦の収穫への打撃に始まる大飢饉は全国各地域に甚大な被害をもたらし、その社会的な影響は十年余りにわたって続いたとされる。

朝廷や鎌倉幕府は従来、一般人について奴隷売買を禁止していたが、寛喜の飢饉下において鎌倉幕府は臨時的ないし例外措置としてこれを許諾するに至った。再禁止されたのは社会が平常化したとされる一二三九(延応元)年のことである。

中世の地域社会に生きた人々の身分構成に関する記述は実教版がまとまっている。地頭・下司・公文などとして荘園や公領の支配に当たる「侍」(武士)身分、一般の「百姓」、「奴婢《ぬひ》・下人」の三階層が基本で、「百姓」には田畠を請け負う名主や商人・職人のほかに零細農民である「小百姓」が含まれる。「奴婢・下人」は主人に隷属し売買・譲与の対象ともなる非自由民である(実教版のいう「奴婢・下人」は学界では「下人・所従」といわれることも多い)。

寛喜の飢饉における人身売買を検討した磯貝富士男氏によれば、「百姓」層が餓死に瀕しつつある際に、より余裕のある「侍」身分や「百姓」に自らの妻子や自身を売却してその「奴婢・下人」とすることで命を永らえさせようとする広範な動向(すなわち「百姓」身分の「奴婢・下人」への転落)があり、公権力もそれを黙認した。余裕のある者がより貧しい親類・縁者を養う相互扶助関係が大飢饉を契機として変質し、被扶養者が売買の対象にされたり、いったんは「奴婢・下人」となった者を飢饉終息後に買い戻す際にトラブルが頻発したりしたため、幕府は何度か法令を発布しなければならなかった。さらに磯貝氏は貞永式目の制定(一二三二年)も法令の内容からみてこのような寛喜の飢饉の余波への対応の一環ととらえるべきであると主張している[磯貝 一九七八]。寛喜の飢饉であらわになった、飢饉のような非常時ならば人身売買も正当だという「飢饉奴隷の習俗」は近世初頭まで社会に生きていた[藤木 二〇〇二]。なお、実教版では寛喜の飢饉に触れるところはないが、先に述べた身分構成の本文に付された「日本史を見る目　身売りされる人々」という囲み記事で、中世の奴婢・下人はおもに「貧困(飢饉)と戦争」によって生み出されたと記述している。

寛喜の飢饉に歴史的な画期を認める近年のもう一つの論点は、耕地の開発・再開発に関わる。冷害から飢饉への過程で全国各地に流亡民が発生し、あとには荒廃した耕地が残された。清水亮氏によれば一二三〇年代の各地の地頭(在地領主)は流亡民らを編成することによって積極的に荒野の開発や荒廃田の復興事業を推進した。とくにその中心となったのは東国出身の地頭で、彼らは東国でつちかった技術を西国の所領に導入してこれを行い、流亡民や没落した百姓らを救済することで、その所領支配を地域に根づかせた。鎌倉幕府も荘園領主と利害を調整するなどしてこの動向を支援した。一二三〇年代に限って地頭の開発した新田の帰属に関する法令を幕府が出しているのはその証左である[清水亮二〇〇七]。

「大飢饉」と中世社会②——応永の飢饉・寛正の飢饉とその社会的影響

中世後期では応永の飢饉と寛正の飢饉の検討が従来から進んでおり、飢饉を取り巻く社会的な背景や対応などについて種々の叙述や分析がなされている[西尾一九八五、清水克二〇〇八]。前者は旱魃、後者は数十年にわたる夏季気温低下期の長雨がその引き金となった。これらの飢饉の特徴は非常に多数の飢餓難民(「非人乞食《こつじき》」)が食糧を求めて近郊や諸国から京都へと流入し、そして餓死したことである。このため室町幕府や京都の諸権門は難民への対応を余儀なくされた。東島誠氏はこの特徴をとらえて飢饉に「流入型飢饉」というカテゴリーを設定している[東島二〇〇〇]。

飢饉対応の中心は、飢餓がピークを迎える初春に難民に食糧を与え保護する「施行《せぎょう》」と、ピーク後の初夏に死者をとぶらう「施餓鬼《せがき》」である。とくに寛正の飢饉では室町幕府など公権力ではなく、幕府の許可を得た願阿弥《がんあみ》という僧が「勧進《かんじん》」で資材を集めて、仮小屋で流亡民を保護し粟粥《あわがゆ》を与えるなど救恤《きゅうじゅつ》活動を行った。「勧進」はこの場合、京都の住人から広く民間の寄付をつのる行為である。

応永・寛正を含む中世後期の飢饉については、藤木久志氏によって「応仁の乱の底流を探る」という視角から土一揆(徳政一揆)・内乱へと至る社会の動向の中に位置づけられている[藤木 二〇〇一]。高校の日本史教科書では飢饉と土一揆を関連させる叙述を採用していないが、従来から一般向けの歴史叙述などではよくみられるところであって、つとに神田千里氏も藤木氏の収集したデータにもとづいて、土一揆の年には飢饉の原因となるような災害が発生していることを指摘していた[神田 二〇〇二]。藤木氏は飢饉によって京都で難民となった人々も土一揆(徳政一揆)で徳政を求めて土倉を襲う人々も地域・村落での生活をあきらめて自らの「生きのこり」をそれに託したのであり、応仁の乱に活動した「足軽」の出現もこの流れの中で理解できるとする。実教版の本文で「軽装の傭兵」と端的に説明されている「足軽」は、飢饉などを背景に戦場での稼ぎに「生きのこり」を賭けた存在であった。

2　気候環境の中・長期的変動と生業基盤の確保

十世紀の気候的危機とその余波

とはいえ、中世日本の地域社会の多くの人々は可能な限り地域での生きのこりを選択し、十数年から数十年の気候変動周期がもたらす危機をしのいで、暮らしの基盤である種々の生業をより長期の気候変動に適応する方向で変えていった。以下では気候環境の中・長期的な変動に即するかたちで、留意される論点とともに地域社会の変容を概観していこう。

高校の日本史教科書では中世の始まりを十一世紀頃に措定している。しかし、ここでは十世紀の気候環境から検討したい。十世紀中葉は降水量が復元された期間の中でももっとも少ない時期で、数十年間にわたって高温と乾燥の夏が続いた。天慶の乱が起こり、それまでの地方支配のあり方が転換されるなどした、この時期を「農業危機の時代」とする学説は従来からあったが、それが裏付けを得たわけである。この「危機」に対して朝廷がまずとったのは宗教的対応であった。降雨を祈願する従前の神社への奉幣《ほうへい》や宮中での祈雨読経《きうどきょう》に加えて、この時期に密教僧による神泉苑《しんせんえん》での修法《しゅほう》が盛行し、災害を予防し豊穣を祈願すべく祈年穀奉幣《きねんこくほうへい》や恒例の二季仁王会《にきにんのうえ》などの儀礼が整備された［田村 二〇二〇a］。

宗教的な災害対応は中世を通じて朝廷の基本路線となった。寛喜の飢饉に先立つ冷夏・凶作に際しても朝廷はまず僧侶に五壇法《ごだんほう》や仁王経法を行わせている。さらに、古代には瑞祥《ずいしょう》の出現を寿《ことほ》いでなされた改元も、十世紀頃以降には災害に際して行われることが一般的になった［峰岸 二〇〇一］。同時に朝廷は税収の確保にもつとめた。山川版・実教版で記述されている十世紀の地方政治の改革も大きくはこの「危機」が背景にあるであろう。

この時期、古代以来の耕地で水利にめぐまれないものは連続する旱魃に見舞われ、荒廃し放棄される耕地が多く発生したものと思われる。地域社会にあっては、河川灌漑《かんがい》に依拠する旧来の公田を捨て、新たな水源を求めて山間部へと進出する人々もいた。東大寺に材木を供給する伊賀国玉瀧杣《たまたきのそま》のような山間部でも九・十世紀にはいくつかの村が出現していたことが知られているが、水野章二氏はこれらの村は天水や小さな溜池を用水源として谷ごとに耕地開発されたものであったと指摘している。旱魃にあっては少しでも水利の便のある山間部はかえって有利であった。また水野は荘園の荘域と水利系が一致する事例が複数存在することに改めて注意を向けた[水野 二〇二〇・二〇二二]。このような生業の適地を求めて生活空間を広げる動向や用水路の確保・整備が中世の荘園制への前提ともなったのである。

中世荘園制の形成と自然環境

十世紀中葉以降、夏季降水量は徐々に回復した。十一世紀半ばまではなお大きな中期的な変動があったものの、十一世紀後半には数十年にわたって降水量は安定し、夏季気温も高めに推移した。ところが十二世紀に入ると夏季気温は短期に変動を繰り返し、それまでほとんど経験しなかったような冷夏が連続する状況となる(**図1**)。

保延の飢饉は連続する飢饉の一環であった。それと符節をあわせて、山野の用益や帰属をめぐる紛争が多くの場所で恒常的に起こるようになった。中世の地域の人々の生業は農業ばかりでなく山野・河海での多様な活動からなっていたから、気候的な危機の際には山野の用益や占有の重要性が増した。しかし、山野の用益や占有の事実は公的な認定を得ておらず、地域の人々は荘園領主に上訴して自らが生業を営んでいる空間を荘園の領域内であると近隣に主張することでその解決をはかろうとしたため、結果的に荘園は耕地のみでなく山野・河海を含む領域をもつことが一般化した。十二世紀は「領域型荘園」を基軸とする中世荘園形成の画期であるが、気候変動はその要因の一つである[田村 二〇二〇b]。

一一〇八(天仁元)年七月下旬の浅間山の大噴火によって大量の火山噴出物が上野国中に降り注ぎ、国中の田畠や用水路は埋没し、その年の収穫は皆無になった。火山噴火後の荒廃地を現地の豪族(武士)らが開発して私領化し、それを中央の権門に寄進するなどしたため、十二世紀中葉は噴火で被災した地域は多くの中世荘園が出現した。上野の豪族新田《にった》氏が摂関家の一流である花山院《かざんいん》家に寄進した新田荘はその代表である。上野や下野西部では火山噴火が荘園形成を促進したわけである[峰岸 二〇〇一]。

荘園制下の災害対応

おそらく中世の地域社会において、田畠からの収穫にもっとも被害をおよぼしたのは、毎年のように起こる旱魃や水害であった[水野 二〇二二]。荘園では定期的に灌漑用水路を整備する費用に充てるために年貢を免除される井料田《いりょうでん》という田地が設定される場合があったし、毎年の年貢納入の際に井料が控除される場合もあった。また、旱魃や水害で収穫がなかった際には年貢の減免(「損免」)があり、洪水で田畠が流されて耕作不能になると、荘園領主はこれを認定して年貢賦課の対象から外した(「河成」)。

東寺領播磨国矢野《やの》荘では、酸素同位体比による降水量の十数年〜数十年の周期的変動と「井料」「損免」や「河成」の認定額とを比較するときわめてよく合致していることが知られているし[伊藤俊 二〇二〇]、京都近郊の上久世《かみくぜ》荘でも同様の状況が認められる[土山 二〇二〇]。中世の農業がいかに気候の周期的変動の影響を直接的にこうむったかが理解される事実であるが、「損免」などの認定やその額は、時には一揆も辞さない現地の人々の真摯な交渉の帰結でもあった。また、現地では用水路の付け替え、溜池の築造、「河成」の復興や新田開発の努力が続けられていたことはいうまでもない。

十四世紀以降の自然環境と惣村の形成

高校の日本史教科書はいずれも中世における農業の発展について記述している。山川版(一〇一頁)では「モンゴル襲来の前後から、農業の発展が広くみられ」、実教版(九七頁)では「農業の集約化が、平安時代末期から鎌倉時代に大きくすすんだ」とする。事象のとらえ方に少し差異があるが、麦を裏《うら》作《さく》とする水田二毛作の普及を特筆する点は同じである。

表作の稲で従来の収穫量を維持し、かつ集約的農業経営によって裏作の麦が収穫されることで、水田二毛作の普及が増収を実現するという想定には異議が提出されている。磯貝富士男氏によれば、古代から稲の凶作の場合に水田跡に麦を作付する慣行が存在していた。中世の水田二毛作とは稲作不振が連続するようになって、この慣行が恒常化したものである。紀伊国の高野山領荘園においては水田二毛作の画期は正嘉の飢饉であって、鎌倉中期のこの時期に裏作麦が恒常化した要因は気候の冷涼化であったとする[磯貝 二〇〇二]。この見解は高分解能の気候復元が出現する以前のものであるが、大いに示唆的である。山川版・実教版がともに多収穫品種として紹介する大唐米《だいとうまい》の導入も気候変動への適応という視角が求められよう。二毛作とともに教科書が肥料としての草木灰の利用に言及しているように自然の利用価値は中世後期にはさらに高まった。

先に述べた気象災害による年貢の減免要求などは、山川版・実教版ともに惣村の活動として記している。中世後期の地域社会においてもっとも基本となるのは荘園制の枠組みの中に惣村のような組織ができたことである。惣村はいずれの教科書でも惣掟・自検断・地下請などで特徴づけられる自治の村として記述されるが、近年のいくつかの研究はその特質を自然環境との関係からも考察している。

荘園制下では領域内の山野・河海の自然を荘住人が排他的に占有・利用することにはならず、用途に応じて近隣住人と重層的に利用する場合も多かった。しかし、鎌倉後期〜南北朝期には自然環境の持続的な利用のためにその保全を一元的に担うような組織が要請される。高木徳郎氏は惣村成立の意義をそこに求めている［高木 二〇〇八］。近世で実現したように沖積《ちゅうせき》平野《へいや》の大規模な開発を通じて生産力向上をはかれなかった中世では、日本各地の地域社会で自然から得られる限られた資源をいかに効率的に利用するかが課題であった。惣村は資源の利用を高度化し、生業を「稠密化」するために適合的な社会組織であった［橋本 二〇一五・二〇二二、春田 二〇一八・二〇二二］。

十四世紀初頭には中世ではもっとも気温の高い夏が数十年にわたって続き、しかもこの期間は比較的多雨でもあった。しかし、世紀の半ばに気温は急激に下降し冷夏が続くようになる(**図1**)。これは気候的な危機であったが、中世の地域社会は惣村のような組織をつくり、あるいは強化することでこれに対処したといえよう。山川版(一一九頁)では「惣村で民衆が結合を深めた背景には、どのようなことが考えられるだろうか」という問いかけが付されているが、その答えの一つとなりうるだろう。

〈参考文献〉

石橋克彦 二〇一四年『南海トラフ巨大地震――歴史・科学・社会』(岩波書店)
磯貝富士男 一九七八年「寛喜の飢饉と貞永式目の成立」(のち再録『日本中世奴隷制論』校倉書房、二〇〇七年)
磯貝富士男 二〇〇二年『中世の農業と気候――水田二毛作の展開』(吉川弘文館)
伊藤啓介 二〇一六年「藤木久志『日本中世災害史年表稿』を利用した気候変動と災害史料の関係の検討

――「大飢饉」の時期を中心に」(『気候適応史プロジェクト成果報告書1』)
伊藤俊一　二〇二〇年「一四～一五世紀における荘園の農業生産の変動――播磨国矢野荘を中心に」(田村憲美ほか編集『気候変動から読みなおす日本史4　気候変動と中世社会』臨川書店)
神田千里　二〇〇一年「土一揆像の再検討」(のち再録『戦国時代の自力と秩序』吉川弘文館、二〇一三年)
清水克行　二〇〇八年『大飢饉、室町社会を襲う！』(吉川弘文館)
清水亮　二〇〇七年『鎌倉幕府御家人制の政治史的研究』(校倉書房)
高木徳郎　二〇〇八年『日本中世地域環境史の研究』(校倉書房)
田村憲美　二〇二〇年a「一〇世紀を中心とする気候変動と中世成立期の社会――降水量変動と国家的祈雨儀礼をめぐる覚書」(田村憲美ほか編集『気候変動から読みなおす日本史4　気候変動と中世社会』臨川書店)
田村憲美　二〇二〇年b「一〇～一二世紀の気候変動と中世荘園制の形成」(田村憲美ほか編集『気候変動から読みなおす日本史4　気候変動と中世社会』臨川書店)
土山祐之　二〇二〇年「東寺領山城国上久世荘の自然災害――古気候データと史料の検討から」(田村憲美ほか編集『気候変動から読みなおす日本史4　気候変動と中世社会』臨川書店)
中塚武　二〇二〇年「中世における気候変動の概観」(田村憲美ほか編集『気候変動から読みなおす日本史4　気候変動と中世社会』臨川書店)
中塚武　二〇二二年『気候適応の日本史――人新世をのりこえる視点』(吉川弘文館)
西尾和美　一九八五年「室町中期京都における飢饉と民衆――応永二十八年及び寛正二年の飢饉を中心として」(『日本史研究』二七五号)

橋本道範 二〇一五年『日本中世の環境と村落』(思文閣出版)
橋本道範 二〇二二年「自然・生業・自然観――琵琶湖の地域環境史」(同編『自然・生業・自然観――琵琶湖の地域環境史』小さ子社)
春田直紀 二〇一八年『日本中世生業史論』(岩波書店)
春田直紀 二〇二二年「中世惣村今堀郷の資源利用と自然観――集落のなかの森づくり」(橋本道範編『自然・生業・自然観――琵琶湖の地域環境史』小さ子社)
東島誠 二〇〇〇年『公共圏の歴史的創造――江湖の思想へ』(東京大学出版会)
藤木久志 二〇〇一年『飢餓と戦争の戦国を行く』(朝日選書)
藤木久志編 二〇〇七年『日本中世気象災害史年表稿』(高志書院)
水野章二 二〇二〇年「一〇～一二世紀の農業災害と中世社会の形成」(田村憲美ほか編集『気候変動から読みなおす日本史4 気候変動と中世社会』臨川書店)
水野章二 二〇二一年『災害と生きる中世――旱魃・洪水・大風・害虫』(吉川弘文館)
峰岸純夫 二〇〇一年『中世災害・戦乱の社会史』(吉川弘文館)
矢田俊文 二〇〇九年『中世の巨大地震』(吉川弘文館)
矢田俊文 二〇一〇年『地震と中世の流通』(高志書院)
Cook, E.R. et al. 2013 Tree-ring reconstructed summer temperature anomalies for temperate East Asia since 800 C.E., *Climate Dynamics*, 41(11-12).
Nakatsuka, T. et al. 2020 A 2600-year summer climate reconstruction in central Japan by integrating tree-ring stable oxygen and hydrogen isotopes, *Climate of the Past*, 16(6).

10

アジアの中のモンゴル襲来

榎本　渉

1　モンゴル襲来の前提

本稿の視点

中世対外関係のトピックとして、文永の役(一二七四〈文永十一〉年)・弘安の役(一二八一〈弘安四〉年)と呼ばれる二度のモンゴル襲来は知名度が高く、日本史の教科書でも一定の分量が割かれて叙述されているが、紙面の限界もあり、十分に語られていない問題もある。一つはモンゴル襲来の前提となったアジア情勢との関連である。いうまでもなく日本は古代から海外との交流があり、それはモンゴルの影響がおよぶ以前、高麗時代の朝鮮半島や宋代の中国大陸とのあいだにおいてもそうだった。モンゴルの遠征は前代の交流の延長線上に実現した側面もあり、歴史的文脈から切り離されたところで突発的に起きた事件だったわけではない。本節ではこの点を意識し、歴史的に形成されてきた国際関係をふまえながら、モンゴルの日本遠征の叙述を試みたい。

今一つ強調したいのは、モンゴルの外交的努力である。教科書での外交交渉への言及は、戦闘の叙述と比べるとごくわずかにすぎない。だがモンゴルは二度の出兵の前後に、外交使節を合計一二回も日本に送っている(実際に到達したのは九回)。その目標が善隣友好などではなく日本の政治的服属だったのは確かだが、モンゴルが戦争以上に外交交渉を重視していたことも、また見逃すことはできない。彼らを好戦的で野蛮な遊牧民とするような先入観は史実に即しても正しいものではないし、二度の戦禍は彼らを拒否した鎌倉幕府の外交方針によって導かれたものでもあった。本稿ではモンゴル襲来を基本的な方針戦史として扱うのではなく、むしろその前後の外交交渉に重点をおいて叙述することを基本的な方針としたい。なおモンゴルとの外交交渉については、すでに多くの専著が存在する[池内 一九三一、旗田 一九六五、佐伯 二〇〇三]。通説的な叙述についてはこれらに依拠することにする。

日本の国際環境

平安初期以来、日本には定期的に外国の貿易船が来航した。朝廷はこれを大宰府や国司に管理させて必要なものを買い取らせることで、舶来品(唐物《からもの》)を安定的に確保した。その一方で十世紀以後の日本と外国とのあいだでは、遣唐使や渤海使のような定期的な使者はなくなる。政治的配慮や経済的負担をともなう外交を行わず、舶来品の確保にもっぱら関心を向けたのが平安時代の日本だった。この背後には安史《あんし》の乱(七五五〜七六三年)後の中国大陸で、藩鎮《はんちん》の割拠、五代十国の分裂、北宋・契丹(遼)の対峙、南宋・女真(金)の対峙の中、盛期の唐のような覇権国家が五世紀近く現れなかったことがある。中国王朝が平安時代の日本に対して軍事力を以て政治的圧力を行使することは現実的に考えがたく、宋や高麗の外交的接触も概して平和的なものだった。日本の警戒対象は、九世紀後半の新羅海賊や一〇一九(寛仁三)年に襲来した女真海賊(刀伊《とい》)など、九州北部を襲う海賊の類にとどまった。

だが大陸の分裂状況は、一二〇六年にテムジン(チンギス＝カン)のモンゴル帝国建国により克服の方向に向かう。モンゴルは建国当初から周辺諸国への軍事的進出をさかんに試みた。その矢面に立った華北の金は混乱におちいり、モンゴルと南宋の挟撃によって一二三四年に滅亡した。以後モンゴルと南宋は四〇年以上、中国南北で対峙し続ける。高麗も一二三一年から断続的にモンゴルの攻撃を受け、騎馬兵に対抗するために海上の江華島(江都)に都を移した。高麗はこれ以前、一二二八年に大宰府とのあいだで、大宰府が倭寇を取り締まることを条件に、高麗が毎年二艘以内で大宰府の進奉船を受け入れるという定約を締結した。進奉船は高麗国王に献上品を送る名目で派遣される船であり、大宰府は通常の商取引よりも有利な条件で返礼品を受け取ることができたと考えられる。一方高麗は倭寇問題を解決することで、一二二五年頃から顕著になってきた北方におけるモンゴルの進出や女真をめぐる混乱への対応に注力しようとした[近藤 二〇一九]。

以上のようにモンゴルの脅威は一二三〇年代には南宋・高麗におよんだが、日本にはまだおよばなかった。大陸から日本へ到る主な航路としては、朝鮮半島東南の金海から対馬・壱岐《いき》を経て博多へ到るものと、浙江《せっこう》の慶元《けいげん》(現在の寧波)から東シナ海を直行し、五島列島や平戸を経由して博多に到るものがあったが、これらの窓口は高麗と南宋がおさえていたため、モンゴルが日本に連絡を取ることはできなかった。

注目される日本

高麗は一二五八年、モンゴルと和議を結んだ。依然として江都に拠点をおき、モンゴルに完全に屈服したわけではなかったが、その政治的影響下に入ることになった。雲南《うんなん》の大理《だいり》国(一二五三年)や北ヴェトナムの陳朝大越《ちんちょうだいえつ》国(一二五八年)も同じ頃にモンゴルの影響下に入っており、南宋の周辺国は日本を除いてすべてモンゴル陣営となった。こうした中で南宋は同年、日本人の歓心を得るために、日本の商人に対する税制優遇措置(金の徴税・官貿易廃止)を決定する。当時南宋が日本からさかんに輸入したものに木材と硫黄があるが、これらは対モンゴル戦用の戦艦・火薬の材料である。南宋の優遇措置の背後には、これら軍需物資を確保しようとする軍事的な観点があった。

モンゴルは南宋包囲網をつくりあげつつ本命の南宋にも攻め込んだが、一二五九年にはモンケ＝カアンの陣没により講和を余儀なくされた。モンゴルではまもなくモンケの二人の弟のあいだで後継者の地位をめぐる争いが起こるが(一二六〇～六四年)、その勝者となったのがクビライ(フビライ)だった。クビライはカアンの地位を確立すると改めて南宋再征を志すが、その前に東方でいまだ去就を明らかにしていない唯一の国家、日本を自陣営に組み込むことを考えた。大宰府とのあいだに連絡があった高麗の服属が、これを可能にした。日本は自覚していなかったが、モンゴル・南宋両国は日本の去就を少なからず意識していた[榎本 二〇一四]。

2　モンゴルとの外交

外交の始まり

クビライが日本との接触を考えたのは、カアンの地位を確立した翌年の一二六五年、高麗人趙彝《ちょうい》の進言がきっかけだった。クビライは一二六六年、使者として黒的《こくてき》・殷弘《いんこう》の派遣を決定し(第一次遣使)、高麗に道案内を命じた。この使命に消極的な高麗は、海路の危険なことを理由に黒的らを引き返させたが、クビライは翌年、高麗国王元宗《げんそう》に対して、今度は自ら日本に遣使することを命じた(第二次遣使)。高麗の使者の潘阜《はんふ》は一二六八(文永五)年に大宰府に到来したが、大宰少弐《だざいしょうに》の地位にあり大宰府現地で実務を執っていた御家人武藤資能《すけよし》は、これを大宰府にとどめて上京させなかった。クビライと元宗の国書は資能から鎌倉幕府に送られ、さらに朝廷に送られた。後嵯峨院は対応を審議し、潘阜に返事を与えず帰国させることを決定した。日本とモンゴルの外交交渉は、こうして始まった。モンゴルの接触は朝廷・幕府に衝撃を与え、幕府では得宗の北条時宗がこれを契機に執権に就任し、幕政を主導することになる。

クビライの国書は、高麗との戦争を終わらせ高麗を属国としたことを伝えるとともに、日本から遣使して通好するように求めるものだった。通好という要求は一見穏やかだが、そこには高麗と同様に服属を受け入れることが含意されていた。高麗との戦争に言及したのは、服属しない場合の軍事力行使の可能性を匂わせたものとみられる。古くから注目されてきた「兵を用いるのは誰が好むだろうか」という国書末尾の文言は、モンゴルの外交文書の定型的表現ではあるが、虚辞というわけではない[植

松 二〇〇七］。なおこの後の第四次使者がもたらした国書にはより具体的に、来年春までに重臣を派遣し表文を提出して事大（強者に仕える）の礼を尽くせば高麗のように処遇するが、要求に応じなければ軍を出して万の戦艦で王城を制圧するという趣旨が書かれている。

クビライは日本から戻った潘阜の報告を受けたが、その内容は信がおけないと考え、第一次使者の黒的・殷弘を第三次使者として、一二六八年に改めて派遣した。だが彼らは対馬で、警戒を強めていた日本側の抵抗にあったため、塔二郎《とうじろう》・弥二郎《やじろう》という二人の対馬人を生け捕りにして帰国した。彼らはほぼ使命を果たせなかったが、クビライは対馬人との面会を喜び、高麗にその送還を命じるとともに国書を送らせた［植松 二〇二〇］。使者は高麗人の金有成《きんゆうせい》・高柔《こうじゅう》である（第四次遣使）。彼らは一二六九年に対馬に到来するとそこにとどめられ、国書は朝廷に送られて対応が審議された。日本が要求に応じないことは前回と同様だったが、今回はモンゴル・高麗宛ての返書が作成された。だがその送付は幕府によってとめられ、金有成らは返書を受け取れず帰国した。

この時期の外交案件はすべて朝廷で審議され、決定が下された。しかし朝廷の返書は幕府を経由して大宰府の武藤氏に送られたため、幕府の同意を得られなければ返書を送ることができなかった。幕府は実質的な部分で外交案件の決定に影響力を行使していた［関 二〇一〇］。なお朝廷が作成した返書は、日本が神国であることを述べつつモンゴルの非礼を非難するものだった。もしもこれを送っても事態が改善に向かわなかったことは確かだろう。

趙良弼と南宋密使

一二七一年、クビライはモンゴルの中央政権の国号を、中国風に大元(元)と定めた。以後クビライが率いるモンゴル中央政権を元と呼ぶことにする。この年に派遣された女真人趙良弼《ちょうりょうひつ》は(第五次遣使)、前回までの使者が実質的な交渉に至らなかったことをふまえ、大宰府に着くと、自ら国書をもって上京し天皇に手渡すか、または将軍に手渡すことを強く主張した。だが武藤資能はこれを許さず、趙良弼は翌年日本を去った。この時趙良弼は一二人の日本人を同伴し、日本の使者に擬してクビライのもとに送った[植松 二〇二二]。しかし塔二郎らの時と異なり、クビライは彼らに接見せず、高麗で待機していた趙良弼に彼らの送還を命じた(第六次遣使)。この時に「宋人使僧瓊林《けいりん》」なる者のせいで日本と元の和平が成らなかったと、趙良弼の墓碑銘は記す[太田 一九九五]。瓊林は実際には宋人ではなく南宋に留学した日本の禅僧だが、元側史料は宋のスパイとも記しており、南宋から政治的使命を与えられて帰国した可能性がある[曾 二〇二二]。この頃は元だけでなく南宋も、日本に外交的な接触を試みていた。

ここで注目したいのは、僧侶の役割である。栄西・道元をはじめ、鎌倉時代には多くの僧侶が南宋に留学した(入宋《にっそう》という)。入宋僧は貿易船に便乗して渡航したため、おもな上陸地は貿易港である南宋の慶元となった。鎌倉時代の入宋僧は偶然名前が判明するだけで一六〇名近くを数え[榎本 二〇二一]、北条時頼の帰依を受けた蘭溪道隆《らんけいどうりゅう》など、南宋から僧侶が来日することもあった。彼らを通じて日本には、禅宗(臨済宗・曹洞宗)や律宗などの中国仏教や、建築・彫刻・書画・詩文・医学・飲食など様々な南宋文化が紹介された。そのため鎌倉時代は南宋文化(とくに慶元周辺の浙江文化)の影響が強く、日本人の南宋への親近感も高かった。こうした文化的関係が外交にも影響したことは瓊林の例から知ることができ、元への警戒心を高める一因にもなったと考えられる。

3 文永の役と弘安の役

文永の役

趙良弼が日本と高麗のあいだを行き来していた頃、クビライはすでに日本遠征を視野に入れていた。一二六八年には高麗に南宋・日本遠征用の戦艦の建造を命じるとともに南宋攻撃を開始し、一二七〇年には日本遠征に備えた屯田《とんでん》を高麗に設置させている。だが遠征の通り道となる高麗の情勢が安定しなかった。この頃の高麗は、一二六九年に高麗の武臣林衍《りんえん》が元宗を廃位、クビライの介入により元宗が復位、翌年元宗がクビライの要求に従って都を開城《かいじょう》に復帰、高麗軍の一つ三別抄《さんべつしょう》の江都での反乱(のちに拠点を珍島《チンド》・済州《チェジュ》島に移転)というかたちで、政治情勢の急転がみられた。元・高麗は三別抄を鎮圧するまで、日本遠征の実施は不可能となった。なお三別抄政権は一二七一年に高麗の正統政府として日本に援助を求めたが、日本はこれに対しても返事を送らなかった[石井 二〇一七]。

趙良弼は一二七三(文永十)年に二度目の遣使から帰国すると、日本遠征の中止を求めた。クビライはこの意見を聞き入れたが、実際には翌年遠征が実施に移される。同年中には元の東アジア制圧の条件が整いつつあった。一つは三別抄を鎮圧し、済州島を直轄化したことがある。済州島は東シナ海交通の要衝であり、日本と南宋を結ぶ航路はこの島を目印とした。三別抄の制圧は高麗の政治的安定とともに、元による東シナ海航路の拠点確保の意味ももった。二つ目は、襄陽《じょうよう》の制圧である。ここは南宋側の長江流域の防衛拠点として、元を長く悩ませてきた場所だった[杉山 二〇一〇]。

元の日本遠征は日本のみを念頭においたものではなく、南宋遠征に付随する作戦だった。南宋遠征を確実に遂行するには、南宋と経済的な関係をもち軍事的連携の可能性があった日本も屈服させる必要があると考えられたのだろう。これに対する日本は、外交交渉の当初から元を警戒しており、それなりの軍事的備えを行っていた。一二七一(文永八)年に受け取った三別抄の国書から元の襲来を予測した鎌倉幕府は、九州に所領をもつ御家人に九州下向を命じている。また翌年には九州御家人への異国警固番役の賦課も確認される。

一二七四(文永十一)年、元は九月に南宋、十月に日本に、あいついで遠征軍を送り込んだ(日本遠征は七月の予定だったが、高麗の元宗の薨去と葬礼のために遅れた)。元が派遣した蒙漢《もうかん》軍(モンゴルと華北の漢人の軍)と高麗軍あわせて九〇〇艘・三万人程度の規模だった(ただし主艦は三〇〇艘で、ほかに戦闘時に用いる小型船とボートが各三〇〇艘)。元軍は対馬・壱岐を蹂躙《じゅうりん》したのち、博多湾に到った。「鉄砲《てつはう》」と呼ばれた炸裂弾や毒矢を用い、一騎討ちではなく集団戦を行うなど、日本とは異なる合戦の作法に日本の武士はとまどったが[新井 二〇〇七]、博多湾の制圧は許さなかった。結局元軍はまもなく将軍らの協議のうえで、博多湾から撤退した。嵐によって一日で退却したという説は、現在あまり支持されていない[服部 二〇一四]。

戦間期の動静

元は日本遠征では成果を上げられなかったが、主目的だった南宋の制圧は順調に進んだ。一二七六年の年明けまもなく、首都臨安《りんあん》(杭州《こうしゅう》)を包囲された南宋は元に降伏する。以後も南宋の遺臣は福建《ふっけん》・広東《かんとん》方面で抵抗を続けたが、日本との貿易港慶元を含む浙江地域は同年中に元の支配下に入り、日本にとっての貿易相手国は元になった。クビライも日本を懐柔する手段として日本船に貿易を許可している。以後日元間では弘安の役まで、軍事的対立と貿易が並立した[榎本二〇〇六]。

一二七五(建治元)年、元は日本に七回目の使者として杜世忠《とせいちゅう》・何文著《かぶんちょ》を派遣した。文永の役後に日本が考えを改めて和を請う可能性を考えたものだろう。しかし日本はこれにも返事しなかったばかりか、使者を処刑してしまう(一二七九年、第八次使者の周福《しゅうふく》・欒忠《らんちゅう》も同様)。文永の役以前の日本は、元に対して返事をしないことで服属の要求を拒む一方、使者には手を出さずに帰国させ、相手に余計な刺激を与えて情勢の悪化を招かないように配慮した。これに対して明確な敵対関係になった文永の役後は、そのような配慮を行わなくなる。

軍事的危機のもとで覚悟を決めた幕府は、有事態勢をつくりあげる。一二七五年には九州に加え、第七次使者が上陸した長門の防衛力も増強された。また西国の守護を一斉に交替するとともに、西国の武士を動員した高麗遠征を計画した(まもなく中止)。従軍を命じられなかった者は、元軍再来に備えた石築地《いしついじ》(元寇防塁)の造営を命じられた。石築地は半年での完成を目標としたが、追加の工事や修理は幕府滅亡まで続けられた。また石築地を築けない河口には、敵船が遡行できないように杭が打ち込まれた[佐伯二〇二二]。これらの負担は御家人だけでなく、寺社・本所一円地の住人(非御家人)にも賦課された［高橋 二〇〇八］。幕府は二度目の元軍の襲来に備えるために軍事指揮権を拡大せざるをえず、そのことは御家人のみを動員の対象とする幕府軍制の転換の契機にもなった。

弘安の役

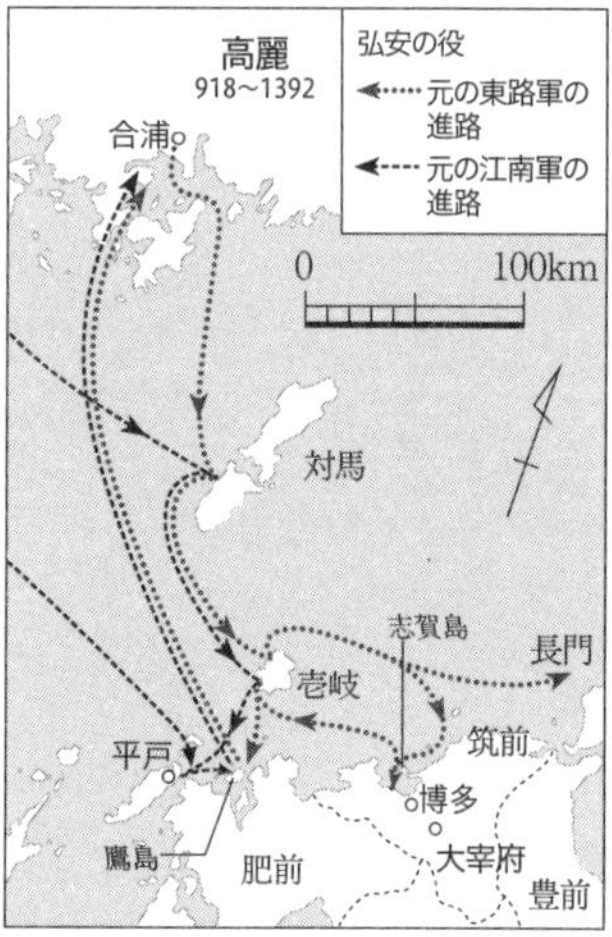

図1　弘安の役関係図

元は南宋残存勢力を滅ぼした一二七九年、日本再征の準備に入る。中国全土を手中にしたことで、高麗に加えて慶元も元軍の出兵地となった。高麗合浦《がっぽ》から出兵した東路軍は九〇〇艘・四万人程度で、文永の役と大差ないが、慶元から出兵した江南軍は三五〇〇艘・一〇万人におよぶ大規模なもので、南宋から接収した水軍も含まれた。遠征の命がくだったのは一二八一(弘安四)年である。当初両軍は六月十五日に壱岐で合流する計画を立てていた。東路軍はその予定に従って対馬経由で壱岐に上陸し、博多湾の志賀島《しかのしま》や長門へも侵攻した。江南軍の出発の遅れと日本側の壱岐攻撃により、両軍は七月に鷹島《たかしま》から本格的侵攻の機会をうかがった。だが閏七月一日、運悪く台風が襲来して元軍は壊滅した。将軍らは急ぎ撤退したが、船を失って島に残された兵卒たちは、日本軍に殺害・捕獲された。

なお鷹島の海底には嵐で沈没したと考えられる元軍の軍船やその搭載品が沈んでおり、一九八〇年代より調査が続いている。兵士の日用品や多くの陶磁器・磚《せん》(レンガ)のほか、鉄砲の現物をはじめとする武器類、「管軍総把印《かんぐんそうはいん》」の印文をパスパ文字（クビライが元の国字として定めた文字）で刻んだ青銅製の印など、多彩な遺物が発見されている［池田 二〇一八］。

4　蒙古襲来のあと

臨戦態勢の継続

元は日本からの反攻に備えて、沿岸の防衛力強化をはかった。実際に幕府は元軍壊滅翌月の一二八一（弘安四）年八月、再び高麗遠征を計画するなど反攻計画を立てていた。一方、元の遠征がこれで終わるとも思っておらず、軍事的な備えも解かなかった。九月には九州御家人に対して無許可の上洛遠行を禁じ、異国の降人が逃亡しないように注意し、他国からきた異国人には制止を加え、石築地造営と異国警固をおこたりなくつとめよと指示している。こうした警戒態勢はしだいに弛緩していくものの、日本が元と和議を結ぶ意志をもたない以上、元軍がつぎの遠征を行わない保証は得られず、そのため九州武士の負担がまったくなくなることは鎌倉幕府滅亡までなかった。

幕府は元にスパイを送り込んでおり、一二八二年には元でその一人が摘発されている。一二八三年七月には、秋（七～九月）に元の襲来があるという風聞を幕府が得ていたことが知られるが、諜報活動の成果かもしれない。実際に元には同年八月に三度目の日本遠征を行う計画があった。もっとも元はこの計画を五月に中止し、八月には愚溪如智《ぐけいにょち》という禅僧を日本に派遣する（第九次遣使）。僧侶を使者に登用するのは異例の人事だが、それは日本人が仏教を尊んでいるという理由だった。日本人が宋代以来浙江の禅宗を積極的に取り入れ、禅僧に親近感を覚えていたことを認識し、これを利用しようとしたのだろう[高橋 二〇一四]。第七・八次の使者が殺害されたことをふまえた対策でもあったと考えられる。しかし愚渓一行は海上で八カ月も逗留《とうりゅう》したうえ、漂流にあったといって帰国した。

クビライは翌年にも王積翁《おうせきおう》を正使、愚渓を副使として日本に派遣した(第十次遣使)。王積翁は南宋から元に投降した将軍で、かつてクビライから直々に日本に関して諮問を受けたことがあり、戸部尚書《こぶしょうしょ》(中央の戸部の長官)等の官歴をもつなど、それまでの使者と比べてははるかに高い地位にあった人物である。しかし彼は対馬に上陸したのちに殺害された[植松 二〇一五]。同時代に元で書かれた随筆によれば、強制的に徴用されたことを恨んだ船員が王積翁を殺したという。第七・八次使者の最期を知り恐れた船員が日本に行くことを忌避したこともあったのだろう。第九次の使者についても、長期逗留は故意に日本渡航を避けたものであるという推測が、戦前から存在する[池内 一九三一]。

日本との交渉が進まない(使者の派遣すらできない)元は一二八五年、高麗の合浦から日本を攻撃する方針を決定するが、国内で反乱が続出していたうえ、前年以来のチャムパ(ヴェトナム南部)・大越遠征も失敗に終わった。翌年元は日本遠征中止を宣言するが、これを知った江浙の軍民の歓声は雷のように鳴り響いたという。一二八七年には王族のナヤンの反乱があり、さらにカチウンの反乱も続き、大越への再遠征もあったため、元に日本遠征に回す軍事力の余裕はできなかった。その一方で弘安の役後に中断した日元貿易は、この頃に復活した[榎本 二〇〇六]。

日元関係の行方

元は一二九一年にカチウンの乱を鎮圧すると、ジャワと日本への遠征計画を始動させた。そのような中で一二九二(正応五)年、慶元を管轄する江浙行省の幹部の一人燕公楠《えんこうなん》が、日本に帰国する貿易船に託して外交文書を送ってきた(内容は不明)。またこれと前後して、済州島で襲われた日本の商人を送還する高麗の使者金有成が来日し、元に従うことを勧める高麗国王の国書を提出した。この遣使はクビライの指示によるものだった(第十一次遣使)。幕府は金有成を処刑しなかったが帰国もさせず、返事は当然送らなかった。一三年ぶりの使者到来に幕府は警戒し、三度目の来襲に備えて北条兼時・時家を博多に下向させた。これが九州を管轄する鎮西探題の起源となる[村井 一九八八]。

元は一二九三年にジャワ遠征を実施するが惨敗に終わる。翌年の年明けにクビライが崩御すると、元は日本遠征計画を中止した。跡を継いだ孫のテムル＝カアンは東南アジア方面に対して平和的な外交交渉を行い、諸国の朝貢を実現した。日本に対しても遠征の意見を封じ、一二九九(正安元)年に外交交渉を試みる。この時に派遣されたのが最後の使者、一山一寧《いっさんいちねい》である(第十二次遣使)。第九・十次と同様に、この時も禅僧が登用された。一山は日本商船の帰国便で来日したが、これは第十次遣使で中国船の船員を徴発して失敗した経験をふまえたものだろう。来日経験があり鎌倉幕府首脳部にも顔が利く禅僧西澗子曇《せいかんしどん》も、これに同行した。国書は二度の戦争には一切言及せず通好を提案するもので、日本を刺激しないように配慮された文面だった。概して日本との交渉実現を目指して考え抜かれた遣使だった[榎本 二〇一八]。

だが鎌倉幕府がこれに応じることはなかった。一山・西澗はその後、鎌倉や京都で高僧として重用され、多くの優れた弟子を残したが、テムルの使命を果たすことはできず、日本で客死した。これをもって元は日本の服属をあきらめる。一三〇二年頃から日本船の来航に備えて慶元の警備を強化したのは、その反映である。だが日本と元の関係がこれで途切れたわけではない。元の警備強化は、服属を拒んだ日本からくる貿易船との取引を安全に行うための環境整備を目的としたものであり、実際に日元貿易およびこれに付随する僧侶の留学は、以後盛況を迎える［榎本 二〇〇七］。元は政治的な問題を脇において、貿易という実利を確保したのである。幕府も異国警固番役は継続したが、貿易船や僧侶の往来に制限をかけることはなかった。

以後、元が中国本土より撤退する一三六八年まで、日元間を往来した僧侶の名は三〇〇以上が確認される。実際にはその倍以上の人数が留学したと考えられ、前近代の日本人の留学規模はこの時代に最大となった［榎本 二〇二二］。建長寺船（一三二五〈正中二〉年）・天龍寺船（一三四二〈康永元〉年）など著名な貿易船もこの時期に日本から派遣された。朝鮮半島西南の新安《しんあん》沖では日元貿易船の船体および積荷が引き揚げられている（新安沈船）。一三二三（元亨三）年に慶元から日本への帰路で沈没したもので、積荷には現存するだけで約八〇〇万枚の銅銭（現代の価値で約八億円相当）や二万点以上の中国製陶磁器、一〇〇〇点近くの紫檀《したん》木などが含まれる。船体は長さ三三・五メートル、幅一〇・二メートルに達したと推定される。日元貿易船の規模を今に伝える貴重な現物資料である。

〈参考文献〉

新井孝重　二〇〇七年『戦争の日本史7　蒙古襲来』(吉川弘文館)
池内宏　一九三一年『元寇の新研究』(東洋文庫)
池田榮史　二〇一八年『海底に眠る蒙古襲来――水中考古学の挑戦』(吉川弘文館)
石井正敏　二〇一七年『石井正敏著作集3　高麗・宋元と日本』(勉誠出版)
植松正　二〇〇七年「モンゴル国国書の周辺」(『史窓』六四号)
植松正　二〇一五年「第二次日本遠征後の元・麗・日関係外交文書について」(『東方学報』九〇冊)
植松正　二〇二〇年「元初における日本人の燕京往還」(『京都女子大学大学院文学研究科研究紀要　史学編』一九号)
植松正　二〇二一年「モンゴル・元朝の対日遣使と日本の対元遣使」(『京都女子大学大学院文学研究科紀要　史学編』二一号)
榎本渉　二〇〇六年「初期日元貿易と人的交流」(宋代史研究会編『宋代の長江流域――社会経済史の視点から』汲古書院)
榎本渉　二〇〇七年『東アジア海域と日中交流――九～一四世紀』(吉川弘文館)
榎本渉　二〇一四年「宋元交替と日本」(『岩波講座日本歴史7』岩波書店)
榎本渉　二〇一八年「テムルの日本招諭と一山一寧・燕公楠」(『史学研究』三〇〇号)
榎本渉　二〇二一年「日元間の僧侶の往来規模」(『元朝の歴史――モンゴル帝国期の東ユーラシア』勉誠出版)
太田彌一郎　一九九五年「石刻史料「賛皇復県記」にみえる南宋密使瓊林について」(『東北大学東洋史論

集』六輯）
近藤剛　二〇一九年『日本高麗関係史』（八木書店）
佐伯弘次　二〇〇三年『日本の中世9　モンゴル襲来の衝撃』（中央公論新社）
佐伯弘次　二〇二二年「モンゴル襲来と日本の対応」（『箱崎キャンパス地区元寇防塁調査総括報告書』九州大学埋蔵文化財調査室）
杉山正明　二〇一〇年『クビライの挑戦――モンゴルによる世界史の大転回』（講談社学術文庫）
関周一　二〇一〇年「鎌倉時代の外交と朝幕関係」（阿部猛編『中世政治史の研究』日本史史料研究会企画部）
曾昭駿　二〇二一年「モンゴル襲来期における入宋僧と南宋禅林」（『佛教史学研究』六二巻二号）
高橋典幸　二〇〇八年『鎌倉幕府軍制と御家人制』（吉川弘文館）
高橋典幸　二〇一四年「モンゴル襲来をめぐる外交交渉」（同編『戦争と平和』竹林舎）
旗田巍　一九六五年『元寇――蒙古帝国の内部事情』（中公新書）
服部英雄　二〇一四年『蒙古襲来』（山川出版社）
村井章介　一九八八年『アジアのなかの中世日本』（校倉書房）

11 室町幕府の支配

吉田 賢司

はじめに――教科書の記述より

歴史は、すでに起きてしまった過去のできごとである以上、改変することはできない。しかし、様々な歴史的事象に対する後世の評価や解釈は、幾多の議論や探究を経て、変化していく余地がある。本稿で取り上げる室町幕府は、このことが顕著にみられるテーマの一つである。研究の到達点を概観するうえで、高校の地理歴史科で使用される教科書の内容は指標となりうる。そこで本論の導入として、山川出版社から二〇二三年に発行された、『詳説日本史』(日探)の記述を最初に確認しておきたい。同書の一一四～一一五頁には、一三九二(明徳三)年に三代将軍足利義満が南北朝の合体を実現し、内乱に終止符を打ったことに続けて、この頃の室町幕府のありようとして、つぎのごとく説明している(傍線＝筆者注)。

また義満は、全国の商工業の中心で政権の所在地でもあった京都の市政権や、諸国に課する段《たん》銭《せん》の徴収権など、それまで朝廷が保持していた権限を幕府の管轄下におき、全国的な統一政権としての幕府を確立した。……

幕府の財政は、御料所からの収入、守護の分担金、地頭・御家人に対する賦課金などでまかなわれた。そのほか、京都で高利貸を営む土倉や酒屋に土倉役・酒屋役を課し、交通の要所に関所を設けて関銭《せきせん》・津料《つりょう》を徴収した。また、幕府の保護下で広く金融活動をおこなっていた京都五山の僧侶にも課税した。さらに日明貿易による利益や、のちには分一銭《ぶいちせん》なども幕府の財源となった。また天皇の即位や内裏《だいり》の造営など国家的行事の際には、守護を通して全国的に段銭や棟別銭《むねべつせん》を賦課することもあった。

このように記された室町幕府の権力は、鎌倉幕府と比べると、その特質がより明確となる。『詳説日本史』九三頁には鎌倉幕府の財政に関する説明として、「将軍である〔源＝筆者注〕頼朝自身も多くの知行国(関東知行国)や平家没官領をはじめとする大量の荘園(関東御領)を所有しており、これが幕府の経済的基盤となっていた」とだけあるのに対して、同じ武家政権でも室町幕府の場合、その財源が多岐にわたる点に特徴を見出せる。ここで論点となるのは、直轄領に当たる御料所からの収入、守護出銭と呼ばれる守護の分担金、御家人役である地頭・御家人に対する賦課金など、武家に基盤をおく財源だけでなく、商工業に関わる財源が組み込まれていることである。これらの多くは鎌倉時代には、公家や寺社の勢力下にあった。それを代表するのが、傍線で示した「京都の市政権」や「段銭の徴収権」である。

教科書に記載された右の歴史的事象そのものが、否定されることはないだろう。だが、公武にまたがる権力が出現した背景や要因に関しては、ここ数年で従来とは異なる見解が出されている。以下その概要を振り返ることを通して、「史実」を問う観点について考えたい。

1　いわゆる「権限吸収」論について

武家政権の発展をめぐって

室町幕府研究の水準を高め、その後の方向を定めた成果として、佐藤進一氏の学説を挙げなければならない［佐藤　一九六三］。佐藤説は、将軍権力の「二元性」論と、朝廷・本所権力に対する「権限吸収」論の二つを骨子とする。「二元性」論は、武家政権の本質を、軍役に基礎づけられた家人に対する支配と、裁判に象徴される領域に対する支配に求めるもので、前者は「主従制的支配権」、後者は「統治権的支配権」と概念化された。そのうえで、草創期の室町幕府では、初代将軍足利尊氏とその弟直義が、それぞれ軍事と政務を分担したことから、この「二元性」が表出したと論じる。「二元性」論は、武家政権の成立要素を説くための理論だが、外部の朝廷・本所権力に対峙する原動力と位置づけられた点で、後半の「権限吸収」論と密接に関連する。その要点を、つぎに掲げる。

①武家政権は、朝廷・本所権力と同じものを分かちあう関係にあり、朝廷・本所権力を分割奪取することによって発展することができた。

②幕府が朝廷・本所に打ち勝って京都市政を独占し、かつ独占の正当性を王朝・本所に認めさせる

段階に到達して、幕府の京都市政権が確立する。観応の擾乱《じょうらん》後、二代将軍足利義詮《よしあきら》の晩年頃から、幕府の京都市政権は警察・刑事裁判→民事裁判→商業課税の順で確立する。

③将軍の「公家化」は、将軍権力が朝廷・本所権力の実体部分を奪取して、観念的部分にもおよぶ時に生じた現象だが、将軍が天皇家の一員となり、天皇と一体化する過程を経た結果、将軍権力の保障としての天皇の存在価値は失われることになった。

④そこで、より強力な保障を外に求めて登場するのが、対明外交であった。国王としての地位を明から保障された義満は、外交文書に国王と署名することで、将軍が国王と自称する事実に人々の目を向けさせ、将軍が国王だと肯定的に意識させることができた。

右の佐藤説は、冒頭で取り上げた教科書の記述、すなわち、鎌倉幕府と比較して室町幕府において顕著な、朝廷・寺社本所に対する影響力の拡大といった現象を説明するものとして、長らく通説的な位置を占めてきた。従来この変化は、将軍権力の確立や武家政権の発展に不可欠な要素と前提視され、必然的な帰結として語られることが多かったわけである。

2　朝廷・寺社を支える室町幕府

「権限吸収」論の見直し

ところが近年、朝廷・寺社本所の権限や権益を奪取することを、室町幕府は成立当初から主体的に目指していたのか、再検討が進んでいる。その先がけとなったのが、早島大祐氏と松永和浩氏の研究である［早島 二〇〇六、松永 二〇〇六］。早島説と松永説は、朝廷の儀礼・祭祀（朝儀）費用をめぐる室町幕府の対応を中心に、公武関係を見直すことを通して、「権限吸収」論の検証を試みた点で画期的であった。

本来ならば朝廷の財源で実施すべき朝儀は、例えば五穀豊穣を願う祈年祭《きねんさい》や新嘗祭《にいなめさい》、天皇の玉体安穏《ぎょくたいあんのん》を祈る後七日御修法《ごしちにちのみしほ》や鎮魂祭《ちんこんさい》などのように、当時は実際に効力を有するものと考えられていた。このため、これらをつつがなく遂行することは、天皇・公家のみならず幕府にとっても重要な課題であり、鎌倉時代には朝廷財源の不足分については、武家御訪《おとぶらい》と呼ばれる幕府の助成によって、しばしば補填された。この御訪は、拠出を義務づけられた制度的な役負担ではなく、形式上あくまで非制度的なボランティア（自発的な献金）であり、幕府は出費に必ずしも積極的ではなかった点に特色がある。早島氏と松永氏は、南北朝の内乱が勃発してまもない貞和年中（一三四五〜五〇年）にも、朝儀は鎌倉時代と同じ方式で室町幕府からの御訪を受けて執り行われたものが、内乱の激化にともない著しく衰微した北朝の再建がはかられる過程で、機能麻痺した朝廷の諸権能を幕府が代行せざるをえなくなったと、当時の公武関係をとらえなおしたのである。ここで指摘された事柄を、冒頭の教科書で挙げた「段銭の徴収権」と「京都の市政権」を論点に要約するとつぎのようになる。

北朝・寺社復興の援助

第一に「段銭の徴収権」については、朝儀の復興と関連づけて考えられた。すなわち、一三五〇（観応元）年に勃発した観応の擾乱にともない、尊氏は直義を討つため北朝を見捨てて南朝に降ったが、この講和は長くは続かず一三五二(文和元)年に破綻し、皇位継承に必要な三種の神器とともに、北朝の三上皇(光厳・光明・崇光)は南朝軍に拉致された。再び南朝と対峙しなければならなくなった幕府は、先帝の承認と三種の神器を欠いたまま、光厳上皇の子で、出家予定だった弥仁《いやひと》(後光厳天皇)を擁立したものの、この異例さが天皇としての正統性に対する疑念を公家社会に生じさせた。内乱の初期には遂行されていた朝儀も、内乱の激化によって中断を余儀なくされていたが、後光厳の求心力を高める手段として復興にテコ入れする必要から、自立不能な北朝に代わって段銭の徴収を行うことで、幕府が恒常的に朝儀の費用を調達するかたちに制度化されたと、理解し直されたのである。

第二に「京都の市政権」に関しても、荒廃した北朝や寺社本所の機能を肩代わりする視点から、とらえなおされた[早島 二〇一〇]。まず、佐藤説の②で触れたように、「警察・刑事裁判」と「民事裁判」は、かつて朝廷の機構である検非違使庁がおもに担っていたものを、室町幕府が吸収したと論じられていた。しかし、検非違使庁も南北朝の内乱の影響を受け、長官である別当の空席が続くとともに、下級職員である下部《しもべ》の俸禄が支給されないなど、組織として著しく弱体化しており、その権限を幕府が吸収するような実体を具備していなかったことが早島説で指摘されている。治安警察の問題でいえば、例えば一三七〇(応安三)年、乱暴を働く延暦寺の下級僧侶に対する取締りについて、衰微した朝廷では手に負えず、幕府の治安警察を担う侍所が、朝廷側の依頼に応じて問題解決に当たるのが実態であったという。また裁判に関しても、検非違使の怠慢で朝廷の裁判が形骸化した結果、不利益をこうむった訴訟人からの要望で、侍所が扱いはじめたと考えられている。

佐藤説において、室町幕府の「京都市政権」確立が完成する指標とされた「商業課税」も、早島説では右のような視角から見直された。すなわち、一三九三(明徳四)年に幕府は、京都で高利貸を営む土倉や酒屋に土倉酒屋役を恒常的に課しはじめたが、これは朝廷の商業課税である酒麹役《しゅきく》とは別に創出されたものであり、幕府が朝廷の権限を吸収した結果ではなかったとされる。京都の土倉や酒屋の多くは山門延暦寺の配下にあり、たとえ朝廷でも、これらに対する課税の試みは、山門をはじめとした寺社勢力から猛烈な抵抗にあった。それにもかかわらず、室町幕府が年間で銭六〇〇〇貫文にものぼる土倉酒屋役を創出できたのは、幕府の援助・保護のもと、内乱で中断していた小五月会《こさつきえ》という山門の重要な祭礼が、至徳年間(一三八四~八七年)に再興されるとともに、その費用を調達する馬上方《ばじょうかた》一衆《いちしゅう》と呼ばれる組織が整備され、幕府と山門との関係が改善したことを契機にしたという。ここでも、室町幕府は寺社本所の権益を強引に奪取したわけではなく、むしろ戦乱で疲弊した寺社の再興を支援することで懐柔し、彼らから妥協を引き出したとの見方が示されたのである。

3 内乱激化による制度の崩壊

武家の財源枯渇

前節で述べたように、室町幕府の影響力が朝廷や寺社本所に拡大した説明として、幕府と朝廷・寺社本所を対立的にとらえ、前者が後者の権限や権益を奪取・吸収したという通説的な理解に対して、近年では、内乱で衰えた朝廷・寺社本所の復興を、幕府がテコ入れする中で生じた現象との見解が示された。もっとも、冒頭で掲げた教科書の記述に立ち返ると、室町幕府が武家を根幹とする財源に加え、結果的に朝廷や寺社本所に由来する財源を新たに組み込み、肥大化したかのようなイメージは、ここでも根強く残る。しかし、「権限吸収」あるいは「肩代わり」によって、室町幕府の財政が膨張し続けたわけではない点には注意を要する。このことについて、本節では前述した教科書の記載にそって、(1)御料所からの収入、(2)地頭・御家人に対する賦課金、(3)守護の分担金といった、武家に基盤をおく三つの財源を視点に、おもに筆者の研究によりながら論じることにしたい〔吉田二〇一三・二〇一四〕。

第一に(1)と関連して、「鎌倉幕府の直轄領は関東御領」、「室町幕府の直轄領は御料所」といった具合に、教科書の用語が丸暗記されることも少なくないが、名称の相違だけでなく、その成り立ちや中身が異質なことに注意しなければならない。すなわち、草創まもない室町幕府の直轄領は、将軍家への年貢納入を条件に御家人に宛行《あてが》われ、地理的には九州と関東・奥州に偏在していた。こうした特徴は、将軍家が荘園の本所として預所職や地頭職を御家人に宛行う、鎌倉幕府の関東御領と類似している。ところが、こうした関東御領型の遠国直轄領は、観応の擾乱にともなう内乱の激化を機に、年貢の未進や敵方からの押領があいつぎ、機能不全におちいってしまう。そこで室町幕府は、擾乱で退転した遠国の直轄領に代わり、畿内・北陸・東海地方で京上年貢を確保しうると見込んだ地帯にねらいを定め、新たな直轄領の集積を試みた。新たに設けられた直轄領は、関東御領のような預所職や地頭職などの永続的な宛行《あてがい》ではなく、一時的に預け置かれる形式がとられるとともに、奥州・九州といった遠国にはなく、畿内・北陸・東海(のちに中国も追加)を中心に分布した点は、室町幕府の御料所につながる特徴である。ただし、他領を直轄領に編入しようとする動きは、対象地の荘園領主や武家領主から反発を受けて順調には進まず、御料所の新設は限定的な範囲にとどまった。

第二に(2)と関連して、室町幕府の開創時に、関東御領型の直轄領とともに、財政のもう一つの柱となったのは、地頭御家人役であった。この時期における室町幕府の地頭御家人役は、恒例役では将軍家に奉仕する饗応《きょうおう》儀礼の垸飯《おうばん》・下級吏僚の給与・器物の修理交換等の費用が、また臨時役では(ア)内裏を交替警備する内裏門役・博多湾沿岸を警備する異国警固番役等の平時軍役を、(イ)朝廷儀礼・寺社造営等の費用を援助する御訪・成功《じょうごう》が確認できる。これらは、鎌倉時代に勤仕された地頭御家人役のありように酷似している。よって、成立当初の室町幕府は鎌倉幕府にならい、地頭御家人役と関東御領型の直轄領を財政の基盤にすえようとしたことがわかる。前節で触れた武家御訪も、右の(イ)を財源として拠出されたのである。しかし、鎌倉幕府をモデルとした地頭御家人役も、観応の擾乱が勃発する直前の一三四九(貞和五)年を最後に確認できなくなる。このように地頭御家人役と関東御領型直轄領の年貢が、ともに同時期までしかみられないのは、これらが観応の擾乱を契機に途絶したことを示している。前節で触れたように、貞和年中に武家御訪を受けて挙行されていた朝儀が同時期に中絶するのも、財政基盤の崩壊による室町幕府の窮乏が原因の一つに考えられるのである。

財政再建の模索

第三に(3)と関連して、守護出銭《しゅっせん》とも称される守護の分担金については、室町中期の永享年間(一四二九〜四一年)の事例をもとに、将軍(室町殿)に対する贈与を本質としていたことや、すでに二代将軍の足利義詮の頃には、この財源に室町幕府は依存していたことが指摘されている[桜井 二〇〇二・二〇〇七]。つまり守護出銭は、いわば将軍に対する「御訪」ともいえるが、このような非制度的な経済支援に依存しなければならなくなったのも、右で述べた室町幕府の窮乏が契機に考えられる。実は鎌倉幕府も草創期の頃には、特定の有力東国御家人から資金援助を受ける大名賦課というものがあったが、承久の乱(一二二一年)後の鎌倉中期には、一般の東国御家人に広く賦課する地頭御家人役の制度が整えられたことが明らかにされている[上杉 一九九四、清水 二〇〇七]。室町幕府は当初、こうした鎌倉幕府の地頭御家人役制度を模倣して財政の基盤にすえようとしたが、その目標は観応の擾乱によって頓挫したことは既述した。このため財政難におちいった室町幕府は、有力者の助成に頼る大名賦課的な資金繰りを余儀なくされたのである。内乱の激化にともない、地頭御家人役制度が解体して、このような守護出銭の方式が非制度的に定着するという、鎌倉幕府とは逆の方向をたどった点は、室町幕府の特色の一つとして注目できる。

ただし、守護出銭は臨時の贈与を本質とする以上、恒常的な安定財源とはなりえなかった。もちろん、観応の擾乱後に、地頭御家人役の再建がはかられなかったわけではない。この時期になると、御家人でなくても地頭職を領有していれば、「地頭御家人役」が課されるようになったことが指摘されている[山家 一九九九]。擾乱後の流動的な内乱情勢のもと、御家人身分の厳密な判別が困難になる一方、地頭職と御家人身分の乖離が進んでいたため、賦課の基準が、御家人から地頭職に変更されたのである。しかし、このような「地頭(御家人)役」が賦課された事例は多くなく、改革の効果は限定的だったと判断できる。結局のところ、地頭御家人役や前述の直轄領といった旧制度を再建する試みは、難航をきわめて十分に効果を上げられず、幕府の深刻な財政難を解決させるには至らなかったわけである。

復興財源を求めて

これらと前節の内容を考えあわせると、室町幕府は財源が枯渇する中で、内乱情勢に左右されながら、朝廷や寺社本所の復興を支援しなければならなかった状況がうかがえる。そして、このような事態をふまえると、朝廷の権能を「肩代わり」せざるをえない動機を、幕府側が抱くことになった要因も明確になる。朝廷に対する武家御訪が、地頭御家人役などから用意されたことは前述したが、これら従来の制度が内乱の激化で機能不全を起こした結果、幕府は新たな財源の確保を模索しなければならなくなったのである。例えば、土倉酒屋役に幕府の政所が関与するのは、一三五二(文和元)年から確認できる。土倉・酒屋の多くを配下におく山門の抵抗が予想されるにもかかわらず、政所が免除申請を却下して徴収を強行したのは、同年に挙行された後光厳天皇の践祚《せんそ》に関わる費用を調達するためだった可能性が高い。一三七〇(応安三)年の後光厳から皇子緒仁《おひと》(後円融天皇)への譲位費用は、大名が守護出銭の支出に消極的なために幕府は御訪を用意できず、土倉役の徴収代行による補塡を朝廷側に打診した。最終的に御訪方式の援助は応安年間(一三六八〜七五年)に放棄され、幕府が段銭の催徴を代行する方式に制度化されることになる。この頃には寺社の修造も、幕府が朝廷財源である段銭や棟別銭の催徴を肩代わりして、助成されるようになった。

以上のように、室町幕府による朝廷機能の代替も、武家政権の単純な発展としてではなく、公武双方の制度崩壊と再建を連動させてとらえると、その意義がより明瞭になるのである。

4 「日本国王」号が希求された理由

「国王」号を得る意義

日明貿易および「日本国王」号については、佐藤説の④で触れた通り、天皇権威の相対化を目指して、将軍が国王と称する事実に人々の意識を向けさせるために、希求されたと考えられがちであった。この観点から、足利義満は明の権威を衆人環視のもとでアピールしようと、明の使節を迎えた一四〇二(応永九)年の接見儀礼で、明側の規定に則り卑屈ともいえる態度をとった、との見方が一般的だった。しかし、これに対して村井章介氏は、「明の冊封をうけて「日本国王」となることが、国際社会において日本の代表として認知されることだ、というのは正しい」ものの、「それがはたして天皇を超える権威として、日本国内において、義満の地位を保障するのに有効だったろうか」と問題提起を行った。そして、「義満が明に対して「臣」と称したことは、中国と対等なるべしとする貴族層の伝統的対外観をいたく刺激し、彼らに攻撃材料を与えることになってしまった」ことから、「義満および義教以下の室町殿が、国内むけに「国王」を標榜した例のないのは、天皇に代わる権威としての機能を「国王」号に期待していたわけではなかったからではないか」と疑問を呈した[村井 一九九五]。

こうした指摘を、新出史料から具体的に裏付けたのが、橋本雄氏である[橋本 二〇一〇・二〇一二]。壬生《みぶ》家旧蔵本の「宋朝僧捧返牒記《そうちょうそうほうへんちょうき》」(宮内庁書陵部蔵)を調査した橋本氏によって、右の明使接見儀礼に参列できたのは、義満と昵懇《じっこん》の公家や顕密僧の三二名に限られていたことが明らかにされた。また、儀式次第についても、儀場の設営や義満の坐位や立位、所作などは、明側の規定を逸脱していた様子も指摘された。すなわち、明側の規則では、明国皇帝の国書やその使節は、冊封されて明に臣下の礼をとる「蕃国王」よりも、上位に当たる北側に位置するように定められていた。しかし、今回の接見儀礼では、義満が北側に着座して南面し、明使から国書を献上される式次第になっており、国書への拝礼の回数も、明側が定める五回から、三回に減らされるなど、明の規定を改変したものだったことが判明した。この接見儀礼は、周囲への示威行動とみなすには閉鎖性が強すぎるうえに、義満が明使に尊大な態度で臨んだことから、朝貢貿易に批判的な守旧派の反発をかわすため、便宜的に挙行された式典だったと考え直された。また「日本国王」号も、海禁政策をとる明と通交するのに必須の形式的名号であって、それ以上のものではないことが再確認された。

国内の批判的なムードにさらされ、明側の儀礼規定を換骨奪胎してまでも、義満が対明通交に執着したのは、時に銭二〇万貫にもおよんだ貿易利潤であったことが指摘されている［橋本 二〇一〇、早島二〇一〇］。対明貿易への参入を望む国内の諸勢力は、交易に必要な勘合の付与を室町幕府に請わねばならず、このことが義満の求心力を高めた。また、莫大な貿易利潤は、北山第《きたやまてい》の大塔などの大規模造営に投下され、義満の権力を荘厳したのである。

おわりに——再び教科書の記述より

最後に、前節で取り上げた日明貿易に関して、再び山川出版社の『詳説日本史』を確認して、本稿の結びとしたい。同書の一一六頁には、「明を中心とする国際秩序の中でおこなわれた日明貿易は、各国の国王が明の皇帝へ朝貢し、その返礼として品物を受けとるという形式をとらなければならなかった(朝貢貿易)」という本文の説明に注が振られ、側注につぎのような記述がなされている(傍線＝筆者注)。

国交を開くに当たり、義満は明の皇帝から「日本国王源道義」(道義は義満の法号)宛の返書と明の暦を与えられた。明は、倭寇対策として国王以外には貿易を認めない方針(海禁政策)をとったため、明との貿易には、明の皇帝から「国王」の称号を得ることが不可欠であった。以後、将軍から明の皇帝に送る公式文書には「日本国王臣源」と署名した。また、暦を受けとることは、服属を認める象徴的な行為であった。

これは、「はじめに」で引用したものと同じく二〇二三年に刊行された版の記述だが、注目されるのは、それよりも約一〇年前の二〇一二年に刊行されたものには、傍線部の記載がないことである。右の「日本国王」号に関する追加部分の意義は、本稿で紹介した近年の研究成果をふまえると、より深く理解できるだろう。また、本稿で述べてきた事柄をふまえて、「はじめに」で引用した室町幕府に関する教科書の記述を、改めて読み返すと、記述内容そのものに修正すべき点はないが、その背景や因果関係のとらえ方によって、そこから受ける印象は、ずいぶんと変わるのではないだろうか。以上で示した例のごとく、過去のできごとは改変できないが、それをいかに解釈・理解するかは相対的なものであり、後世の議論や探究の観点によって、「史実」の見え方が違ってくることもある点に留意しておきたい。

〈参考文献〉

上杉和彦　一九九四年「国家的収取体制と鎌倉幕府」(のち再録『鎌倉幕府統治構造の研究』校倉書房、二〇一五年)

桜井英治　二〇〇二年「「御物」の経済――室町幕府財政における贈与と商業」(のち再録『交換・権力・文化――ひとつの日本中世社会論』みすず書房、二〇一七年)

桜井英治　二〇〇七年「足利義満と中世の経済」(『ZEAMI』四号)

佐藤進一　一九六三年「室町幕府論」(のち再録『日本中世史論集』岩波書店、一九九〇年)

清水亮　二〇〇七年「鎌倉幕府御家人役賦課制度の確立過程――東国御家人所領の把握と「恒例役」・「臨時役」」(『鎌倉幕府御家人制の政治史的研究』校倉書房)

橋本雄　二〇一〇年「対明・対朝鮮貿易と室町幕府――守護体制」(荒野泰典ほか編『日本の対外関係4　倭寇と「日本国王」』吉川弘文館)

橋本雄　二〇一一年「室町殿の《中華幻想》――足利義満・義持期を中心に」(『中華幻想――唐物と外交の室町時代史』勉誠出版)

早島大祐　二〇〇六年「公武統一政権論」(『首都の経済と室町幕府』吉川弘文館)

早島大祐　二〇一〇年『室町幕府論』(講談社選書メチエ)

松永和浩　二〇〇六年「室町期における公事用途調達方式の成立過程――「武家御訪」から段銭へ」(のち再録『室町期公武関係と南北朝内乱』吉川弘文館、二〇一三年)

村井章介　一九九五年「易姓革命の思想と天皇制」(のち再録『中世の国家と在地社会』校倉書房、二〇〇五年)

山家浩樹　一九九九年「太良荘に賦課された室町幕府地頭御家人役」(東寺文書研究会編『東寺文書にみる中世社会』東京堂出版)
吉田賢司　二〇一三年「武家編制の転換と南北朝内乱」(『日本史研究』六〇六号)
吉田賢司　二〇一四年「室町幕府論」(『岩波講座日本歴史8』岩波書店)

12
都市に集う人々

三枝 暁子

はじめに――鎌倉と京都

中世といえば、東国の地・鎌倉を拠点に武家政権が誕生し、武士が活躍した時代としてイメージする人は多いだろう。「鎌倉時代」の語が示すように、政権の拠点となった鎌倉は、時代を象徴する都市として栄え、将軍御所のおかれた政治都市として、また米町や魚町など商いをする町屋の並ぶ交易都市として、発展していった〔高橋 二〇一四〕。

その一方、東国に都市鎌倉が成立したのちも、日本の流通経済の中心は依然として京都にあった。その理由は、京都が幕府成立以前から政治都市・交易都市として栄えていたことに加え、荘園や公領の領主の集住地であった点に求めることができる。すなわち院政期以降、上皇や有力貴族、寺社など、いわゆる荘園の「本所《ほんじょ》」となっていた公家・寺社権門が多くの所領を蓄積する中で、本所の多く所在した京都には、各地から様々な人・物資が流入することとなった。いわば荘園制の成立が、京都を突出した流通経済都市へと押し上げていったのである。

鎌倉幕府滅亡後、新たに成立する室町幕府は、その根拠地を鎌倉ではなく京都においたが、これも京都の流通経済をおさえることが重視されたからであった[村井 二〇〇三]。そして室町幕府が京都におかれたことによって、京都は政治都市としての性格もより強めながら、さらなる求心力のもとで流通経済を発達させていったのである。

それでは中世の首都ともいうべき地位を占めた京都には、どのような支配機構のもとで、どのような人々が集っていたのだろうか。つぎにこうした点についてみていくことにしたい。

1 京都の支配構造と都市民衆

平安京から中世都市京都へ

都市京都の歴史の始まりが、桓武天皇による七九四(延暦十三)年の平安京遷都にあることは、よく知られている。その空間は、中国の都城にならって、中央北端の平安宮(大内裏《だいだいり》)へと続く朱雀大路を中心にして左京・右京から成る左右対称形をなし、条坊制と呼ばれる碁盤の目状の都市区画をもっていた。したがって、京都はまず、律令国家の政治的拠点、天皇の住む政治都市として出発した。そして律令国家を支える官人をはじめ、公家や寺社の構成員、あるいはその家政を支える人々の居住空間として発達していった。

しかし十世紀以降、律令制によって規定されていた集団の解体や、条坊制の無実化などによって平安京は「解体」していく[北村 一九九五]。そして同じ頃、天皇家や摂関家など有力貴族の荘園領有の展開が始まると、そのための支配機構や人員の拡充が必要となり、貴賤の混住や集住をもたらす居住形態の流動・変動が進行していく[戸田 一九七四]。その結果、荘園制を支えるにふさわしい首都として、中世都市京都が成立するのである[脇田 一九八一]。そして京都内部を領有・支配したのもまた公家や寺社などの諸権門であった。すなわち公家や寺社は、領内に住む住人に対し、土地や家屋にかかる「地子《じし》」と呼ばれる税を賦課したり、犯罪人の取締りなどの検断権を行使したりした。これら領主による支配のうえに、さらに中世前期であれば朝廷管轄下の検非違使庁が、また後期であれば室町幕府侍所が、警察機能・治安維持機能・民事裁判権・商業課税権(「京都市政権」ともいう)をもって統治する仕組みになっていたのである[佐藤 一九六三・一九六五]。

神人・供御人の登場

京都を領主として支配していた公家・寺社はまた、京都で活動する商工業者集団の本所として、都市民衆を支配していた。そうした都市民衆の典型が、教科書にも登場する「神人《じにん》」や「供御人《くごにん》」と呼ばれた商工業者である。すなわち、日吉《ひよし》社や祇園《ぎおん》社、北野《きたの》社などの神社と結びつくことによって国家的な課役を免除された商工業者を神人と呼び、御厨子所《みずしどころ》や内侍所《ないしどころ》などの朝廷官司と結びつくことによって国家的課役を免除された商工業者を供御人と呼んだ。

こうした神人や供御人の活動は、列島社会全体においては、すでに十一世紀以降にみられはじめるが［稲葉 一九九三、大山 一九八八］、京都での活動が目立つようになるのは十三世紀のこととなる。彼らが「座」と呼ばれる組織をもっていたこともよく知られているが、神人・供御人のすべてが座をもっていたわけではない。というのも、座は担当する神事や貢納品などを基準に構成員を区別する下位組織であったため［桜井 二〇〇二］、構成員の区別や差異化を必要としない集団であればこうした下位組織をもつ必要がなかった。

例えば石清水八幡宮《いわしみず》に組織されていた大山崎《おおやまざき》神人は油座《あぶらざ》神人として、また北野社に組織されていた西京《にしのきょう》神人は麴座《こうじざ》神人として、教科書等に記述されることが多い。しかし、実は彼らが座を名乗るようになるのは戦国期になってからのことであり［早島 二〇〇三、三枝 二〇〇七］、その活動がもっとも活発化していた十四～十五世紀において座を名乗っていた形跡はみられない。両者いずれも、神事や貢納において構成員の差異化を必要としなかったためであると考えられる。

神人・供御人の特権

神人・供御人が、公家や寺社と結びついた理由は、国家的課役の免除という特権確保のためであったが、とくに京都で活動する場合には、居住権を維持するためという理由も加わったものと考えられる。実は京都において、商工業者をはじめとする都市民衆が、どのように居住地や安定的な営業の場を確保し、維持することができたのかという点については、不明な点が多い。本所となる公家や寺社と神人・供御人との結びつきは、あくまで集団に対する支配―被支配の関係によるもので、土地を介した、いわば領主権にもとづく支配―被支配の関係によるものではない。したがって、特定の神社や官司に組織されたからといって、即座に京内における居住地まで確保・維持されるものではなかった。

例えば祇園社(現八坂《やさか》神社)には、南北朝時代に綿本座《わたほんざ》神人と綿新座《わたしんざ》神人のいたことが知られるが、両者の居住地および営業形態の性格には大きな違いがあった。すなわち一三四三(康永二)年の両者の訴訟関係史料から、本座神人が、京都に居住して商売を営む「町人」であったのに対し、新座神人は振売《ふりうり》(ざるや桶を前後につけた天秤棒をかついで売り歩く商人)の「里商人」であったことがわかる(『八坂神社記録』上・祇園社「社家記録」康永二年十一月八日条)。そして両者いずれもその活動が一四三〇(永享二)年を最後に確認されなくなること(『増補八坂神社文書』上・一一三五号、永享二年六月二十一日付池田乃秀申状)、康永二年段階で六四名の座衆がいた新座神人の数も永享二年にはわずか一名となっていることなどをふまえると、神人となってもなお、商工業者たちが京都において長期にわたって安定的に商売を営むことは困難な状況にあったことがわかる。

十四世紀になって京都に室町幕府が成立し、守護在京制度がしかれるようになると、京都の武家関係者の人口は数万人におよんだといわれている。注意されるのは、在京することとなった武士たちにとって、京内に居住地を確保することは困難であったことで、大名ですら公家が領主権をもつ地を借りて邸宅を構えざるをえなかった[松井 二〇一五]。すなわち、政治状況や経済状況の変化の波を受けながら絶えず人々が流入してくる京都にあって、新たに流入する人々は武士であれ商工業者であれ、居住地を確保し維持し続けることは容易でなかったのである。

ただし、十三世紀において、御厨子所や内蔵寮《くらりょう》内膳司《ないぜんし》、修理職《しゅりしき》などの朝廷の諸官司が、京都で商工業者を「公役」(収益の上分)の賦課によって編成していたこと、こうした公役負担が、商工業者にとって「京都を場として業を営む権利」としての「本宅安堵」を得る意味をもったことが指摘されている点は注目される[五味 一九八二]。朝廷官司と供御人との結びつき、また神社と神人の結びつきは、公事や収益の上分をおさめる役負担によって成り立っている。これらの役負担を強いられてもなお、供御人や神人となる商工業者が現れるのは、つねにほかの商工業者との競合を余儀なくされている商工業者たちにとって、本所との関係が京都において安定的・継続的に商売を行うための権利保障につながったからであった。

土倉・酒屋の様相

京都にはまた、「土倉」「酒屋」と呼ばれる金融業者が存在していた(**図1**)。土倉・酒屋の多くは、比叡山延暦寺の関係者であった。具体的には、延暦寺の僧侶と、延暦寺と本末関係を結び延暦寺の末社となっていた日吉社の神人から成る人々で、十四世紀初めには京都の土倉・酒屋の八割を占めていたという(「元徳二年三月日吉社並叡山行幸記」〈『室町ごころ――中世文学資料集』〉)。

延暦寺といえば、平安時代に最澄が開いた寺院であることや、院政期に「僧兵」の活躍した寺院であることは、教科書でも触れられているところである。しかし、同じく教科書で触れられることの多い、鎌倉期の金融業者の「借上《かしあげ》」の代表格が、日吉社の神人であったことや、室町期の金融業者の「土倉・酒屋」の多くが比叡山の僧侶や日吉社の神人であったことは、一般にはあまり知られていない。

もともと僧侶あるいは神人として金融を行っていた人々が、土倉・酒屋と呼ばれるようになった背景には、十三世紀以降、朝廷や幕府が京都の金融業者や酒屋(酒の売買の余剰分を金融に当てる人々)に

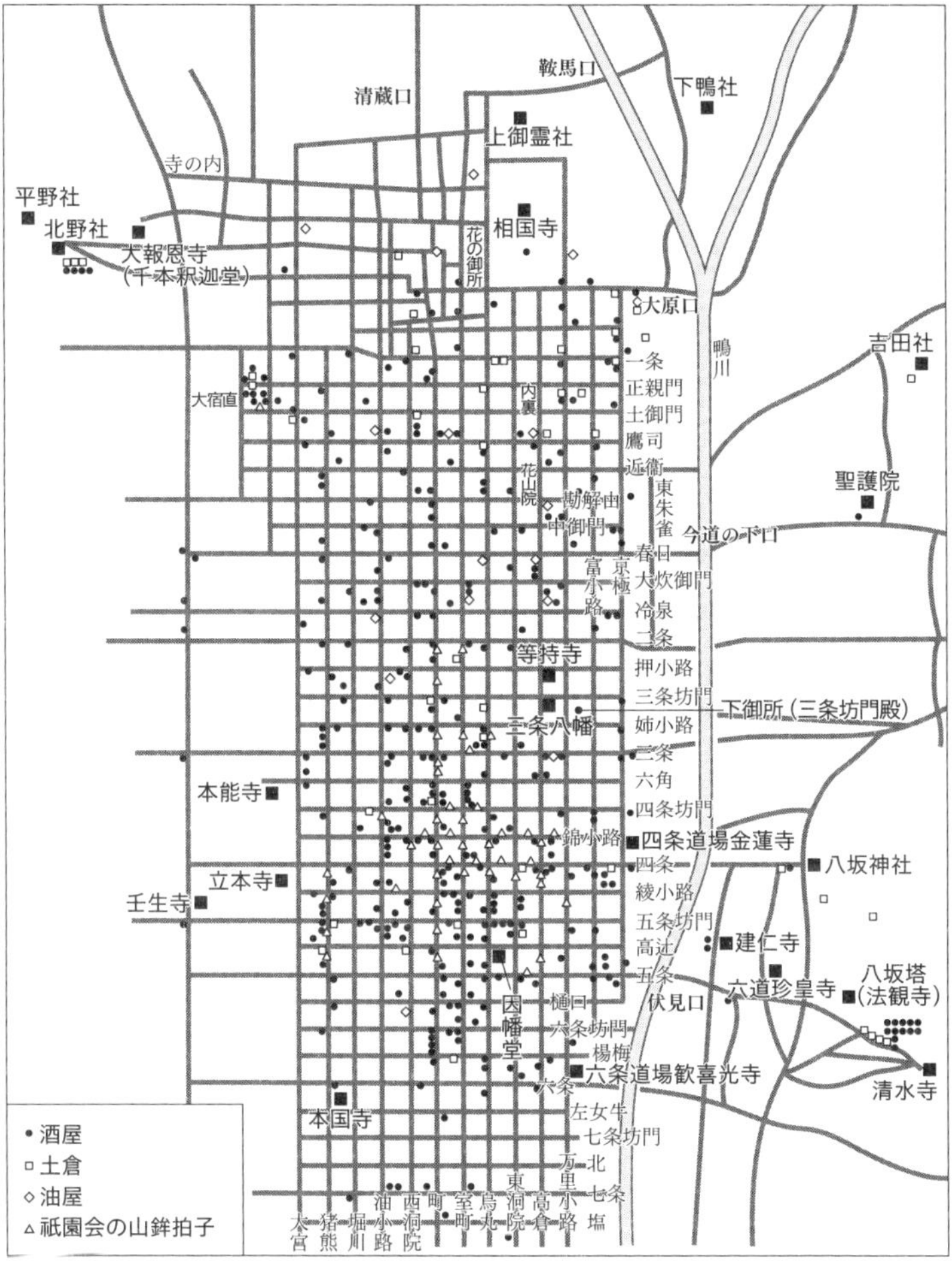

図1　南北朝・室町期の京都(高橋康夫ほか編『図集日本都市史』より作成)

土倉役や酒屋役と呼ばれる税を賦課する試みをたびたび行っていた事実がある。こうした役の賦課を通じて、それまで個々に金融を行っていた人々が、公権力によって土倉・酒屋として身分把握されるようになったのである［三枝 二〇一四a］。

　土倉や酒屋に対する恒常的な役賦課をはじめて達成したのは、室町幕府三代将軍の足利義満である。義満は幕府と延暦寺の仲介役となる延暦寺の僧侶集団（「山門使節《さんもんしせつ》」と呼ばれる）を組織したり、延暦寺が費用集めに苦労し執行できずにいた日吉小五月会《ひよしこさつきえ》という祭礼の費用調達システムを構築したりするなどして、延暦寺を懐柔していった。そして、延暦寺それ自体の経済を支えていた土倉・酒屋に対し、将軍家の経済を支えさせるための土倉・酒屋役を賦課することに成功したのである［下坂 二〇〇一、三枝 二〇〇九］。

　土倉・酒屋は、座のような同業者組織をもたず、その経営は家・一族を基盤としていたことが指摘されている［下坂 一九七八、桜井 一九九四］。また、彼らは金融業を行いながら、質流れ等を通じた土地取得や地子請負を通じ、屋敷地を所有する地主となることによって、土地所有形態のうえでは公家や寺社などの領主につぐ位置を占めた［瀬田 一九六七］。応仁の乱を契機に、その担い手は比叡山関係者ではなく俗人へと様変わりしていき、幕府と延暦寺の関係も変化していくことになるが、金融業の担い手が幕府財政を支え続ける構造それ自体は以後も続いていった。

2　非人からみた都市社会

京都の非人

これまで、商工業者や金融業者など、公家や寺社などと結びつきながら、都市京都での安定的な居住・営業の権利を確保しようとする人々について取り上げてきたが、京都にはまた、非常に不安定な環境下におかれ生活していた人々――「非人」――も存在した。「非人」といえば、教科書では江戸時代の身分を説明する際に取り上げられることが多い。しかし、中世社会もまた、固有の社会構造のもと、最末端に非人をおく身分制社会をなしていた。

中世において「非人」とされた人々は、村落や都市の家および共同体から排除され、芸能や物乞い等によって生きざるをえない、困窮者や身体障害者、ハンセン病者などであり、その多くは都市の周縁部や境界の地、河原などに集住していた。中世の列島社会において、もっとも多くの非人が集住していたのは京都と奈良であったと考えられ、京都には清水坂《きよみずざか》非人集団が、また奈良には奈良坂非人集団が、それぞれ都市周縁部の「坂」を拠点に生活していた。京都にはまた、「散所《さんじょ》非人（散所者《さんじょのもの》）」や「河原者《かわらのもの》」と呼ばれた非人集団も存在していた。ここでは、非人集団の中でもとりわけ大きな組織を形成していた、清水坂非人集団の様相について少し詳しくみていくことにしたい。

京都の鴨川から清水寺へと向かう五条通（現松原通）沿いの清水坂の地に、非人集団が存在したことが史料上明らかとなるのは十三世紀のことである。すでに十世紀には、清水坂に乞食《こつじき》が集住する状況にあったが［吉野 一九九九］、その理由は、この坂が清水寺から山科《やましな》へとぬけて東海道に至る近道として、交通の要衝としての性格を帯びていたからであると考えられる(『日本歴史地名大系27　京都市の地名』)。

清水坂非人集団については、鎌倉時代末期の段階で、概数として「千人」と記述する史料があり(嘉元二年「後深草院崩御記」〈『公衡公記《きんひらこうき》』第四〉)、同じ史料が蓮台野《れんだいの》や東悲田院《ひがしひでんいん》などの非人の人数を百人台としていることをふまえても、京都の中で突出して人数の多い非人集団であったことがわかる。彼らは、京都市街地を物乞いのテリトリーとして生活しつつ、ときには公権力や宗教者の行う非人施行の対象となるとともに[丹生谷 一九七九]、葬送に関する得分をもっていた。また「癩病《らいびょう》」者(ハンセン病者)を内包しながら、「長吏《ちょうり》」と呼ばれる人々によって統率されていた。そして長吏たちは京都で活動するばかりでなく、畿内各地に点在する非人宿《ひにんじゅく》(非人の集住地。清水坂を「本宿《ほんじゅく》」とするのに対し、「末宿《まっしゅく》」と呼ばれる)を支配していた[大山 一九七六a・b]。また鎌倉時代後期になると、長吏たちは祇園社の「犬神人《いぬじにん》」として組織され、祇園社や祇園社の本寺にあたる延暦寺の命令を受けて、京都での検断活動や祇園祭の際の警固活動などに従事するようになった[三枝 二〇一四a]。

ハンセン病者の境遇

一方、長吏の管理下におかれていたハンセン病者の人たちは、清水坂にあった長棟堂《ながむねどう》と呼ばれる堂に収容されながら[下坂 一九九〇]、清水坂や京都市中で物乞いとしての活動を行って生活していた(**図2**)。ハンセン病者がこのような境遇におかれることになった前提には、中世社会におけるケガレ観念と宿業観《すくごうかん》の流布と、これにもとづくハンセン病者の共同体からの排除がある。

図2 16世紀後半の清水坂の風景　五条橋の上の２人の犬神人(長吏)と小屋で物乞いをする２人の癩者。小屋の後ろには長棟堂がある。(市神神社蔵『清水寺参詣曼荼羅』、京都国立博物館提供)

ケガレ観念とは、人および「六畜」(馬・牛・羊《ひつじ》・犬・豕《いのこ》・鶏)の死や出産等を、不浄なものととらえる考え方で、九世紀以降に流布し、ケガレに触れた場合には、伝染を避けるためにも一定期間忌むことが求められた(『延喜式』「臨時祭」等)。そして中世になると、ハンセン病者を含む「乞食非人」が、ケガレを身におびた存在とみなされるようになる。そのため、これら非人の中には、先に触れた犬神人のように、ケガレをキヨメる役割をおびて寺社などの権門に使役される人々も存在した。

一方、宿業観とは、前世での行いが現世の報いとなって現れるとする仏教思想をいい、ハンセン病者となることは前世での行いにもとづく業罰《ごうばつ》の表現としてとらえられた[横井 一九七四]。中世の民衆が作成した起《き》請文《しょうもん》(神仏への誓約書)に、もし誓約を破ってしまった時には「白癩《びゃくらい》・黒癩《こくらい》の重病」を受ける、あるいは「毛穴」ごとに神罰・冥罰をこうむるなどといった表現がみられるのも、宿業観と深く関わっている。このような、ハンセン病を特別な業病とする認識は、古代にはなかったもので、中世に入ってから一般化したものであることが指摘されている［吉野 一九九九］。そしてこうしたハンセン病者に対する差別観念の流布の前提の一つに、ハンセン病者を体制内に包摂し救済する仕組みをもちえなかった、中世の統治権力の機能不全が存在した［三枝 二〇二〇］。

おわりに——近世への展望

以上みてきたように、中世の京都には、商工業者や金融業者・非人など、様々な人々が集い生活していた。そしてこれら都市民衆が、京都において安定的な居住や生業の維持をはかるためには、神人身分や供御人身分をおびた商工業者の存在が端的に示すように、公家や寺社などの本所・領主との結びつきが重要な意味をもった。こうした都市民衆のあり方は、中世から近世へと移行する時期にみられる「町《ちょう》」共同体の成立を通じ、大きく変化していくことになる。

町とは具体的には、道路を挟んで向かいあう家々で構成された地縁的自治組織（「両側町」）を指しており、近世には、「信用を相互に保証し」、商業を結合の核とする、「地縁的・職業的身分共同体」としての性格をおびていたとされている［朝尾 一九八一］。

こうした町がいつどのように成立するのかは、中世都市史研究において戦前から議論されながらも、いまだ不明な点が多い現状にある［三枝 二〇一四b］。戦国期においてもなお、神人・供御人身分をおびる商工業者集団や座を有する商工業者集団が存在し続けていること、すなわち本所との結びつきを重視する商工業者集団が少なからず存在していることをふまえるならば、地縁をもっとも重要なよりどころとする商工業者の自治組織が成立するためには、いくつもの課題・条件が存在したものと考えられる。最終的に「地縁的・職業的身分共同体」としての町の成立を決定づけたのは、一五八四(天正十二)年から一九年にかけて行われた、豊臣秀吉の京都改造であったと考えられる。この改造によって、京都内部に、武家地・足軽町・寺社地などとあわせ、商工業者の集住域たる町人地が造成され[杉森 二〇〇二]、都市空間の編成と一体化した身分編成のもと、中世を通じて保有・維持されてきた本所および領主による商工業者支配は払拭されることとなった。

しかし、こうしたいわば上からの都市編成・都市改造が展開される前提には、町を自らの自治組織たらしめる、戦国期以降の商工業者の新たな動きもまた存在したはずである。かつて、そうした動向を示すものとして、商工業者による安定的かつ永続的な「家」(父子間によって継承されていく、直系家族を中核とした経営体としての家)の形成、さらにはその形成を支えた法華信仰の広まりに注目したことがある[三枝 二〇一四b]。十六世紀後半、法華信仰は血縁と地縁の複合によって急速に拡大していったといい、法華宗の本山が作成した法式と町の作成した集会規約には、共通する点のあったことが指摘されている[古川 一九九八]。すなわち家の形成と法華信仰の浸透とが相互に絡みあいながら、地縁組織としての町を成立させていった可能性がある。

いずれにしても、町共同体の成立過程については、いまだ不明な点が多い。都市に集う人々がどのように近世化を遂げていくことになるのか、今後より詳細に明らかにされていく必要のあることを確認し、本稿を終えることにしたい。

〈**参考文献**〉

朝尾直弘　一九八一年「近世の身分制と賤民」(のち再録『朝尾直弘著作集7』岩波書店、二〇〇四年)
稲葉伸道　一九九三年「神人・寄人」(『岩波講座日本通史7』岩波書店)
大山喬平　一九七六年a「中世の身分制と国家」(のち再録『日本中世農村史の研究』岩波書店、一九七八年)
大山喬平　一九七六年b「奈良坂・清水坂両宿非人抗争雑考」(のち再録『日本中世農村史の研究』岩波書店、一九七八年)
大山喬平　一九八八年「供御人・神人・寄人——自立しなかった商人たち」(のち再録『ゆるやかなカースト社会・中世日本』校倉書房、二〇〇三年)
北村優季　一九九五年『平安京——その歴史と構造』(吉川弘文館)
五味文彦　一九八二年「洛中散在の輩」(『遥かなる中世』五号)
桜井英治　一九九四年「職人・商人の組織」(のち再録『日本中世の経済構造』岩波書店、一九九六年)
桜井英治　二〇〇二年「中世・近世の商人」(桜井英治・中西聡編『新体系日本史12　流通経済史』山川出版社)
佐藤進一　一九六三年「室町幕府論」(のち再録『日本中世史論集』岩波書店、一九九〇年)
佐藤進一　一九六五年『日本の歴史9　南北朝の動乱』(中央公論社)
下坂守　一九七八年「中世土倉論」(日本史研究会史料研究部会編『中世日本の歴史像』創元社)
下坂守　一九九〇年「中世非人の存在形態——清水坂「長棟堂」考」(のち再録『描かれた日本の中世——絵図分析論』法蔵館、二〇〇三年)

下坂守　二〇〇一年「延暦寺大衆と日吉小五月会（その一）・（その二）」（『中世寺院社会の研究』思文閣出版）
杉森哲也　二〇〇一年「近世京都の成立――京都改造を中心に」（佐藤信・吉田伸之編『新体系日本史6　都市社会史』山川出版社）
瀬田勝哉　一九六七年「近世都市成立史序説――京都における土地所有をめぐって」（寶月圭吾先生還暦記念会編『日本社会経済史研究　中世編』吉川弘文館）
高橋慎一朗　二〇一四年「中世都市論」（『岩波講座日本歴史7』岩波書店）
戸田芳実　一九七四年「王朝都市論の問題点」（のち再録『初期中世社会史の研究』東京大学出版会、一九九一年）
丹生谷哲一　一九七九年「中世における非人施行と公武政権」（のち再録『増補　検非違使――中世のけがれと権力』平凡社、二〇〇八年）
早島大祐　二〇〇三年「中世後期社会の展開と首都」（のち再録『首都の経済と室町幕府』吉川弘文館、二〇〇六年）
古川元也　一九九八年「中近世移行期の法華宗寺内組織と檀徒の構造」（今谷明・高埜利彦編『中近世の宗教と国家』岩田書院）
松井直人　二〇一五年「南北朝・室町期京都における武士の居住形態」（『史林』九八巻四号）
三枝暁子　二〇〇七年「北野社西京七保神人の成立とその活動」（のち再録『比叡山と室町幕府――寺社と武家の京都支配』東京大学出版会、二〇一一年）
三枝暁子　二〇〇九年「室町幕府の京都支配」（のち再録『比叡山と室町幕府――寺社と武家の京都支配』

東京大学出版会、二〇一一年)
三枝暁子　二〇一四年a「中世の身分と社会集団」(『岩波講座日本歴史7』岩波書店)
三枝暁子　二〇一四年b「「町」共同体をめぐって」(『歴史科学』二一八号)
三枝暁子　二〇二〇年「感染症と中世身分制」(歴史学研究会編／中澤達哉・三枝暁子監修『コロナの時代の歴史学』績文堂出版)
村井章介　二〇〇三年『日本の中世10　分裂する王権と社会』(中央公論新社)
横井清　一九七四年「中世民衆史における「癩者」と「不具」の問題」(のち再録『中世民衆の生活文化』東京大学出版会、一九七五年)
吉野秋二　一九九九年「非人身分成立の歴史的前提」(のち再録『日本古代社会編成の研究』塙書房、二〇一〇年)
脇田晴子　一九八一年「都市の成立と住民構成」(『日本中世都市論』東京大学出版会)

13 徳政と徳政令

前川 祐一郎

はじめに

「徳政と徳政令」という本テーマの最大の難問は、売却地の無償取戻しや債務破棄という、現代人の常識を超える事象をいかに理解するかである。一つの有効な方法は、現代人の考えからいったん離れ、当時の人々の考え方にもとづく理解の仕方と思われる。ここでは、一九七〇～八〇年代に、この方法によって徳政と徳政令の研究に格段の進歩をもたらした笠松宏至氏と勝俣鎮夫氏の学説を中心にすえて、このテーマを少し掘り下げてみたい。

1　徳政とは何か

一二九七（永仁五）年に鎌倉幕府の発布した永仁の徳政令について、山川出版社の教科書『詳説日本史』（日探 二〇二三、一〇三頁）にはつぎのような記述がある（①〜③は引用者による）。

幕府は、一二九七（永仁五）年に永仁の徳政令を発布して、①御家人の所領の質入れや売買を禁止し、②それまでに質入れ・売却した御家人領を無償で取り戻させ、③御家人が関係する金銭の訴訟を受けつけないこととした。しかし、御家人が所領を手放す動きをとめることはできなかった。

このうち、とくに②や③は現代人の感覚からすると理解しがたいように思えるが、当時の人々にとっても奇異な規定だったのだろうか。実は、永仁の徳政令は当時の人々からみればまったく奇異な法ではなく、むしろ支持され好意的に迎えられたのである。以下、この永仁の徳政令の実像とその基盤となった当時の人々の考え方を、おもに笠松宏至氏の研究［笠松 一九七九・一九八三］により紹介したい。

永仁の徳政令の実像

永仁の徳政令にはかつて大きな誤解があった。それは、永仁の徳政令は翌年廃止されたとの説である。翌年に部分修正令が出されたが、その内容は、①の御家人所領の売買・質入禁止の解除が主で、②の御家人所領の無償取戻しは、逆にその継続を定めている。

つぎに誤解されやすいのがその効果で、「御家人が所領を手放す動きをとめる」効果は不十分としても、別の点では効果がみられた。当時の「式目追加」（幕府の法令）の中には、御家人にさえ公式には伝達されず、人々にほとんど知られない法令が多々あったが、永仁の徳政令は完全な例外である。まだ伝達のおよばない地方でその適用をめぐる訴訟が起こり、また対象は御家人であるのに、御家人以外の者がこの法令を根拠に所領を取り戻そうとした。さらには、教科書『詳説日本史』一〇三頁の引用史料の通り、②には時効二〇年の定めがあるにもかかわらず、実際にはもっと昔の売却地取戻しが裁判で主張されている。つまり、永仁の徳政令を受け止めた当時の人々は、幕府の意図を超えた「効果」を期待したといえる。

ところで、永仁の徳政令原文には、「徳政」の文字はどこにもない。だが、当時の人々はこの法令を徳政と呼び、右のように期待すら込めて迎えた。では中世における徳政とは何であったのか。以下二つの点から中世の徳政を支える理念や思想についてみておこう。

政治改革としての徳政

徳政という言葉は本来、天変地異は為政者の不徳によるとの中国の儒教思想に由来し、天変地異等をしずめるため行う善政、仁徳ある政治を指す。日本では、とくに平安時代末から鎌倉時代に、この儒教思想を一つの基盤とし、朝廷が徳政のスローガンを掲げて政治改革を行った。朝廷の徳政の政策内容は、神社・仏寺の祭礼・祈禱等の復興と励行、人事の刷新などから、亀山上皇の院政期には、寺社領の回復や裁判制度の拡充整備にもおよんだ。

こうした朝廷の政治改革としての徳政の基本理念は、本来あるべき姿に戻すという復古や復活の思想であった。とくに寺社領の回復政策は、この理念のもと、神官・僧侶の私物化による譲与・売買の結果、本来の姿を失った寺社領を元に戻すというものである。当時、神官・僧侶の寺社領私物化を正当化したのが、師弟・血縁関係による「相伝」という論理であったが、朝廷の徳政ではこの「相伝」の論理を否定する所領回復政策を打ち出している。

亀山上皇の院政と同じ時期、一二八四(弘安七)年から翌年にかけ、鎌倉幕府でも有力御家人安達泰盛の主導する政治改革が行われた。その政策内容は朝廷の徳政と同じく、裁判制度の拡充整備と寺社や御家人等の所領の回復である。御家人所領の売買禁止・取戻し令は一二六七(文永四)年が最初であるが、泰盛は、幕府管轄下の寺社領や関東御領等の回復にも着手し、モンゴル襲来の影響の大きい九州地方の寺社領や新御家人領はとくに強力に回復するなど、所領取戻し政策を積極的に推進した[村井 二〇〇五]。

さて、永仁の徳政令の発布当時、彗星《すいせい》出現の天変があり徳政の実施が期待されていた。また教科書に記述はないが、実はその法文には裁判の再審請求に関する規定がある。発布の契機、裁判と所領取戻しの内容、いずれをみても、中世の徳政の流れをくむといえる。このように、復古・復活を基本理念とする政治改革としての鎌倉時代の徳政から、所領の取戻し令としての徳政令(その一つが永仁の徳政令)が生み出されたのである。

社会通念からみた徳政

徳政令が中世の徳政から生まれたとはいえ、所領の無償取戻しや債務破棄は、やはり現代人には社会秩序を破壊する荒唐無稽な法にみえる。しかし当時の人々にとっては必ずしもそうではなかった。徳政令とは、売買・貸借等により所有の移動したものを「戻す」法であるが、中世の人々には、所有の移動は「仮の姿」であり、「戻る」ことは不自然ではないとの通念が存在した。例えば、中世の土地売買では、売主の取戻し・請戻し権を留保した契約が広く存在し、土地の寄進でも、寄進主の子孫による取戻しがみられた。また、鎌倉幕府の裁判制度上、所有の移動を対象とする裁判は、「雑務《ざつむ》」(主要ではない雑多な対象)というカテゴリーに入っていたことも、当時の人々の所有の移動に対する考えを反映するとみられる。

逆に、没収された所領(闕所地《けっしょち》)に対し、もとの所有者に優先的な回復請求権を認める法慣習など、本来の所有者と土地所領との結びつきを重視する考え方が存在した。このような、本来の所有者、本来あるべき所有の姿という中世の人々の通念を裏付けたのが、「もの」の所有には、所有者の身分等に関わる「器量」が必要という観念や、「仏物」「神物」「僧物」「人物」といった「もの」のカテゴリーの概念である[笠松 一九八四]。寺社領取戻しの徳政の核心にあるのは、神官・僧侶が私物化した寺社領を、本来の「仏物」「神物」に戻すとの論理であった。また永仁の徳政令の、御家人所領の取戻し規定も、やはり所領を本来の「御家人のもの」に戻すという考えにもとづいていたとみられる。

なお、徳政令を受け入れる社会通念として笠松氏が再発見・再評価されたのが、戦前に民俗学者折口信夫の注目した「商返《あきかえし》」である。折口は『万葉集』の歌をもとに、一種の徳政といえる「商返」の慣習が、史料に残ることなく古代以来民間に行われていたとの説をとなえた。この説の可否の検証は困難だが、中世社会の基層に徳政をむしろ当然とみる素地があったとする魅力的な仮説といえる。

永仁の徳政令の発布後、その適用をめぐる紛争が多発したが、売買・質入れ地の「戻り」そのものに対する異論・反論はみられない。所有の移動は「仮の姿」であり、本来あるべき所有の姿が存在するという当時の社会通念からみても、徳政令という「あるべき姿にものを戻す」法は、決して荒唐無稽な法などではなかったといえる。

2　土一揆の徳政と室町幕府の徳政令

では、前節にみた徳政と徳政令のあり方から、室町時代の土一揆(徳政一揆)と室町幕府の徳政令はどのように理解できるだろうか。まず、『詳説日本史』(一二一頁)にはつぎのような記述がある。

一四二八(正長元)年の正長の徳政一揆は、京都の土倉・酒屋などを襲って、質物や売買・貸借証文を奪い、人々に衝撃を与えた。……この一揆はたちまち近畿地方やその周辺に広がり、各地で実力による債務破棄・売却地の取戻し(私徳政《しとくせい》)が展開された。

一四四一(嘉吉元)年に数万人の土一揆が京都を占拠した嘉吉の徳政一揆では、幕府はついに土一揆の要求を入れて徳政令を発布した。この後も土一揆はしばしば徳政の要求を掲げて各地で蜂起し、幕府も徳政令を乱発するようになった。

土一揆は、「実力」で「私徳政」を行い、「徳政の要求を掲げ」て蜂起すると同時に、室町幕府に「徳政令」の発布も要求したという。土一揆の「私徳政」や「徳政の要求」と室町幕府の徳政令とは、いかなる関係にあったのか。

「徳政状況」と土一揆の徳政

土一揆の私徳政や徳政の要求には、彼らにとっての正当性の論理が存在した。一九七〇年代、土一揆の本質は「農村内部に日常的に潜在する徳政状況が政治的なきっかけを得て爆発する」ものとみる理解が提唱された［村田 一九七六］。この「徳政状況」を示す当時の慣行として注目されたのが「地発《ぢおこし》」である［勝俣 一九七九・一九八二］。この慣行は、前述の本来の所有者からの移動は「仮の姿」との観念のもと、何らかの契機により売却地を「おこす」＝復活させるという考えにより取り戻すもので、次節で述べる地域的徳政（在地《ざいち》徳政）の一つとみられている。その契機には、天変地異や戦乱のほか、為政者の「代替り」があり、教科書にも記される「代始めの徳政」の要求もこの考えから理解できる。また復活という思想も、前述の政治改革としての徳政の理念に通じている。

さらに、土一揆はまさに「一揆」であることを私徳政の実施や徳政の要求の正当性の根拠として主張した。当時の人々は、通常の関係を越えて強く連帯するため、独特の作法により「一揆」を結んだが、そうした「一揆」の主張や要求は、通常にはない強い正当性をもつと考えられたからである［勝俣 一九八二］。

このような正当性の論理をもって徳政を実施し要求する土一揆は、教科書にも記される通り、惣村の結合をもとに農民勢力が結集したものである。具体的な例として、京都近郊の惣村連合の一つ、山《やま》科七郷《しなしちごう》が土一揆に加わった例がよく知られている。大規模な土一揆は、山科七郷のような惣村連合がさらに複数連合して京都を包囲し、土倉・酒屋などを襲撃して徳政を実行し、また幕府にも徳政を要求した［勝俣 一九八二、田中 一九九八］。

土一揆の私徳政では、実力での質物取戻しなどのみならず、独自の徳政のルールも定められた。例えば教科書でよくみる「柳生の徳政碑文」に記された、以前のすべての債務の破棄は、神戸《かんべ》四カ郷の郷民が参加した正長の徳政一揆の定めたルールとみられる。一四四一(嘉吉元)年の若狭の土一揆の私徳政でも、あらゆる債務が破棄されたという。また、一四五七(長禄元)年の大和の土一揆に参加した郷では、債務の破棄に加え未納年貢の破棄や年貢減免という徳政を行ったことが知られる[勝俣 一九八二]。十五世紀後半頃には、京都で土一揆が土倉・酒屋から質物を取り戻す際にも、一定額を返済するなどの独自のルールも存在した[前川 二〇二四]。

室町幕府徳政令の発布形式

一方、室町幕府などの徳政令は、土一揆の徳政に対し「その徳政施行を広域的に合法化する側面をもつとともに、これを限定化・秩序化する性格をも強くもっていた」とされる[勝俣 一九八六]。この性格は、幕府徳政令の発布形式とあわせればさらによく理解できる。

幕府の徳政令は、多くの場合、高札・壁書《かべがき》の二つの形式を併用して発布された。高札は土一揆の活動・占拠する京都の出入口(七口《ななくち》)や寺社、あるいは上京下京の辻などに掲げられ、壁書は、政所など幕府の役所の壁面に張り出された。高札の方がより多くの人目につき、法文もおもに仮名書きの文章であることなどから、より広い階層の人々に示すための発布形式であった。一方の壁書は、幕府関係者以外ではとくに、幕府の裁判を利用する比較的上の階層の人々(武士・公家・寺社などの関係者)に向けた発布形式である[前川 二〇二四]。

この二つの形式にまったく同じ法文は載せられず、例えば一四四一(嘉吉元)年の徳政令の場合、まず高札によって徳政が「一国平均」であると示され、売買・貸借関係の徳政適用に関する包括的な規定は、あとから壁書として発布された。その壁書の中で、土一揆が要求した永代売買地の取戻しは、結局徳政の対象から外された。つまり同年の徳政令では、高札により土一揆の私徳政を追認、広域的に合法化し、壁書でこれを限定化・秩序化したといえる。この関係は、壁書が幕府の裁判で適用される法規範という性格をもつ点からも理解される。前述のように、土一揆は独自の徳政のルールを定め、徳政の際の売買・貸借をめぐる紛争も、幕府の裁判とは別の方法で解決したとみられる。それに対し、幕府徳政令の壁書の法規定は、おもに幕府の裁判での紛争解決を求める階層を対象に、「限定化・秩序化」をはかったのである。

この後の徳政令でも両形式の基本的な関係は変わらず、徳政の際の売買・貸借をめぐる紛争を解決するための規定は、もっぱら壁書として示された。一方の高札は、遅くとも十六世紀以降には、とくに土倉・酒屋から動産の質物を当事者間で取り戻す際の規定に特化する。また幕府自身も両形式の使い分けを意図していた[前川 二〇二四]。

右のような幕府徳政令と土一揆の行う私徳政との関係の前提に、当時の社会における多元的な法や紛争解決の場の存在があった。当時、売買・貸借をめぐる紛争は当事者間の交渉や地域的な裁判での解決が主であり[笠松 一九七九]、幕府徳政令が比較的限られた範囲に裁判関係の法を伝達し裁判による秩序化をはかったのは、その反映ともいえる。

室町幕府の分一徳政令

『詳説日本史』には、先の引用部の末尾「幕府も徳政令を乱発するようになった」の注として、分一《ぶいち》銭《せん》の納入により債権保護や債務破棄を認める分一徳政令についての説明がある。分一徳政令には、私徳政や幕府徳政令により減少した、土倉・酒屋の営業税の代替という幕府財政上の目的があった［桑山二〇〇六］。この分一徳政令も、徳政令の発布形式からみればやや異なる像がみえてくる。

幕府の分一徳政令は、一四五四(享徳三)年の徳政令が最初である。この年も土一揆が蜂起し私徳政を行ったが、幕府は初め高札の徳政禁制でこれを制限した。一方、幕府の直臣などからの債務破棄の承認の要求を受け、おもに壁書により分一徳政令が発布された。この年以後、分一徳政令は基本的に壁書か、個別の宛先をもつ文書などによって発布・伝達されたが、高札には分一徳政令に関する規定はない。つまり分一徳政令は、土一揆の参加者よりも上の階層の要求への対応として始まり、もっぱらその階層を対象として、おもに壁書で発布された法令といえる［前川二〇二四］。実際、例えば一四八〇~八一(文明十二~十三)年などの分一徳政令において、幕府に分一銭をおさめ債務破棄や債権保護の認可を申請した者は、そうした階層にほぼ限られていた［桑山二〇〇六、脇田一九八一］。

ただその中で、幕府の徳政令の発布形式や分一徳政令の実態に少し変化が生じる。徳政令高札には、十六世紀に入る頃から、少し紛らわしい規定が現れる。それは、土倉・酒屋からの質物取戻しの際、債務者に対し、負債額の「十分の一」の債権者への返済を命じる規定である。これは幕府におさめる分一銭ではなく、前述の土一揆の徳政のルールに起源をもち、質物取戻しの現場で起こる争いや混乱を防ぐ趣旨の規定とみられる。幕府は、当事者間で行われる質物の取戻しについても、土一揆の徳政のルールを取り入れた秩序化をはかりはじめたといえる［前川 二〇二四］。

また、分一徳政令により幕府に債権保護・債務破棄の承認を求める階層が、のちにはやや拡大する。例えば一五四六(天文十五)年の分一徳政令では、京都近郊の郷村が団体として債務破棄認可を申請する事例などがみられる［脇田 一九八二］。土一揆に参加し、自らの力で徳政を行った階層の人々もわずかながら、幕府の分一徳政令による債務破棄などの保証を求めるようになったといえる。

3 在地徳政と戦国大名の徳政

最後に、教科書では言及されない在地徳政と戦国大名の徳政について触れておく。

在地徳政

前述のように、いわば中世社会全体に「徳政状況」が存在する中で、徳政を実施・承認し、売買・貸借をめぐる紛争を解決するために、幕府などの公権力の徳政令が存在したといえる。ただ、そうした役割は中央の公権力のみが果たしたのではなかった。すなわち、「私徳政・在地徳政の海の中に、公武徳政の島が浮かんでいる」［笠松 一九七九］との比喩で説かれるように、在地徳政と呼ばれる局地的な徳政・徳政令が各地に広く存在したと考えられている。

在地徳政という概念は、十六世紀の伊勢小倭《おやまと》郷の事例をもとに提唱された。この地域の地侍たちは一揆を結び同地域のみの局地的な徳政を行い、また売却地に関する紛争を調停し徳政免除を承認していた。同じ頃近江甲賀郡《こうか》には、土地の売主が買主に対し徳政(取戻し)を要求して一種の和解料を受け取る慣行が存在した。これも在地徳政のもとでの紛争解決の一つのあり方とみられる。ほかの地域でも、土地の売券の中に、「天下一同の徳政」のほか、前述の「地発」のような地域的な徳政があっても取戻しは要求しないと確約する文言がみられる。また、一四四一年の近江奥嶋《おくしま》・北津田《きたつだ》荘の徳政令は、近江から始まった嘉吉の土一揆の徳政を受けた在地徳政令とされている[瀬田 一九六八]。

在地徳政に関する史料は断片的で、また小倭郷の事例のようにむしろ徳政免除の史料として現れる。だが、前述の室町幕府のように、徳政令発布の主体は徳政免除の対象も定め、同時に、紛争解決の主体として債務破棄・債権保護の両方の保証を行う。「徳政状況」で生じる紛争を秩序化・制御する様々なローカルなルールや解決主体を、現代の研究者は在地徳政と呼んでいるのである[勝俣 一九八六、久留島 二〇〇一]。

戦国大名の徳政

戦国大名もまた徳政を行い、徳政令を発布する主体であった。戦国大名の徳政は多様で一概にまとめるのは困難だが、大きく分けると、家臣に対し一種の給恩として債務破棄や売却地取戻しを認める個別徳政(給恩徳政)と、領国全体もしくは特定地域全体に対し、対象を限定せず行う惣徳政の二種類がある。また徳政の契機としては戦乱や天災・飢饉などが多く、家臣・領民に対する「善政」を打ち出す意図もうかがえる[勝俣 一九九六、阿部 二〇〇一]。

給恩徳政は、北条(後北条)氏による最前線の城に籠る家臣の困窮救済の事例や、松平(徳川)氏が家臣に一向宗寺院からの債務破棄を認めた事例などである［阿部 二〇〇一］。

領国全体を対象とした惣徳政のうち、徳政令の法文が伝わるものとして、一五五一（天文二十）年の若狭武田氏の徳政令、一五三八（天文七）年、一五五三（天文二十二）年の近江浅井氏の徳政令などがある。これらの徳政令では、年貢などに関わる貸借が徳政免除とされるなど、大名の領国支配の観点から徳政を秩序化・制御する意図もうかがえる［久留島 二〇〇一、阿部 二〇〇一］。

惣徳政の中で注目されるのが、一五六〇（永禄三）年の北条氏の徳政令である。同令には、売買・貸借の徳政適用可否に関する規定のほか、年貢の納入法を改定する規定があり、税制改革法の一環でもあった。また、徳政の対象を「百姓役」をつとめる「百姓」に限定する規定もあり、戦国大名の賦課する「役」に応じた身分編成という支配理念が表れている。「徳政状況」への対応に加え、戦国大名の新たな支配理念にもとづく政策的意図を「善政」として打ち出したと理解される［阿部 二〇〇一、黒田 二〇〇九］。このように、戦国大名の徳政令の中には、復古・復活の理念にもとづく中世の徳政の枠を超えた新たな志向性もみられる。


以上、徳政と徳政令のあり方を当時の人々の考えにもとづき理解された、笠松宏至・勝俣鎮夫両氏の学説を中心にすえて、本テーマを少し掘り下げてみた。冒頭に述べた通り現代人の考えからすると理解するのは難しいが、逆にいえば、現代人のもつ固定観念を見直させてくれる興味深いテーマでもある。その理解の道を開き、現在の中世史研究全体に大きな影響を与えた両氏の学説の一端を、ここで簡明平易にご紹介できていれば望外の幸せである。

〈参考文献〉

阿部浩一　二〇〇一年『戦国期の徳政と地域社会』（吉川弘文館）
笠松宏至　一九七九年『日本中世法史論』（東京大学出版会）
笠松宏至　一九八三年『徳政令――中世の法と慣習』（岩波新書）
笠松宏至　一九八四年『法と言葉の中世史』（平凡社選書）
勝俣鎮夫　一九七九年『戦国法成立史論』（東京大学出版会）
勝俣鎮夫　一九八二年『一揆』（岩波新書）
勝俣鎮夫　一九八六年「徳政一揆と徳政令」（『週刊朝日百科　日本の歴史』通巻五三六号）
勝俣鎮夫　一九九六年『戦国時代論』（岩波書店）
久留島典子　二〇〇一年『日本の歴史13　一揆と戦国大名』（講談社）
黒田基樹　二〇〇九年『戦国期の債務と徳政』（校倉書房）
桑山浩然　二〇〇六年『室町幕府の政治と経済』（吉川弘文館）
瀬田勝哉　一九六八年「中世末期の在地徳政」（『史学雑誌』七七編九号）
田中克行　一九九八年『中世の惣村と文書』（山川出版社）
前川祐一郎　二〇二四年刊行予定『室町戦国法史論』（東京大学出版会）
村井章介　二〇〇五年『中世の国家と在地社会』（校倉書房）
村田修三　一九七六年「惣と土一揆」（『岩波講座日本歴史7』岩波書店）
脇田晴子　一九八一年『日本中世都市論』（東京大学出版会）

14 室町時代の文化

末柄 豊

はじめに

室町時代における文化の展開については、三代将軍足利義満の時代に北山《きたやま》文化が、八代将軍義政の時代に東山《ひがしやま》文化が開花したと説明されることが多い。北山文化および東山文化という言葉は、それぞれに鹿苑寺《ろくおんじ》金閣と慈照寺《じしょうじ》銀閣という対照的な殿閣《でんかく》建築と結びつけられて明瞭なイメージを喚起するものになり、中学校・高校における歴史教育、さらには京都観光という回路を経ることで、一般常識としての地位を得ているようにも思われる。

しかしながら近年、日本史の研究の場において、北山文化・東山文化という言葉は後景に退き、室町文化という言葉が表に立つことが増えている。さらに、その影響は高校用の日本史教科書の叙述にもおよんできた。それでは、この変化はいかなる理由によって生じたのであろうか。これを知るには、日本史の研究の場における議論を追うのはもちろんだが、さかのぼって北山文化・東山文化という言葉の来歴を詳しくみていく必要がある。

1　東山文化

東山御物から東山時代へ

北山文化・東山文化という言葉は、いずれも二十世紀に生み出された学術用語である。国立国会図書館デジタルコレクションによれば、東山文化の初見は一九〇五年に、北山文化の初見は一九二二年に確認され、両者の使用が始まった時期は同じではない。そして、使用頻度にも小さくない差異がある。例えば、東山文化をタイトルに含む論文が一九四〇年代からみえるのに対し、北山文化を含むそれが出現するのは一九六〇年代にまでくだり、その数もきわめて少ない[ざっさくプラス]。さらに、終戦直後に刊行された芳賀幸四郎の大著『東山文化の研究』[芳賀 一九四五]をはじめとして、東山文化をタイトルに含む書籍が複数存在しているのに対し、北山文化をタイトルに含む書籍の存在は確認できない[CiNii Books]。以上の事実からは、東山文化という言葉が先に一般化し、それとの対比で北山文化という言葉があとから用いられるようになったという先後関係が浮かび上がってくる。問題の核心は東山文化という言葉に存在するようだ。

東山文化に先行して多用された言葉に東山時代がある。すでに一八七〇年代から美術工芸品の制作年代を表示する際に用いられ、十九世紀末には論文のタイトルにも現れている。論文を早い順に三本取り上げると、足立栗園「東山時代の美術を想う」(一八九四年)、横井時冬「東山時代における室内装飾の一斑」(一九〇二年)、寺山星川「東山時代以前の表装」(一九〇二年)となり、美術工芸への関心からする時代呼称であることがうかがえる。

美術工芸の世界で東山の語を冠した時代呼称が行われた理由は、東山御物《ごもつ》の存在に求められる。東山御物とは、歴代の室町殿(足利将軍家の家長)による唐物《からもの》(中国の美術工芸品)の一大コレクションに対する近世における呼称である。現代においても、日本に伝存した中国美術工芸の優品の中で東山御物に由来すると目されるものが占める位置は大きい。御物とは貴人の所持品を意味するが、そこに東山という言葉が冠されたのは、晩年を京都郊外東山の山荘に過ごし、東山殿と呼ばれた足利義政との関係が強く意識されたからである。

このコレクションは、実際には足利義満(義政の祖父)によって中核が成立し、義持《よしもち》(義政の伯父)・義教《よしのり》(義政の父)ら歴代の室町殿によって充実がはかられたものであることが明らかにされている〔根津美術館・徳川美術館編 一九七六、徳川美術館編 二〇〇八、三井記念美術館編 二〇一四〕。にもかかわらず、すでに十六世紀後期から、このコレクションをつくりあげたのは義政であり、義政はこれを用いた茶の湯(書院茶の湯)を大成した、という理解が茶の湯や絵画の世界で流通していた(『山上宗二記《やまのうえのそうじき》』『等伯画説《とうはくがせつ》』)。このような理解が生じたのは、後述するとおり、将軍家のコレクションがまさしく義政の時代から解体に向かいはじめ、その後に新たに入手した者たちが義政の旧蔵という事実に大きな価値を認めたからだと考えられる。

近世社会において、唐物の優品が東山御物の名のもと、もっぱら茶道具として伝来流通したことで、茶道の強い影響下にあった美術工芸の世界では、近代初頭から東山時代という時代呼称が使用されていた。そしてこの言葉は、一九一〇年代には歴史学の分野でも一般化するに至った。そのことは、笹川種郎の講演録「文化史上に於ける東山時代」［笹川 一九一二］、原勝郎の論文「東山時代に於ける一縉紳《いちしん》の生活」［原 一九一七］という重要な研究がいずれもタイトルにこの言葉を掲げ、さらに、一九一九年には、中学校（旧制）の教員などを主要な読者とした月刊誌『歴史と地理』が、東山時代の特集号を刊行したことからもうかがわれる。多用されるのと同時に、その重要性が周知されたのである。ただし、東山時代という言葉が歴史学で多用されたのはそれからおよそ二〇年のあいだにすぎない。そして、その跡を襲ったのが東山文化という言葉である。

東山時代から東山文化へ

東山時代の文化に焦点を当て、東山文化というとらえ方に至る筋道を立てた重要な研究が、右に掲げた笹川種郎の「文化史上に於ける東山時代」であった。笹川はまず、藤原時代の文学や美術と「今日の国民趣味」とのあいだには大きな隔たりがあることを指摘した。そのうえで、「東山時代に一つのエポックが出来まして、茶道に依って国民一般に普及されたる趣味が江戸時代に這入《はい》って上下均《おしな》べて此趣味を会得した」ことで、「今日の国民趣味」が生まれたと主張する。言い換えると、現在の日本人の感性の淵源は東山時代にあり、茶道を通じて江戸時代までに国民全体に広まり、東山時代以前のそれとはかなり異なるものになったという見解である。笹川は続けて、経済上の観点から、東山時代に至って人民が歴史の主体勢力として現れたことも高く評価している。

このような笹川の認識は、東洋史家内藤湖南の講演録「応仁の乱に就て」〔内藤 一九二三〕のよく知られた一節とも共通する。内藤は、応仁の乱以後の約一〇〇年間は「日本全体の身代の入れ替り」というべき社会変革の時期だとして、「下級人民」の向上発展という視点から応仁の乱の画期性を評価する。さらに、「大体今日の日本を知る為に日本の歴史を研究するには、古代の歴史を研究する必要は殆どありませぬ。応仁の乱以後の歴史を知って居ったらそれで沢山です。それ以前の事は外国の歴史と同じ位にしか感ぜられませぬが、応仁の乱以後は我々の真の身体骨肉に直接触れた歴史であって、これを本当に知って居れば、それで日本の歴史は十分だと言ってもいいのであります」と続けた。つまり、応仁の乱に始まる戦国時代について、日本の歴史全体を二分する一大転換期と位置づけ、それ以前との断絶を強調したのである。

感性と社会という着眼点の相違が東山時代と応仁の乱という画期の名称の差異を生んだが、笹川および内藤は、十五世紀後期という同じ時期に大きな変化の始まりを見出していた。二十世紀初頭を生きた両人はともに、彼らにとっての現代社会のありようの淵源をこの時代に探り当てた。これは、国民国家の萌芽を戦国時代に求めた近年の勝俣鎮夫氏の理解〔勝俣 一九九六〕にも通じ、今日においてもなお有力な見方だと評価することができる。東山時代に対して近代社会の淵源という位置づけが与えられたことにより、この時代の文化について考えることは、文化の高潮期の一つを知るというにとどまらない、近代に至る生活文化の基層の形成過程を解明するという、研究上の重大な意義をもつに至った。東山時代の文化に注目が集まった所以《ゆえん》である。

笹川の議論を前提に、「東山時代の文化」を約《つづ》めて東山文化という言葉が定着していったとみられるが、興味深いのは、東山文化という言葉が本格的に用いられるに至った一九四〇年代には、東山時代という言葉の使用がまれになっていた事実である。一九五〇年代以降も東山時代をタイトルに含む論文は存在するが、国文学など隣接分野に限られ、歴史学の論文には見当たらない。東山時代は、東山文化という言葉が定着したのと入れかわるように、歴史学における学術用語としての役割を終えてしまったのである。その背景としては、一九二〇年代以降、足利時代という呼称が廃れて室町時代に一本化されていったような、歴史学の専門化にともなう用語についての厳密化というべき流れがあったとみられる。

東山文化研究の隆盛

東山文化という言葉が本格的に用いられるようになった一九四〇年代前半は、あたかもアジア・太平洋戦争の時期に重なるが、この間、東山文化に関する研究は隆盛というべき状況を迎えていた。一九四二年には森末義彰『東山時代とその文化』〔森末 一九四二〕が出版された。また、結果として終戦直後の刊行になったが、芳賀幸四郎『東山文化の研究』の出版準備が進められたのも戦時下のことである。芳賀の著書はおよそ九〇〇頁に達する浩瀚《こうかん》なもので、東山文化を担った五山禅僧・公家および足利義政の教養と世界観を論じたうえで、金春禅竹《こんぱるぜんちく》の能楽観を通して東山文化の性格を検討し、庭園・絵画・古典研究など東山文化の諸相および地方展開を解明するという構成を有し、東山文化に関する基礎的にして総合的な研究であった。古典学説としての東山文化というとらえ方を完成させた書物だといえる。ほかにも、日本文化名著選（創元社刊）という叢書の中で、先に触れた原勝郎『東山時代に於ける一縉紳の生活』が一九四一年にはじめて書籍として刊行され、一九四三年には笹川種郎『東山時代の文化』(初刊一九二八年)が再刊されたことも同じ動向の中でとらえられる。

この隆盛の背景には、戦前・戦中における室町時代を研究するにあたっての特有の困難さが存在していた。一九一一年に政治問題化した南北朝正閏《せいじゅん》問題〔千葉 二〇二三〕は、歴史教育の問題であったが、以後の歴史研究に少なからぬ影響を与えた。「逆賊」足利尊氏が開いた室町幕府、およびその時代は価値が低いものとみなされ、これを研究する意義を積極的に打ち出すことは困難であった。その中で、近代の淵源という位置づけによって正当化された東山文化の研究は、相対的に時局の影響をこうむるところが少なく、着実な蓄積を重ね得たのである。ただし、これによって逆に室町時代の文化の相当部分が東山文化の枠内に押し込められてしまう傾きも生じてしまう。このような制約のもとで議論がなされたことは、結果として東山文化という概念を曖昧なものにすることにつながったと考えられる。

東山文化と同様の意義を認められた応仁の乱についてもみてみよう。農民闘争の研究を志向した鈴木良一は、戦後に刊行した著書〔鈴木 一九四八〕に「山城国一揆と応仁の乱」としておさめた論文について、一九三九年に最初に公表した際には「応仁の乱に関する一考察」というタイトルをつけていた。この論文は、内藤湖南が注目した人民の向上発展の視点から応仁の乱の意義を検討するため、もっとも顕著な人民の活動である土一揆の代表として山城国一揆を取り上げるという組み立てをとる。近代の淵源と位置づけられた応仁の乱の意義を探ることを謳い、山城国一揆の研究を正当化したとみられる。研究の枠組みは、研究者の自律的な関心、さらには先行する研究のありように依拠するものではあるが、学術に対する社会的な制約とそれに対する適応とに規制される側面をもっている。そして、東山文化という概念にもこのような規制が影を落としていたのである。

2 室町文化

東山文化の曖昧さ

広く世に膾炙《かいしゃ》した東山文化というとらえ方が曖昧さをおびたものであることを明確に指摘したのは、林屋辰三郎氏による講座論文「東山文化」〔林屋 一九六三〕であった。東山文化には内容的に義政周辺に限定したものと、より広範にわたるものと、広狭二つの意味があり、年代的にも最短七年（義政が東山山荘に移った一四八三〈文明十五〉年から死亡する一四九〇〈延徳二〉年まで）から、長い場合は六五年（義政が生まれた一四三六〈永享八年〉年から一五〇〇〈明応九〉年頃まで）におよんでいるというのである。そのうえで、南北朝時代以降の京都の都市文化は、農村文化に地盤を有するものであったこと、在京する武家上層部がその創造に参加したことを東山文化の前提として指摘した。そして、東山山荘に代表される義政の生活空間のありようから、東山文化の特徴を生活の芸術化ととらえる。さらに、芸術化した生活文化が、経済的な担い手として義政周辺の文化享受を支える存在でもあった戦国京都の町衆《ちょうしゅう》や、地方の大名のもとにまで至ったことを重視するべきだと主張した。東山文化に広狭二義のあることを意識したうえで、階層・地域的な広がりを視野に入れ、長いスパンをもって統一的に議論する方向に道を開いた。ただし、この時点では東山文化という名称の妥当性には議論がおよばなかった。

実のところ、曖昧さの要因として大きなものは、東山時代の文化をことさら意識せずに東山文化と言い換えたことにあったと考えられる。「東山時代の文化」であれば、その時期にみられる文化事象ということにすぎないので、前後の時期との連関の中で議論する余地が多分に存在した。それに対し、東山文化という言葉を用いると、前後の時期にわたって十分な検討を経ることがないまま、足利義政の時期の文化事象を一つの典型ないし高潮期としてとらえることに帰着してしまう。東山文化の内容とされる事象について、義政の時期が前後と時期を画する独自の性格を有していた、ないしは前後の時期に比して格段に高度な達成をみせていた、ということは具体的に検証されたわけではない。にもかかわらず、東山文化と呼ぶことで、名称からの循環論法によって典型ないし頂点として把握されるきらいが生じた。その結果、実態との齟齬がみえにくくなり、曖昧さを生じてしまったのであろう。

重大な齟齬としては、東山御物における鑑蔵印《かんぞういん》の問題が挙げられる。コレクターが鑑識収蔵の証《あかし》として絵画の画面上に押捺する印章を鑑蔵印といい、東山御物に捺された室町幕府将軍の鑑蔵印としては「天山」「道有」「雑華室印《ざっけしついん》」が知られている。「天山」「道有」は道号・法名によった義満の鑑蔵印であるが、「雑華室印」は義政の鑑蔵印だと考えられていた。ところが、一九七〇年代に至って、同印は義政の父義教の鑑蔵印であることが明らかになった〔佐藤　一九七五〕。義政が東山御物の形成に関与したと考えるべき証拠が失われたといってもよい。極論すれば、東山文化という言葉は、その語源を誤解に発していたということにもなる。

また、東山文化の対になるものとして北山文化が措定されたが、これは室町時代の文化を義満および義政の時期をもって語ることだといえる。この両人の時期をもって室町時代を語ることは、かつて政治史にも存在した。義満と義政とのあいだの義持・義教の時期、および義政に続く義稙《よしたね》以降の時期に関する政治史の研究が本格的に進展したのは、ここ半世紀ほどのことにすぎない。これらの時期の研究の遅れは、義政の時期の前後の様相が不明確なままになっていたということにほかならず、前後の時期と共通する事象についても義政の時期の特色だという誤解を生じてしまったのである。

すなわち、東山文化の研究は一九四〇年代前半に隆盛を迎えて古典学説として完成したが、一九六〇年代に入って曖昧さが指摘されるに至り、一九七〇年代以降の室町幕府をめぐる研究の進展によって問題点がしだいに明確になり、見直しが必要な状況になってきたのであった。

室町文化というとらえ方

それでは、東山文化というとらえ方の問題点が明らかにされて以降、室町時代の文化はどのように把握されるようになったのであろうか。結論から述べよう。林屋辰三郎氏の見通しを受けて、主として村井康彦氏によって見直しが進められ、義満と義政とのあいだに位置する義持・義教の時期が文化史においても重要であること、義政の時期に萌芽した新しい傾向が十六世紀半ばに都市生活文化として開花したとみるべきであること、以上二点が注目されるに至った。これにより、北山文化および東山文化というとらえ方は、時期の切り出し方が恣意的ないし便宜的であり、かつ短期にすぎるとみられることになった。その結果、より長い期間を見通し、室町文化というとらえ方が行われるようになったのである。

文化史上における足利義持・義教の時期の重要性の明証としては、北山文化の特色とされる世阿弥《ぜあみ》による独自の芸風(夢幻能《むげんのう》)の確立は、義持の時期のこととみた方がよく、東山文化の特色とされた唐物荘厳《かざり》による茶の湯(書院茶の湯)が盛行したのは義教の時期であり、義政自身にはつぎなる草庵茶の湯につながる嗜好をみせていたことが挙げられている[村井 一九八六]。また、十六世紀半ばにおける都市生活文化の開花とは、茶の湯や立花に代表される芸術化した生活文化が、京都・奈良・堺《さかい》などにおける都市共同体の担い手たる町衆や、地方の政治拠点たる城下町における大名をはじめとする領主層によって展開したことをいう。これは、天文《てんぶん》年間(一五三二〜五五年)に本格的な展開が認められ、とくに天文文化とも呼ぶことも行われている[村井 一九九一]。

これらを組み込んで室町時代全体を通して文化の状況をとらえようとすると、義政の時代を典型として把握するのは困難になる。東山御物と呼ばれることになる室町殿の唐物コレクションに注目すると、義政の時期に至って幕府財政の衰えから名品の売却がなされることがあり[桜井 二〇〇二]、義満に始まる中国美術の大コレクターとしての系譜は、義政で終焉を迎えたとみることができる。つまり、「東山御物」自体に注目すると、東山文化に与えられてきた後代への始点という意義づけとは逆に、義政の時期は一つの時代の終わりとしてとらえるのが適切になる。それとは反対に、義政の時期に萌芽した新しい傾向が、地域的・階層的に展開を遂げて十六世紀半ばに開花したのが天文文化ということであれば、こちらには義政の時期に後代への始点という意義づけを認めることが可能である。

義政の時期には、義満以来の室町殿を中心とした文化の衰退と、天文年間に展開する都市生活文化の萌芽という二つの流れが交錯していた。前者が義持・義教の時期においてより典型的に現れ、後者が天文年間に開花するのだから、義政の時期は転換期としてとらえられる。前者の担い手が室町殿とその周辺にあったのに対し、後者では地域的にも階層的にも格段に広範な都市住民におよんでいることに注目すれば、人民の向上発展という視点から応仁の乱以後の戦国時代を大転換期と位置づけた内藤湖南の見解とも接点が認められる。東山文化というとらえ方は、義持・義教の時期に対する軽視から、前者の流れを義政の時期に特徴的なものだと考え、二つの流れを後者に収斂《しゅうれん》させたものであったといえよう。結局、義持・義教の時期に焦点が当てられたことで、義満の時期から義政の時期に至るまで文化的に連続してとらえるのが妥当であることが明確になり、室町文化という呼称が行われるようになったのである。

室町幕府のあり方との連関

室町時代を通貫して室町文化としてとらえようとした時、天文文化とも呼ばれる十六世紀半ばの都市生活文化の開花と、義満から義政に至る室町殿周辺の文化状況との連関をどのように考えるのかという点が大きな問題になる。

この問題は、従来、茶道の歴史と結びつけて語られることが多かった。一九七〇年代までに確立された茶道史に関する古典的なとらえ方では、村田珠光《じゅこう》・武野《たけの》紹鷗《じょうおう》らによって形成されたとされるわび茶について、室町殿周辺の茶の湯から直接的に展開したものと説かれていた。一次史料が乏しく、近世の茶書の語りに依拠した部分が大きく、先にみた村井康彦氏の研究もその影響を脱し切れていない。しかしながらその後、茶道史の見直しが進められ、喫茶のあり方に饗応《きょうおう》儀礼と日常生活との二元的な要素の並存が認められるようになってきた。そこから、室町殿周辺の茶の湯から織田信長の茶の湯につながる大名茶湯というべき展開も見出されている[竹本 二〇〇六]。また、茶道史の語りの中で重視されてきた珠光の「心の一紙(心の文)」についても再検討が加えられた[橋本 二〇二二]。わび茶をめぐる言説は根本的な見直しが必要であり、見通しの立ちにくい状況だといえる。

本稿では室町幕府のあり方の変化を軸に考える。まずは東山御物を手がかりとしてみてみよう。義政の時期以降、幕府から巷間に出た唐物の名品について移動を一次史料によって具体的に追うのは困難だが、大名・寺社・商人などのあいだで転々と所有をかえたことはうかがえる。一方、必ずしも東山御物との関連は明確ではないが、十六世紀前半に所有者をかえた唐物の中に、義政に仕えて唐物の管理に当たった同朋衆《どうぼうしゅう》相阿弥《そうあみ》の鑑定書(代付折紙《だいづけおりがみ》)が添付されたものが見出される。これは、相阿弥の鑑識を経たという事実が室町殿のコレクションとの連関を想起させ、価値を高めるうえで意味を認められたことによるだろう[末柄 二〇〇八]。東山御物という伝承が生まれる素地は義政の死から数十年と経たずに生じていた。その背景には、室町幕府のあり方の変化があった。

応仁の乱が終わったことで室町幕府のあり方は大きく変化した。最大の変化は、乱前には在京を義務づけられていた大名が、乱後は多く在国するに至ったことである。これは、乱中に守護職ないしそれと連動する大名家の家督が、幕府内部で展開される政治ではなく、各地方における実力にもとづいて確定されるようになり、大名が幕府に結集する一番の理由が失われていったことに起因する。

さらに義政の死から三年後の一四九三(明応二)年、在京する有力大名の細川政元《まさもと》(勝元《かつもと》の子)が、十代将軍足利義稙(義視の子)に代えて堀越《ほりごえ》公方《くぼう》政知《まさとも》(義政の庶兄)の子義澄《よしずみ》を将軍家の継嗣に立てるという事件が生じた。いわゆる明応《めいおう》の政変である。しかしながら、将軍を廃されて幽閉された義稙は、すぐに脱出を遂げて北陸に逃れ、将軍職に復帰するための活動を始めた。これを機に室町殿の並立が常態化するようになり、将軍権力の分裂による室町幕府の求心力の低下が進行していく。また、幕府に連なる強制力によって保証されていた荘園制の仕組みに大きく依存していた首都京都の経済は縮小を余儀なくされた。

幕府の求心力の低下は、文化の面においても、地方から京都に対する引力として現れた。応仁の乱後、乱前には京都にあった大名およびその家臣たちの多くが守護職を有する分国にくだることになった。彼らは在京して室町殿周辺に展開した文化状況を享受していただけに、その下国は文化の享受者が京都から地方に展開することでもあった。かかる状況下、経済的な困窮を大きな要因として地方に下向するようになった公家衆が多数現れるとともに、法体の専業的な連歌師が軽賤にして曖昧な身分を生かして都鄙《とひ》を往還しての活動をみせるようになる。そして、活発化した公家衆・連歌師の都鄙をまたぐ活動は、乱前から守護が在京しなかった九州や関東にもおよんでいく。この動きは総体として、京都からの権力の拡散に起因する、いわゆる文化の地方伝播という流れで考えることもできるが、京都の求心力の低下によってそれ以前から伏在していた地方の引力が顕在化したとみることもできる［小川 二〇一八、芳澤 二〇二一、川口 二〇二四］。

同時に、そこで求められた文化の軌範が依然京都にあったことも重要である。室町幕府が京都に開かれたことで、公家・武家・禅宗の本拠がすべて同一都市に集まり、義政の時期に至るまで、室町殿の周辺で公武・和漢が混淆《こんこう》しながら文化の統合が進んでいた［末柄 二〇〇三］。これが応仁の乱を経た幕府の求心力の低下を受けて地域的・階層的に広汎に展開を遂げたのである。そして、義政の死を契機に将軍権力が分裂し、幕府権力の衰退が決定的になったことからすれば、義政が東山山荘に過ごした時期は、政治的にも文化的にも転換点にあったといえる。してみると、義政が東山山荘に過ごした時期を挟んで、室町文化の形成期と展開期として把握することができよう。

おわりに

ここまで室町時代の文化について、北山文化・東山文化という言葉が後景に退き、室町文化という言葉が表に立つに至った理由を、東山文化という言葉の誕生以前にまでさかのぼり、研究の展開を追いかけながらみてきた。東山文化というとらえ方が問題をはらんでいることは明らかであるものの、だからといって捨て去るのが適当なのであろうか。

実のところ、新たに用いられるようになった室町文化という言葉も、論者によって指す内容や年代がまちまちで、曖昧さをおびている。結局、それぞれに一長一短があると考えた方がよい。東山文化というとらえ方に注目が集まったのは、近代日本の生活文化の源流を解き明かそうという関心からであり、室町文化というとらえ方が受容されたのは、室町時代の研究が進み、この時代の文化の展開を総体としてとらえる観点が生まれたからであった。つまるところ、歴史を語る側のありようがとらえ方を規定するのである。だとすれば、室町時代の文化を知るというにとどまらず、日本文化の大きな流れを考えようとした時、古典学説としての東山文化というとらえ方にはいまだ独自の意義があり、知っておくべき価値が認められるように思う。歴史を複眼的にみるうえで、室町時代の文化をどのようにとらえるのかという問題は興味深い素材になるに違いない。

〈**参考文献**〉

小川剛生　二〇一八年「「戦国時代の文化伝播」の実態――十六世紀の飛鳥井家の活動を通して」(中世学研究会編『中世学研究1　幻想の京都モデル』高志書院)
勝俣鎮夫　一九九六年『戦国時代論』(岩波書店)
川口成人　二〇二四年「室町時代の武家文化と都鄙関係」(『日本史研究』七三八号)
桜井英治　二〇〇二年「御物の経済――室町幕府財政における贈与と商業」(のち再録『交換・権力・文化――ひとつの日本中世社会論』みすず書房、二〇一七年)
笹川種郎　一九一二年「文化史上に於ける東山時代」(『史学雑誌』二三編九号)
佐藤豊三　一九七五年「将軍家「御成」について　二」(『金鯱叢書』二輯)
末柄豊　二〇〇三年「室町文化とその担い手たち」(榎原雅治編『日本の時代史11　一揆の時代』吉川弘文館)
末柄豊　二〇〇八年「相阿弥の代付折紙について――『真珠庵文書』から」(『東京大学史料編纂所附属画像史料解析センター通信』四〇号)
鈴木良一　一九四八年『日本中世の農民問題』(高桐書院)
竹本千鶴　二〇〇六年『織豊期の茶会と政治』(思文閣出版)
千葉功　二〇二三年『南北朝正閏問題――歴史をめぐる明治末の政争』(筑摩選書)
徳川美術館編　二〇〇八年『室町将軍家の至宝を探る』
内藤湖南　一九二三年「応仁の乱に就て」(史学地理学同攷会編『室町時代の研究』星野書店)
根津美術館・徳川美術館編　一九七六年『東山御物――「雑華室印」に関する新史料を中心に』

芳賀幸四郎　一九四五年『東山文化の研究』(河出書房)
橋本雄　二〇二二年「兼好・正徹・珠光の思想と「茶の道」――珠光「心の一紙」から『山上宗二記』へ」(橋本素子・三笠景子編『茶の湯の歴史を問い直す――創られた伝説から真実へ』筑摩書房)
林屋辰三郎　一九六三年「東山文化」(『岩波講座日本歴史7』岩波書店)
原勝郎　一九一七年「東山時代に於ける一縉紳の生活」(『芸文』八年八号〜八年一二号)
三井記念美術館編　二〇一四年『特別展　東山御物の美――足利将軍家の至宝』
村井康彦　一九八六年『週刊朝日百科　日本の歴史16　金閣と銀閣――室町文化』(朝日新聞社)
村井康彦　一九九一年『武家文化と同朋衆――生活文化史論』(三一書房)
森末義彰　一九四二年『東山時代とその文化』(秋津書店)
芳澤元　二〇二一年「室町文化論構想ノート――都鄙関係・境界地域からの見直し」(同編『室町文化の座標軸――遣明船時代の列島と文事』勉誠出版)

〈参考URL〉
「CiNii Books」(https://ci.nii.ac.jp/books/〈二〇二四年四月一日最終閲覧〉)
「ざっさくプラス(雑誌記事索引データベース)」(https://zassaku-plus.com/〈二〇二四年四月一日最終閲覧〉)

15 銭からみる日本中世

川戸 貴史

はじめに

日本史上、中世における貨幣流通は特異であった。それは、おもに中国から渡来した銭貨が日本列島においてほぼ唯一の貨幣として市場が受容し、権力もそれを容認したことである。すなわち、当時の日本はいわゆる「自国通貨」を発行しなかったのである。もっとも国家権力が必ずしも自国通貨を発行しないことは世界史的にはきわめて珍しいわけではないが(現在もいくつかの地域でそのような事例がある)、日本史という枠組みにおいては冒頭の評価が許されるであろう。この事実は、当然ながら日本史の教科書にも叙述されている。しかし、中世における貨幣流通のあり方をめぐっては、教科書の叙述内容が現在における研究の到達点とはいくつか齟齬をきたしている点がある。そこで中世日本における渡来銭流通の実態について、近年の研究成果をふまえて事実関係について詳説するとともに、高校の日本史教科書における記述との異同について検討することとしたい。

1　渡来銭流入は平清盛のお陰なのか？

中世日本で貨幣として定着した銭貨は、多くは北宋時代(とくに十一世紀)に中国で鋳造された銭貨が圧倒的な割合を占めており、一般に「宋銭」と呼ばれることが多い。教科書ではほぼ例外なく、日宋貿易によって宋銭が日本へもたらされるようになったとある。なぜならば、平清盛が権力の絶頂期を迎えた十二世紀後半に銭貨が大量に日本へもたらされたからである。この時期は権力者層が貿易利権を追求しており[榎本 二〇一〇、大塚 二〇一七など]、中国産陶磁器に代表される莫大な量の「唐物」が銭貨とともに日本へもたらされた。一般に日宋貿易と呼ばれるこのムーブメントに大きな関心を寄せた為政者の一人が平清盛とされ、現在の教科書では明言を避けるものの平清盛が銭貨輸入を積極的に推進したことを連想させるような叙述になっている。しかし、十二世紀後半における銭貨の大量流入は、それまでの日宋貿易の経緯をふまえる必要がある。貿易の窓口となった博多の発展過程をふまえながらつぎに考えていきたい。

日本の外交機関である大宰府の外港として始まった博多は、徐々に貿易港としての機能が発達し、十一世紀後半には中国人貿易商人(海商)が博多に居住するようになった[佐伯 一九八八、大庭 二〇一九]。それに呼応して博多では、発掘調査により十一世紀後半には銭貨が流通していたことがわかっている[小畑 一九九七、鈴木 一九九九、櫻木 二〇〇九]。すなわち中国海商が自ら日本へ銭貨を持ち込んで貨幣として使用したことによって、この地域で徐々に銭貨が貨幣として普及していったことがわかる。

一方、銭貨のおもな素材である銅に対する需要が日本へ銭貨をもたらす契機になったという指摘もある。これには、国風文化において触れられることの多い経塚《きょうづか》の流行が関係している。経塚は、末法思想の流行によって極楽往生を求める人々が功徳を得る手段として各地につくられた。経塚は書写した経典を容器におさめて埋蔵したものであるが、この容器(経筒《きょうづつ》)は十一世紀後半になると青銅(銅と錫《すず》の合金)で多くつくられるようになった。そして十二世紀半ばには、材料の青銅が日本産から中国産へ変わったことが、化学分析によって明らかになった。すなわちこの材料は元は銭貨であった[小田ほか編 二〇〇八]。

貨幣たる銭貨の流通は経済的側面においてその歴史的意義が語られることは当然ではあるが、経筒のように文化的な側面からもその意義を語ることもできるのである。同様に、十二~十三世紀にかけて各地の寺院で梵鐘《ぼんしょう》が製造されているが、これも青銅製であることから、銭貨を材料としていた可能性が高い[大塚 二〇一七]。ほぼ同時期に定着が進む仏教思想と銭貨流通とは、一見無関係にみえて実は密接な関係があったのである。

銭貨のもたらす役割はこれだけではない。もう一つ注目される銭貨の重要な用途に、貿易船の底荷《そこに》(バラスト)としての機能が指摘されている[山内 二〇〇三]。現在の教科書にも記載されているように、日宋貿易における日本からの輸出品として、古くから黄金が注目されてきた[森 二〇〇八]。しかし当時の貿易においておもな日本からの輸出品は黄金ではなく材木と硫黄であった[山内 二〇〇九]。とくに硫黄は火薬の原料として重宝されたが、硫黄は比重が重いため、中国から日本へもたらされる陶磁器だけでは貿易船の重さのバランスを保つことができない弊害があったとみられる。その対策として、金属製の銭貨が底荷として大量に積み込まれて日本へ持ち込まれた可能性がある。もっともこれは銭貨に対して日本で既述のような需要がすでに存在していたことが前提となるため、底荷として銭貨が用いられたのは早くとも十一世紀以降となるが、日本への銭貨の大量流入をもたらした要因の一つとして考えておきたい。

以上のように、日本への銭貨の流入は十一世紀に日宋貿易が活性化したことによって始まった現象であり、単純に経済的な需要だけで流入したわけでもなかった。様々な需要があいまって、十二世紀後半に大量に銭貨が流入するようになったのである。この頃にはすでに博多周辺では貨幣として定着しており、貨幣としての銭貨が普及した背景に平清盛の関与を想定する必要はないであろう。もっとも京都では平氏政権の絶頂期である一一七〇年代に銭貨が大量に出回ったようで、当時の記録では流行病が「銭病」と呼ばれたり、市中での普及拡大に対して朝廷ではそれを容認するか否かで右往左往していた様子をうかがうことができる。十三世紀に入って権力はなし崩し的に銭貨を貨幣として受け入れることになったが、朝廷や幕府は流通秩序の維持に基本的に関与せず、市場の自律性に長く依存することになった[中島圭一 一九九九・二〇二二]。

2　中国の動向と中世日本の貨幣経済

十三〜十四世紀の大量流入

十三世紀はモンゴルが中国へ進出し、支配するに至った時代である。日本では、十三世紀後半に荘園からの年貢を銭貨で納入する代銭納《だいせんのう》が始まったことが教科書に記載されている。日本の農村部へも徐々に銭貨が貨幣として普及するようになったことが背景に挙げられるが、それを可能とするためには大量の銭貨が日本へもたらされる必要がある。当時の中国情勢が日本への大量の銭貨流入に何らかの影響を与えたと考えられる。

具体的には、日本へ大量に銭貨が流入した時期が十三世紀に二度あったとされており、いずれも中国の動向と関係があった［大田 二〇一〇］。はじめは一二一〇年代で、中国北部を支配する金朝が銭貨の使用を禁止して紙幣の使用を強制した。これによって銭貨の価値が暴落し、日本を含め各地へ流出したとされる。この頃の日本では畿内で銭建ての土地取引が増加しており、日本へ銭貨が大量流入した結果であるとされる。

二度目は一二七〇年代である。日本にもモンゴルが襲来した時期に当たっているが、中国南部を支配する南宋がモンゴル(元朝)侵攻によって滅亡し、中国南部で銭貨使用が停止されて紙幣の使用が強制されるようになった。その結果、日本へ銭貨が大量に流出し、日本列島では各地に銭貨が行き渡り、代銭納が普及したというのである。

ダイナミックなこの仮説は、現時点においておおむね通説として受け止められているが、批判もある。とくに二度目の流入については、モンゴル襲来後の日元間における人々の往来者数の分析によると、モンゴル襲来直後の一二七〇年代から一二九〇年代頃までは、両者間の往来は激減していたと指摘されている[榎本 二〇〇六、中村 二〇一三]。これに関して中国からの銭貨流出の背景については別の見方があり、一二六〇年代に南宋が紙幣を強制したために銭貨の価値が暴落したことが流出の原因だったとする指摘もある[グラン 二〇〇九]。

しかし実は、日本への銭貨流入のピークは十四世紀前半と考えられる。クビライ(フビライ)の死後に元朝との緊張が緩和して再び日元間の往来が活発になったためである。それを物語る貴重な物的証拠の一つが、一三二三年に中国の慶元《けいげん》(現在の寧波)を出発して日本へ向かっていた新安《しんあん》沈船という沈没船である。この沈船には推定約八〇〇万枚の銭貨が積載されていたが、この規模の貿易船が年に数隻は日本へ渡っていた可能性が高いとされている。十四世紀前半に莫大な量の銭貨が流入し、日本の各地でほぼ唯一の貨幣となった[松延 一九八九]。

この時期にほぼ定着した代銭納は、遠隔地の荘園からの年貢輸送において多く採用された。その理由は輸送コストの低下や略奪リスクの回避が指摘されているが、荘園領主層が米よりも銭貨を求めるようになったことが大きな背景といえるだろう。十三世紀後半にはおもに西日本で生産性が向上していったと考えられており、その富を蓄積した領主層による奢侈《しゃし》的消費が徐々に目立つようになっていたからである。また、銭貨が直接の収取手段となったことにより、それを融通する金融業者が都市や流通の拠点で営業するようになっていった。一方、教科書に強調されるように、御家人層の中にはモンゴル襲来にともなう負担が増大して所領を担保として借銭に手を出し、返済に窮する者が現れるようになっていった。一二九七(永仁五)年の徳政令は、このような御家人の救済策として幕府から発布された[笠松 一九八三]。

為替の普及

こうして日本列島内で多くの銭貨が行き交うようになったが、銭貨は額面が小さい金属貨幣であるため、まとまった金額になるとかなりの重量となり輸送コストが問題になった。そこで、輸送コストの低減や安全性の向上をはかるべく広まっていったのが、為替《かわせ》であった。為替は年貢輸送の手段のほか、各地を遍歴する行商人たちの利便性も高めることになるため、遠隔地への送金手段として日本列島に広く普及していった。為替は本来は送金手段として使用される手形でありそのままでは支払いに使用できなかったが、十四世紀前半には割符《さいふ》と呼ばれる為替が登場し、手形でありながら紙幣のように支払いにも使用された可能性が指摘されている[桜井 一九九六、井上二〇二二、伊藤 二〇二二]。

そして、室町期に公武権力が一極集中して各地から富が集積した京都では、経済の絶頂期を迎えた。富があふれた京都では十五世紀になると貴族層のあいだで銭貨そのものすら贈答の対象となり、その金額が記された目録(折紙という)が頻繁にかわされたが、この折紙そのものが他者への贈答にそのまま転用される事例もしばしばあった。すなわち目録自体が支払いの手段となっており、事実上の紙幣として用いられていたとみられている[桜井 二〇一一]。

十五世紀は京都の権力者層で「唐物《からもの》」を中心とする奢侈的商品がもてはやされて富裕層の享楽的消費は膨張する一方、当時は気候の冷涼化によって農産物の生産状況は悪く、飢饉が頻発して各地の庶民層は過酷な生活を強いられた。その歪みは徳政一揆の頻発によって表面化していたが、一四六一(寛正二)年前後の大飢饉によって、それまでなんとか保たれた社会秩序はついに決壊し、応仁・文明の乱へと突き進むことになった。

3 悪銭と撰銭

銭貨のみを貨幣とする日本の流通秩序は、十五世紀半ばまではほぼ安定的に維持された。十五世紀に入ると日明貿易が開始されて多くの「唐物」とともに明朝が鋳造した銭貨(明銭)が日本へもたらされることになったが、その数量は日本経済を揺るがすほどの規模ではなく、引き続き宋銭が多く流通していた。

十五世紀後半に列島規模で社会を揺るがした応仁・文明の乱勃発を境に、流通秩序にも動揺が走る。社会秩序の不安定化は人々に不安をもたらし、自らの資産維持への執着心が高まったとみられる。銭貨は鋳造時期によって文字のみならず重量や大きさ、金属比率が微妙に異なっていたが、それぞれの種類(銭種)を徐々に区別する意識が芽生えるとともに、よりよいと思う銭貨(資産価値が高いと自分が考えた銭貨)を選択して所持しようとするようになった。そして一見して明らかな粗悪な私鋳《しちゅう》銭《せん》のほか、正規の鋳造銭(制銭《せいせん》)であっても価値が低いと判断された銭貨は排除したり受け取り拒否の対象となった。これを撰銭《えりぜに》と呼ぶ。撰銭によって受領拒否の対象とされた「悪銭《あくせん》」はしばしばすべて粗悪な偽造銭だったという意見もあるが、必ずしもそうとは限らない。場合によっては正規に中国政府が鋳造した制銭(具体的には明銭)も受領を拒否されることがあった。このことこそが、悪銭が深刻な社会問題に至った背景にある。

長らく日本では市場の自律性によって貨幣流通秩序が維持されていたが、撰銭が混迷を深めたことによって機能不全におちいった。その結果、秩序の安定化が権力にゆだねられるようになった。一四八五(文明十七)年、博多を支配下におく大内氏は、撰銭令を発布して使用する銭貨と排除すべき銭貨を明示して混乱の沈静化をはかった。ところがこの撰銭令は十分に遵守されなかったようで、以後たびたび遵守を命じているが、権力によっても混乱の沈静化は一筋縄ではいかなかった。社会不安による資産保存に対する個々にとっての「よりよい銭貨」に対する意識は容易に変化しなかったのであろう。この撰銭令では明銭の使用を強制しており、歴史が比較的浅い明銭が忌避の対象となっていた。比較的新しい明銭は偽造銭である疑いを濃くするため、総じて信用が低い傾向にあった。

その後、室町幕府も畿内を対象として一五〇〇(明応九)年に撰銭令を発布したが、以後何度も発布されたようにやはり市場にはなかなか法令が浸透しなかった[高木 二〇一八]。なお、撰銭令によって規制された(あるいは使用を強制された)銭種は地域や発布主体によってそれぞれ異なっており、すでに日本列島において銭貨流通秩序が同一ではなかったことがわかる。いわば秩序の「分裂」が発生していた。

4　石見銀と貨幣流通秩序の変動

銭貨流入の途絶

十六世紀に入っても日本列島は内乱による社会不安が拡大し、秩序も「分裂」したことで遠隔地間での取引に混乱をもたらした。しかし一五二〇年代後半に石見《いわみ》銀山の開発が始まり一五三〇年代に莫大な量の銀を産出するようになると、状況は一変した。

当時は経済のグローバル化が進む中で、銀は国際通貨として世界的に高い需要を維持しながら流通していた。石見銀山の開発は、日本市場のみならず東シナ海域の物流を一変させることにつながったのである［本多 二〇一五］。具体的には、この頃から東シナ海で密貿易がより活性化したとみられる。石見銀と引き換えに日本へは多くの中国産陶磁器や絹製品が流入した。それに加え、日本では貨幣として依然として需要が高い銭貨（多くは偽造銭）も流入したと考えられている［大田 二〇二一、中島楽 二〇二二］。銭貨への需要が継続していた日本列島においては、すぐさま銀が貨幣として流通することはなく、銀はおもに交易品として海外（最終的にはほとんどが朝鮮や中国）へ流出していった。

しかし一五四〇年代後半から明朝が密貿易集団（「倭寇」）の鎮圧に本格的に着手し、それが効果をみせはじめた一五六〇年代になると、日本の貨幣流通にも変化が訪れた。密貿易が低調となり、日本は深刻な銭貨不足に見舞われたのである。すでに供給が見込めない宋銭の制銭（当時は「精銭」と呼ばれることが多かった）が市中で激減し、精銭の六～七割程度の価値に評価された銭貨（私鋳銭や明銭）が京都周辺で多く使用されるようになっていった。

日本の銭貨不足を決定的にしたのは、中国の対外政策の転換であった。一五六八年、明朝はそれまでの民間人の海外渡航禁止などの海禁を緩和し、東南アジア方面への海外渡航(＝民間交易)を条件付きで容認した。その結果、多くの中国海商は東南アジアへと向かい、引き続き渡航が禁止された日本との密貿易は激減した[黒田 二〇〇三]。中国から日本へ流入する銭貨もほぼストップしたと考えられる。

十六世紀後半諸権力の貨幣政策

その影響はすぐに現れた。奇しくも一五六八(永禄十一)年に上洛した織田信長は、その翌年に撰銭令を発布した。その内容はそれまで室町幕府が発布した内容とは大きく異なっており、銭種によって価値に差を設けて、その遵守を命じるものであった。違反に対する罰則も設けられており、同時に一部例外を除いて金・銀・米を貨幣として使用することも禁止した。中世日本ではどのような銭種であっても一枚を一文の価値として使用することが原則であり、室町幕府はその秩序の維持につとめてきた。しかし織田信長はその秩序からの転換を法令によって明示したのである。もっとも、先述の通りすでに市場では銭種によって異なる価値で使用されていたのであり、この法令は現状追認の性格が強い。

ところが市場はこの法令を遵守しなかった。一五七〇年代に入ると、権力者層のあいだでも金・銀・米を支払いに使用するようになっていった。そもそも銭貨が慢性的に不足しており、満足に銭貨を入手できなくなったからであろう。実際に使用される銭貨も結局は銭種を問わず精銭の半分以下の価値で固定化し、「びた」と呼ばれるようになった[本多 二〇〇六、桜井 二〇一七]。

以上のような経緯は畿内周辺についてであるが、異なる秩序を形成した関東、とくに小田原《おだわら》北条氏領国では事情が大きく異なり、特殊な経緯をたどることになった。

当地では畿内と同様に銭貨が唯一の貨幣として流通していたが、一五六〇年代に同じく深刻な銭貨不足におちいった。北条氏は年貢等の収取は銭建てだった(貫高制)ためにとくに影響は大きく、納入者たる百姓層から銭貨以外の納入手段を認める要求が挙がった。北条氏はそれを認め、一五六八年頃に金や米などでの納入を認めるようになった。

ところが、この頃を境に北条氏領国では突如として従来の精銭よりも二~三倍の価値をもつ「永楽《えいらく》銭《せん》」と呼ばれた銭貨が流通するようになった。呼称からすればこれが明銭の一種である永楽通宝を指すと推定され、実際にこれまでの発掘調査によって関東では全体に占める永楽通宝の出土比率が高いことが示されている。一方、やや先立って伊勢神宮周辺地域においても「永楽銭」の使用事例が確認されており、西日本で忌避された永楽通宝が伊勢を通じて関東へ流入し、関東では逆に珍重されて広く流通するようになったと考えられている[鈴木 一九九九、川戸 二〇〇八、千枝 二〇一二]。もっとも、他地域と同様に銭貨のみで貨幣流通を支えることは現実的に困難であり、北条氏は『兵粮《ひょうろう》』(米)を貨幣として実質的に使用するようになった[久保 二〇一五]。

おわりに——貨幣流通秩序の「統合」

政治権力も貨幣流通秩序も分裂した戦国期を経て、両者は徐々に「統合」へと向かっていく。豊臣秀吉は「全国統一」を進める一方で、貨幣流通秩序の「統一」を進めようとし、支配下で「永楽銭」を「びた」の三倍の価値に設定した〔川戸 二〇一七〕。しかしこれはあくまでも税制や軍役における算定基準であり、実際に使用される貨幣はそれぞれの地域性が払拭できたわけではなかった。例えば毛利氏領国では「南京銭《なんきんせん》」や「鍜《ちゃん》」と呼ばれる、地域性をもった銭貨が流通していた〔本多 二〇二二〕。

その後、徳川政権(江戸幕府)は豊臣政権による貨幣政策を基本的に継承したものの、一六〇八(慶長十三)年に「永楽銭」については使用を停止して銭貨の価値を「びた」に統一した(「びた」は「京銭《きょうせん》」と呼ばれるようになる)。しかし銭貨不足の慢性化がおさまったわけではなく、毛利氏・細川氏・島津氏など西国の大名は領内の鉱山開発と並行して銭貨の偽造を行った〔本多 二〇〇五、川戸 二〇〇八、櫻木 二〇〇九、古賀 二〇一五〕。

ただし、幕府は金や銀も貨幣として公認し、自ら鋳造したことは重要である。幕府は石見銀山などの主要金銀山を直轄化し、十七世紀初頭から金銀貨を独占的に発行するようになった。もっとも、金貨は当初から幕府が独占したが、銀貨は秋田の佐竹《さたけ》氏など領内に鉱山をもつ領主が独自に鋳造して市場に投下したため、しばらくその「地域性」は残存した。そして一六三六(寛永十三)年に幕府は寛永通宝を鋳造し、数度の大量鋳造によってようやく中世以来の渡来銭を市場から退場させていった。とはいえ銭貨不足は近世後期にも慢性化するなど、経済発展によって金属貨幣のみでは貨幣需要を満たすことが徐々に難しくなり、経済の発達した西日本で紙幣(札)が大量に発行されるようになっていった。

このように、中世の自律的な貨幣流通秩序を経て近世には金・銀・銭の金属貨幣の「三貨」が制度的に成立したが、日本列島で単一の秩序が成立したわけではなかった。近世の貨幣制度は、単一の秩序の成立とイメージしがちな「統一」という表現を避け、三貨による「統合」と表現されている[安国二〇一六]。

〈参考文献〉

伊藤啓介 二〇二二年「中世手形の信用とその決済システムについて」(中島圭一編『日本の中世貨幣と東アジア』勉誠出版)
井上正夫 二〇二二年『東アジア国際通貨と中世日本——宋銭と為替からみた経済史』(名古屋大学出版会)
榎本渉 二〇〇六年「初期日元貿易と人的交流」(宋代史研究会編『宋代の長江流域——社会経済史の視点から』汲古書院)
榎本渉 二〇一〇年「東シナ海の宋海商」(荒野泰典ほか編『日本の対外関係3 通交・通商圏の拡大』吉川弘文館)
大田由紀夫 二〇一〇年「渡来銭と中世の経済」(荒野泰典ほか編『日本の対外関係4 倭寇と「日本国王」』吉川弘文館)

大田由紀夫　二〇二一年『銭躍る東シナ海――貨幣と贅沢の一五～一六世紀』(講談社)
大塚紀弘　二〇一七年『日宋貿易と仏教文化』(吉川弘文館)
大庭康時　二〇一九年『博多の考古学――中世の貿易都市を掘る』(高志書院)
小田富士雄・平尾良光・飯沼賢司編　二〇〇八年『経筒が語る中世の世界』(思文閣出版)
小畑弘己　一九九七年「出土銭貨にみる中世九州・沖縄の銭貨流通」(『文学部論叢』五七号)
笠松宏至　一九八三年『徳政令――中世の法と慣習』(岩波新書)
川戸貴史　二〇〇八年『戦国期の貨幣と経済』(吉川弘文館)
川戸貴史　二〇一七年『中近世日本の貨幣流通秩序』(勉誠出版)
久保健一郎　二〇一五年『戦国大名の兵粮事情』(吉川弘文館)
グラン(リチャード・ヴォン・グラン)、高津孝訳　二〇〇九年「南宋中国における、複合通貨(multiple currencies)と地域通貨圏の形成」(伊原弘編『宋銭の世界』勉誠出版)
黒田明伸　二〇〇三年『貨幣システムの世界史――〈非対称性〉をよむ』(岩波書店)
古賀康士　二〇一五年「近世初期細川小倉藩の鋳銭事業」(『史学雑誌』一二五編一号)
佐伯弘次　一九八八年「大陸貿易と外国人の居留」(川添昭二編『よみがえる中世1　東アジアの国際都市博多』平凡社)
桜井英治　一九九六年『日本中世の経済構造』(岩波書店)
桜井英治　二〇一一年『贈与の歴史学――儀礼と経済のあいだ』(中公新書)
桜井英治　二〇一七年『交換・権力・文化――ひとつの日本中世社会論』(みすず書房)
櫻木晋一　二〇〇九年『貨幣考古学序説』(慶應義塾大学出版会)

鈴木公雄　一九九九年『出土銭貨の研究』（東京大学出版会）
高木久史　二〇一八年『撰銭とビタ一文の戦国史』（平凡社）
千枝大志　二〇一一年『中近世伊勢神宮地域の貨幣と商業組織』（岩田書院）
中島楽章　二〇二二年「撰銭と東アジア銭貨流通」（中島圭一編『日本の中世貨幣と東アジア』勉誠出版）
中島圭一　一九九九年「日本の中世貨幣と国家」（歴史学研究会編『越境する貨幣』青木書店）
中島圭一　二〇二二年「渡来銭流通の開始と確立をめぐって」（同編『日本の中世貨幣と東アジア』勉誠出版）
中村翼　二〇一三年「日元貿易期の海商と鎌倉・室町幕府——寺社造営料唐船の歴史的位置」（『ヒストリア』二四一号）
本多博之　二〇〇五年「近世初期幕府の銭貨政策と長州藩」（『広島女子大学国際文化学部紀要』一三号）
本多博之　二〇〇六年『戦国織豊期の貨幣と石高制』（吉川弘文館）
本多博之　二〇一五年『天下統一とシルバーラッシュ——銀と戦国の流通革命』（吉川弘文館）
本多博之　二〇二二年「南京銭と鍛（ちゃん）再考」（中島圭一編『日本の中世貨幣と東アジア』勉誠出版）
松延康隆　一九八九年「銭と貨幣の観念——鎌倉期における貨幣機能の変化について」（『列島の文化史』六）
森克己　二〇〇八年『新編森克己著作集1』（勉誠出版）
安国良一　二〇一六年『日本近世貨幣史の研究』（思文閣出版）
山内晋次　二〇〇三年『奈良平安期の日本とアジア』（吉川弘文館）
山内晋次　二〇〇九年『日本史リブレット75　日宋貿易と「硫黄の道」』（山川出版社）

16

列島を移動する人・物——広義の交通が媒介する社会

綿貫　友子

はじめに

交通の重要性は、人や物がそれを利用して移動することによって社会の中で様々なつながりを媒介することにある。インターネットはおろか電信技術もなかった前近代、情報は人や物の移動と連動して運ばれ、政治にせよ、経済にせよ、文化にせよ、その展開には交通が深く関わっている。本稿では、人や物の流れを広義の交通ととらえ、その中でも遠隔地間の移動をおもにみていくこととする。

中世交通・流通研究を行ううえでの基本史料の多くは、蒐集《しゅうしゅう》・調査を経て、すでに一九四〇年代までには紹介されている［徳田 一九三六、相田 一九四三ほか］。軍事行動を含む政務や貢納目的での公的利用から商売や参詣などといった私的利用にかかる通行例を紹介するにとどまらず、それが何に起因し、どのような社会状況のもとにあったのか、影響はどのようなことかなどへと研究が深化したのはおおむね一九八〇年代以降といえる。紙幅の都合もあり、その一端ではあるが以下に紹介する。人と物の流れということでは、「旅と移動」を主題に、その諸相をとらえた論集［木村・湯浅編 二〇一八］が刊行され、また人の移動については、「旅」として拙稿に概要を示している［綿貫 二〇〇〇］。あわせて参照されたい。

1 中世交通の研究

政治・制度史主体の日本史

歴史教科書は学習指導要領に準拠して作成され、そこでいう「歴史」とは、ほぼ国（国家）の生成史を意味し、政治や制度の推移を基調にして叙述されている。概略にせよ一冊のうちに原始から現代までをおさめること自体、驚異的であるが、それだけに掲載内容は限定的である。政治や制度を動かす要因として経済がきわめて重要でありながら、その扱いは副次的である。結果的に経済の重要な構成要素である交通も流通も簡略な記載にとどまり、研究上の成果が相応に反映されているとはいえない。以下に研究成果の一端を紹介する。

社会史研究興隆の基盤と広義の交通・流通史研究──一九七〇年代以前

国家史の中では必然的に為政者の動向が注視されるのに対し、看過されてきた民衆の暮らしに光を当てたのが、フランスのアナール学派に始まる社会史研究である。その研究では、社会を構成する多様な人々の存在形態や諸関係を地域、生業、衣食住はもとより心性に至るまで仔細に検証しようとするが、その潮流が日本の歴史研究にも波及し、興隆をみるのは一九八〇年代半ばから九〇年代にかけてのことである。しかしながら、その前提となる内発的基盤があった。一九六〇年代から七〇年代にかけての中世商業・流通研究［佐々木銀 一九七二、脇田 一九六九、鈴木 二〇〇〇］、各地の古道を踏破し、周辺に展開された中世社会について「足で学ぶ歴史」を実践した戸田芳実氏［戸田 一九九二など］、民衆史研究で分業や流通に注目した三浦圭一氏［三浦 一九九三など］、非農業民研究を推進し、海民《かいみん》や鋳物師《いもじ》などの遍歴民に強い関心を向けた網野善彦氏［網野 一九八〇など］、中世都市鎌倉の研究や村落景観の復元などに、考古学や隣接諸学との提携を重視し、文献史学との架橋をはかった石井進氏の研究［石井進 二〇〇四〜〇五ほか］などである。それらの研究蓄積を通して醸成されてきた機運も相乗的に作用した。社会が機能するうえで、暮らしや生業の基盤となる交通＝人と物の動きは不可欠であり、社会史研究においてもその検討は重要であった。

交通・流通に関する基本的史料やそれをもとに解明されていた主要な交通路や通行事例だけでなく、土器、陶磁器、石造物を主とする遺物や道路・港・集落などの遺構の発見によって得られた知見もある。また、一九七八年から、八〇年代前半にかけて、文化庁の「歴史の道」調査事業に関連して都府県ごとの古道調査が集積されたことも重要である。隔地間を運ばれた物品については、貢納物であれば荘園史料、特産物であれば十一世紀中期成立の『新猿楽記《しんさるがくき》』や十四世紀末成立の『庭訓往来《ていきんおうらい》』、贈答品であれば日記・日誌類などに具体的な品目を記した関連記事が散見されることから、それらを抽出することで、多くは主要な商品と重なることになる農・林・水産物や手工業品も把握されてはいた。また、『和漢船用集《わかんせんようしゅう》』など、近世史料に依拠してはいるが、船(和船)に関する研究もあった〔石井謙 一九五七〕。しかし、それぞれの成果を総合的に検討するという分野横断的な取組はほとんどなされてこなかった。一九七〇年代末期以降、学際研究が進展する中で既出史料の読み直しや別の史料や資料との関連性が探られ、研究の充実がはかられることとなった。

2　研究の進展と展開

研究進展の背景

中世以外の遺跡も含む総数であるが、文化庁ホームページによると周知の埋蔵文化財包蔵地は全国で四六万カ所あり、毎年九〇〇〇件ほどの発掘調査がなされているという。折しも一九八〇年代から九〇年代前半にかけては、土地整備区画事業や河川改修事業など従来行われてきた調査に加え、都市部を中心に過熱した土地投機と再開発を背景に緊急発掘調査件数が急増した。その結果、文献史料にわずかな痕跡をとどめるにすぎなかった、あるいは関連史料自体が皆無であった物流や関係地について、陶磁器や石製品、石造物に代表される遺物、生活跡をとどめる遺構による情報が豊富に蓄積されたことも研究をうながした。なお、発掘調査報告書類については無数の刊行物があり、紙幅の都合上、出典等は省略せざるをえない。奈良文化財研究所による全国遺跡報告総覧、文化庁による国指定文化財等データベースなどを参照されたい。

文献史学では、林屋辰三郎氏が京都の古書店で一九六四年に発見した『兵庫北関入船納帳《ひょうごきたせきいりふねのうちょう》』が修復・

調査を経て一九八一年に翻刻された。一四四五(文安二)年から翌年正月(ただし、この月については抹消の印あり)にかけて年間のべ二〇〇〇隻余りの兵庫北関(現神戸市)を通過した船とその根拠地、関係地域の代表的商品とみられる海産物(塩や多種の魚介)・農産物(米・麦・豆など)・林産物(榑《くれ》・材木)ほか多彩な積荷とその量、関銭の額、船主(もしくは梶取/船頭)名、関係する問など詳細な記載から、古代以来、物流の基幹航路として機能してきた瀬戸内海航路の十五世紀中期の通航状況の一端が明らかとなり、交通・流通研究の進展をうながす重要な契機となった[林屋編 一九八一]。

このほか、中世史全般にわたる事績を遺した豊田武氏の研究には、交通・流通関連論稿が多くある[豊田 一九八二~八三]。また、一九四〇年代以来、中世交通史研究を主導した新城常三氏が、社寺参詣、貢納物輸送、関所をおもな対象として論じた六〇~七〇年代の研究も注目される[新城 一九八二・一九九四]。約半世紀にわたって渉猟《しょうりょう》、蒐集した基本史料とともに当該分野の事例を総合的に把握し、研究を進めるうえで欠かせない基本文献である。

研究の活性化と学際研究の拡大

興隆をみせた社会史研究と社会の諸関係を仲介する交通への関心の高まりを背景に、『講座・日本技術の社会史』や『日本の社会史』といった社会史のシリーズ本の中でも、時代は中世に限らないが、交通を重要な研究視角とした巻が出された[永原ほか編 一九八五、朝尾ほか編 一九八七a・b]。シリーズ本の刊行もあいつぎ[網野ほか編 一九九〇~九三、荒野ほか編 一九九二~九三、網野・石井進編 一九九四~九五、吉田ほか編 一九九四~九九、佐々木潤ほか編 二〇〇〇~〇六など]、対外関係も含む水路や陸路の利用、拠点地域、そこに展開された諸活動と担い手などにかかる多彩な研究が発表された。なかでも、笹本正治氏による研究では、物と人の移動を直接的に担い、遠隔地間を遍歴した商人や手工業者の具体像が活写されている［笹本 二〇〇二］。

一九九〇年、帝京大学山梨文化財研究所でのシンポジウム開催を契機に立ち上げられた考古学と中世史研究会を先駆に、中世都市研究会、中世みちの研究会などが組織され、研究集会・シンポジウムもさかんに行われ、異分野との情報交換の機会が増大した。研究報告をもとに、多数の論集が刊行された［中世都市研究会編 一九九四～二〇一三、峰岸・村井編 一九九五、藤原・村井編 一九九九など］。二〇〇〇年代に入ってからは、桜井英治氏を中心とした共同研究［桜井編 二〇〇二・二〇〇四］を通じて、労賃（サービスの価格）も含む商品とその価格を古代・中世史料から抽出した「古代・中世都市生活史（物価）データベース」も作成され、のちに国立歴史民俗博物館ホームページで公開されている。

以上、二〇〇〇年代初頭にかけて、研究が一挙に活性化し、充実をみた。従来の概説書では記載がわずかだった中世以前についても、研究の到達点をふまえた相応の内容で『新体系日本史12　流通経済史』［桜井・中西編 二〇〇二］が刊行されたのも時宜に適うことであった。

3　研究の特色と成果

研究進展の背景

遺物・遺構の新たな発掘調査成果を除けば、研究の進展は、交通史全体の見直し・再評価の試みの中で現出した事態であり、文献史学に関していえば、先述した『兵庫北関入船納帳』のような新出史料による新発見は稀有な事例である。多くは既知の史料の読み直しや同時代史料との対照などによって踏み込んだ解釈が可能となり、さらなる発見につながったといったことであって、先行研究の間隙を埋める作業や批判的継承による成果である。

また、研究進展の背景に、一九八〇年代後半以降、急速な展開をみせた情報通信技術と情報機器の社会一般への普及、先述の例に示されるデータベースの構築と公開などによる調査・分析上の利便性の著しい向上という恩恵も挙げておかなくてはならない。東京大学史料編纂所、京都府立京都学・歴彩館、国立歴史民俗博物館、国文学研究資料館、奈良文化財研究所、東京国立博物館、文化庁、国立国会図書館など諸機関が公開している各種データベースは、多くの研究者が日常的に利用し、調査の基礎的作業として今や欠かせないものとなっている。

そうした状況をふまえ、先述した一九八〇年代以降の研究で、具体的にどのような成果があったのかについて、以下、若干の事例とともに紹介したい。

研究の特色と成果①――太平洋海運の追究と文献史学・考古学の相互作用

東国史研究の進展［中世東国史研究会編 一九八八］も背景に、研究の空白域であった太平洋の海運についても検討が進んだ。

一九八九年、筆者は拙稿で、十四世紀末、大湊《おおみなと》(現三重県伊勢市)とその周辺を拠点とする廻船が武蔵国品川《しながわ》に通航し、船主の中に伊勢神宮外宮《げくう》の神人《じにん》であって塩浜経営者でもある者が複数おり、廻船は伊勢海(伊勢湾)と関東とのあいだを航行する関東渡海之大廻船で、神宮への貢納物輸送と隔地間商業とを担ったと考えられることなどを論じた[綿貫 一九八九]。それをきっかけに、そこでの「湊船」の解釈に異論が示されたり[宇佐見 一九九九]、東国戦国大名のもとで水軍を編成するとともに遠隔地商業を担った海賊商人、永楽銭《えいらくせん》基準通貨圏として成立することとなった伊勢海以東の経済構造が追究されたり[永原 一九九七]と、研究が深められ、拡大していくこととなった。

関東渡海之大廻船とともに伊勢海廻船を構成する伊勢海小廻船には、大湊対岸の尾張国大野・常滑《とこなめ》などの廻船も含まれ、大湊との通航も確認される。このことから、八〇年代末以降、発掘調査が進められていた奥州藤原氏関連遺跡である柳之御所《やなぎのごしょ》遺跡(現岩手県平泉町)や関東各地の遺跡で大量に出土した常滑焼など東海系陶磁器の輸送手段と経路を考えるうえでの有意な情報と認識され、考古学研究者の関心も呼んだ。

また、政権との関わりにおいては大湊以上の要津であったともみられる安濃津《あのつ》(現津市)に関して、雲出島貫《くもづしまぬき》遺跡(同)での不完全品を含む大量の出土遺物から、常滑焼集散拠点としての一面が指摘される[伊藤 二〇〇七]など、遺物を通して、史料にはみえない伊勢海内の通航や積荷を示唆する重要な情報も蓄積された。

以上のように、遺物だけでも史料だけでも説明しきれない、物と人の動きに関する実態を相互に補完し、作用して研究の拡大再生産をうながす学際研究の意義が再確認され、影響は日本海域や瀬戸内海域研究にも波及した[矢田・工藤編 二〇〇五、柴垣編 二〇〇五、市村ほか編 二〇〇九など]。

研究の特色と成果②——港湾集落・集散地遺跡・海城跡・水中遺跡の発掘

遺跡の発見自体は一九三〇年代にさかのぼるが、草戸千軒町《くさどせんげんちょう》遺跡(現広島県福山市)は、一九六〇年代以降の約三〇年間にわたる発掘調査によって、船着場や多くの掘割、鍛冶や漆器の工房などをともなう大規模な中世集落跡であることが確認された。十三湊《とさみなと》遺跡(現青森県五所川原市)では、一九九一〜二〇〇四年の調査で、道路を挟んで展開した町場、荷揚げ場とみられる礫敷《れきじ》き区域や護岸用の木杭と横板、舫《もや》い綱《づな》とおぼしき麻縄が巻かれた木杭、桟橋状の港湾施設跡などが発見された。中須東原《なかずひがしはら》遺跡(現島根県益田市)では、二〇〇五〜一二年の調査で、船着場跡とみられる大規模な礫敷き、掘立建物、道路跡、鍛冶炉などとともに朝鮮半島産陶磁器・タイ産陶器を含む多数の貿易陶磁器が出土した。

また、先述した雲出島貫遺跡のほかにも、九〇〇〇点超の中世陶磁器類が出土し、遠江国府である見付《みつけ》に近く、浅羽湊《あさばみなと》と太田《おおた》川水系とを利用した物資集散拠点の機能を有したとみられる元島《もとじま》遺跡(現静岡県磐田市)など、物資の集散拠点に関する発見も特筆される。

二〇一七年、熊野川河口部の自然堤防上で複数の地下式倉庫や鍛冶跡をともなう遺構、陶磁器などが発掘され二〇二二年に国史跡となった新宮下本町《しんぐうしもほんまち》遺跡(現和歌山県新宮市)も、十二世紀後期から十六世紀にかけての中世港湾関連遺跡とみられる。いずれの遺跡も遺構・遺物による物証と河川や海に臨む立地から、河川河口近くや潟湖《せきこ》に沿って営まれた大規模な港湾集落や物資の集散拠点であったことは明白であるが、関連記事が史料上にほとんどみられないのも共通した特徴である。物証を通して物品の移動、技術や文化の伝播など、地域間のつながりについてのさらなる研究の進展が期待される。

その多くに商人的属性が認められる海賊が、島嶼《とうしょ》や臨海河口部に構えた海城《うみじろ》も物と人の動きを考えるうえで重要な手掛かりといえる。瀬戸内海で勢力を誇った能島《のしま》村上氏の本拠地である能島城跡（現愛媛県今治市）は、一九五三年に国史跡に指定されていたが、二〇〇三〜一五年にかけて遺跡整備のための郭《くるわ》や岩礁部での調査が重ねられ、船溜まりに近接して倉庫とみられる庇《ひさし》付きの礎石建物跡が確認され、青磁・白磁の器や皿をはじめ貿易陶磁器、備前焼甕などが出土した。また海岸線の岩礁地帯に点在し、船の係留杭、桟橋跡とみられている無数の円柱穴（岩礁ピット）の中で、直径一メートルを超えるものが、船で運ばれた（飲料）水の貯蔵に利用されていた可能性も指摘された。

熊野海賊の主力をなした安宅《あたぎ》氏の居館跡である安宅本城跡（現和歌山県白浜町）は、紀伊半島南部の日《ひ》置《き》川・安宅川河口近くの三角州に所在する。山間部で伐り出された材木などの森林資源や海運でもたらされた常滑焼など東海地方や備前焼・瓦器《がき》など近畿地方以西からの陶磁器・土器が集積される場でもあったとみられ、船着場も確認された。備前焼の出土状況から、中世後期の安宅荘は備前焼の一大消費地であったとされる。

「暦応五年」（一三四二年）の刻銘がある備前焼大甕《おおがめ》が白浜町内に伝来することや、一九七七年に小豆島《しょうどしま》沖の岩礁（通称水《みず》ノ子岩《こいわ》）海底から大量の備前焼とともに引き揚げられた船の底荷《そこに》（バラスト）とみられる円礫《えんれき》が、紀ノ川ないし日置川流域の岩石組成に類似することはすでに指摘されており、備前国片上《かたかみ》―小豆島沖―安宅荘という交易路が改めて注目された。安宅本城跡の調査に先行し、安宅氏については小山《こやま》氏などの熊野海賊とともに『日置川町史』編纂事業の中で研究が進展した［高橋編 二〇〇九］。

近年の研究動向として注目されるのは、二〇一一年十月、伊万里《いまり》湾海底の一画、鷹島《たかしま》海底遺跡での元軍船の発見を一大契機とする水中考古学による調査である［池田 二〇一八、佐藤編 二〇一八］。予算・

装備・調査体制等々、懸案は数多あるが、トレジャーハンティングでも、漁場からの偶発的な海揚り品の発見によるのでもない、水中遺跡の学術調査を通して、船の構造や規模、積荷の内容と量、航路、港湾関連施設など、歴史解明への有力な手掛かりがより多く得られることが期待される。

研究の特色と成果③——陸路研究の進展

道路遺構(道路状遺構)とそれに関する重要な発見もあった。鎌倉時代、幕府所在地鎌倉と各地を結んだとされ「鎌倉街道」と総称される道に関しては、堂山下《どうやました》遺跡(現埼玉県毛呂山《もろやま》町)では、一九九〇年、遺跡の中央を南北に一・三キロ余り走り、幅約四メートルの路面に側溝などを良好に保った状態の幹線道路とみられる道路遺構(北から鎌倉街道B・同C・同A・仏坂遺跡)が出土した。その東西域では十三〜十六世紀の宿場・墓域を含む集落遺跡も発見され、史料に名をとどめる苦林《にがばやし》宿の跡と推定された。一帯の遺跡群は二〇二二年に交通集落跡「鎌倉街道上道《かみつみち》」として国史跡に指定されている。

鎌倉街道のうち中道・下道などに関しても、新たな発掘調査の進展をもとに成果が集成された[高橋・宇留野編 二〇一七]。遺構・遺物が確認されただけでなく、鎌倉幕府の成立・確立過程で、街道が果たした政治的役割が検討され[木村 二〇一六]、また、「大道《おおみち》」という観点から幹線道路の実態検証とともに権力との関係、時代によって変容する「公」との関わりを問う研究もある[岡 二〇一九]。

一九九六年の荒井猫田《あらいねこた》遺跡(現福島県郡山《こおりやま》市)では、奥大道《おくだいどう》の一部とみられる南北に走る道路遺構が出土した。両側の側溝を含めて幅が約六メートル、距離一二〇〜一三〇メートルほどの遺構で、南と北の両端には木戸の跡も確認された。道の両側には館や井戸跡、鍛冶工房とみられる建物跡などが出土し、一帯は町屋が建ち並ぶ宿で、十三〜十四世紀を盛期に、十二世紀後期〜十五世紀前期まで存続したとみられる。街道の形状や構造とともにその途上周辺に展開された町場や宿といった地域の構造が発掘調査から具体的に示された［飯村 二〇〇九］。

文献史学においても、山陽道や東海道の利用や宿を拠点に展開された地域支配、地域構造が仔細に検討された。歴史地理・自然地理の知見を活かし、往時の地形や気象を重ねあわせつつ、通行上の支障にも関心を向け、つねに通行しうる自明のものとして用意されていたわけではない幹線道やそれ以外の道とその利用が追究された［榎原 二〇〇〇・二〇〇八、齋藤 二〇一〇］。経路や通行事例、いわば点と点、あるいは線としての交通をおさえるにとどまらず、その地域での生業や集落の成り立ち、それらをめぐる支配状況といった、交通が介在することで展開された地域社会の諸相が、面、さらには立体的にとらえられるようになった。考古学の成果を受け、文献史料や地図・絵図などと細かく対照し、宿の空間構成、政治性、宗教性などの検討を通し、交通を介した地域の展開、ひいては中世社会の展開を論究した成果も示されている［榎原 二〇一二］。

むすびにかえて

人や物の動きを点や線として押さえる段階を過ぎ、研究の関心は総じて、人や物の動きが、どのように社会に影響し、社会においてどのような意味をもったのか、社会全体との相関を追究する方向へと推移している。人の移動とともに動くのは、貢納物や商品としての物だけではなく、交換・決済に用いる貨幣やその代替物（金銀あるいは信用貨幣としての為替《かわし》や割符《さいふ》）や技術・文化を含む情報も連動する。貨幣やその代替物についての研究は、貨幣の供給元である中国との貿易をはじめ外交に関する研究とともに一九九〇年代以降大いに進展をみており、本書「15　銭からみる日本中世」を参照されたい。とくに銀については、南米植民地からの産出銀を背景に東アジア貿易に進出したイスパニアとの対抗上、ポルトガルが大量の銀を求めた状況があり、日中間の貿易にとどまらず世界の銀相場に影響を与えた輸出品といえる。主要産出地石見《いわみ》銀山に関連しては、二〇〇七年の石見銀山の世界遺産登録に至る過程で、積出し港である温泉津《ゆのつ》・鞆ヶ浦《ともがうら》・沖泊《おきどまり》やそこに連絡する陸路についての調査や研究も蓄積された［島根県教育委員会編 二〇〇二］。

研究史を概観したことで、現状の日本史教科書と研究との隔たりをむしろ強調する結果になってしまったかと思う。学界での議論を経て一定の評価を得た研究成果が教科書に反映されるには十年単位の時間を要し、おおむね二十一世紀初頭までの到達点のごく限られた部分が記述に反映されているにすぎず、こぼれ落ちている貴重な情報が多い。また、注意深く時代間の脈絡をたどっていかないことには、経済の連続性がつかみにくい。近世の五街道にせよ、東廻り・西廻り海運も、中世以前にさかのぼって機能してきた街道や航路を継承し、整備、再編されたものであり、江戸幕府のもとで新規に創出されたものではない。すなわち、中央集権による全国支配の実現が、それ以前の権力分立状態の中で局地的・地域限定的にとどまった交通・流通の全国規模での機能を可能にし、石高制による大坂・江戸への廻米や参勤交代による大規模な広域移動に連動して経済活動がうながされ、発展した。しかし、教科書ではこの連続性については、豊臣政権による全国統一以降とのつながりが若干言及されているだけで、十七世紀半ば以降、江戸幕府のもとで経済活動がにわかに興隆したかのような誤解を与えかねない構成と内容になっている。宿駅も、飛脚による通信制度も、駕籠《かご》や牛馬、大八車《だいはちぐるま》による輸送も、拠点や名称の異動はあれ、その原型は古代にさかのぼる。

経済が社会の様々な局面に影響し、関わっていることからすれば、小学校で社会・中学校で歴史・高校で日本史と教科名を変えつつ、やや詳しい情報が肉付けされ、歴史用語が加増されてはいくものの、ほぼ同内容の(またそれか…という印象が否めない)政治史を繰り返し扱うのではなく、せめて高校では、経済的要素により重きをおいた説明から当該期の社会をとらえようとする試みがあってもいいのではないか。それは歴史の担い手が誰なのかということを確認するうえでも重要な問題である。少なくとも、主語の多くが為政者や権力体ではないことで、歴史はより身近なものになるものと思う。

〈**参考文献**〉

相田二郎　一九四三年『中世の関所』(畝傍書房)
朝尾直弘ほか編　一九八七年a『日本の社会史1　列島内外の交通と国家』(岩波書店)
朝尾直弘ほか編　一九八七年b『日本の社会史2　境界領域と交通』(岩波書店)
網野善彦　一九八〇年『中世日本の民衆像――平民と職人』(岩波新書)
網野善彦ほか編　一九九〇〜九三年『海と列島文化』全十一巻(小学館)
網野善彦・石井進編　一九九四〜九五年『中世の風景を読む』全七巻(新人物往来社)
荒野泰典ほか編　一九九二〜九三年『アジアのなかの日本史』全六巻(東京大学出版会)

飯村均　二〇〇九年『中世奥羽のムラとマチ――考古学が描く列島史』(東京大学出版会)
池田榮史　二〇一八年『海底に眠る蒙古襲来――水中考古学の挑戦』(吉川弘文館)
石井謙治　一九五七年『日本の船』(創元社)
石井進　二〇〇四〜五年『石井進著作集』全十巻(岩波書店)
市村高男ほか編　二〇〇九年『中世讃岐と瀬戸内世界』(岩田書院)
伊藤裕偉　二〇〇七年『中世伊勢湾岸の湊津と地域構造』(岩田書院)
宇佐見隆之　一九九九年『日本中世の流通と商業』(吉川弘文館)
榎原雅治　二〇〇〇年『日本中世地域社会の構造』(校倉書房)
榎原雅治　二〇〇八年『中世の東海道をゆく――京から鎌倉へ、旅路の風景』(中公新書)
榎原雅治　二〇二一年『地図で考える中世――交通と社会』(吉川弘文館)
岡陽一郎　二〇一九年『大道　鎌倉時代の幹線道路』(吉川弘文館)
木村茂光　二〇一六年『頼朝と街道――鎌倉政権の東国支配』(吉川弘文館)
木村茂光・湯浅治久編　二〇一八年『生活と文化の歴史学10　旅と移動――人流と物流の諸相』(竹林舎)
齋藤慎一　二〇一〇年『中世を道から読む』(講談社現代新書)
桜井英治・中西聡編　二〇〇二年『新体系日本史12　流通経済史』(山川出版社)
桜井英治編　二〇〇二年『古代・中世の都市をめぐる流通と消費』(『国立歴史民俗博物館研究報告』九二集)
桜井英治編　二〇〇四年『古代・中世における流通・消費とその場』(『国立歴史民俗博物館研究報告』一一三集)
佐々木銀弥　一九七二年『中世商品流通史の研究』(法政大学出版局)

佐々木潤之介ほか編　二〇〇〇〜〇六年『街道の日本史』全五六巻（吉川弘文館）
笹本正治　二〇〇二年『日本の中世3――異郷を結ぶ商人と職人』（中央公論新社）
佐藤信編　二〇一八年『水中遺跡の歴史学』（山川出版社）
柴垣勇夫編　二〇〇五年『中世瀬戸内の流通と交流』（塙書房）
島根県教育委員会編　二〇〇二年『石見銀山』（思文閣出版）
新城常三　一九八二年『新稿社寺参詣の社会経済史的研究』（塙書房）
新城常三　一九九四年『中世水運史の研究』（塙書房）
鈴木敦子　二〇〇〇年『日本中世社会の流通構造』（校倉書房）
高橋修編　二〇〇九年『熊野水軍のさと――紀州安宅氏・小山氏の遺産』（清文堂出版）
高橋修・宇留野主税編　二〇一七年『鎌倉街道中道・下道』（高志書院）
中世東国史研究会編　一九八八年『中世東国史の研究』（東京大学出版会）
中世都市研究会編　一九九四〜二〇一三年『中世都市研究』1〜18（14まで新人物往来社、15から山川出版社）
徳田釼一　一九三六年『中世に於ける水運の発達』（章華社）
戸田芳実　一九九二年『歴史と古道――歩いて学ぶ中世史』（人文書院）
豊田武　一九八二〜八三年『豊田武著作集』全八巻（吉川弘文館）
永原慶二　一九九七年『戦国期の政治経済構造』（岩波書店）
永原慶二ほか編　一九八五年『講座・日本技術の社会史8　交通・運輸』（日本評論社）
林屋辰三郎編　一九八一年『兵庫北関入舩納帳』（中央公論美術出版）

藤原良章・村井章介編　一九九九年『中世のみちと物流』（山川出版社）
三浦圭一　一九九三年『日本中世の地域と社会』（思文閣出版）
峰岸純夫・村井章介編　一九九五年『中世東国の物流と都市』（山川出版社）
矢田俊文・工藤清泰編　二〇〇五年『日本海域歴史大系3　中世篇』（清文堂出版）
吉田晶ほか編　一九九四〜九九年『歴史の道・再発見』全8巻（フォーラムA）
脇田晴子　一九六九年『日本中世商業発達史の研究』（御茶の水書房）
綿貫友子　一九八九年「「武蔵国品河湊船帳」をめぐって――中世関東における隔地間取引の一側面」（のち再録『中世東国の太平洋海運』東京大学出版会、一九九八年）
綿貫友子　二〇〇〇年「旅――中世における旅」（『日本歴史大事典2』小学館）

〈参考URL〉

国立歴史民俗博物館「古代・中世都市生活史（物価）データベース」（https://www.rekihaku.ac.jp/up-cgi/login.pl?p=param/ktsb/db_param〈二〇二四年四月一日最終閲覧〉）
奈良文化財研究所「全国遺跡報告総覧」（https://sitereports.nabunken.go.jp/ja〈二〇二四年四月一日最終閲覧〉）
文化庁「埋蔵文化財」（https://www.bunka.go.jp/seisaku/bunkazai/shokai/maizo.html〈二〇二四年四月一日最終閲覧〉）
文化庁「国指定文化財等データベース」（https://kunishitei.bunka.go.jp/bsys/index〈二〇二四年四月一日最終閲覧〉）

17
日明・日朝関係と倭寇

岡本　真

概要と論点

本稿では、中世後期の対外関係のうち、主として日明・日朝関係、すなわち日本と中国王朝である明、そして朝鮮王朝との関係を取り上げる。はじめに、いくつかの高校の日本史教科書における記述をもとに日明関係を概観すると、おおよそ以下の通りである。

1　日明関係

十四世紀半ば以降、倭寇が中国・朝鮮の沿海部を襲撃し、政権の衰退や混乱をもたらした。そうしたさなか、一三六八年に朱元璋《しゅげんしょう》（洪武帝《こうぶてい》）によって建国された明は、国内に対し、海外へ出て国外と交流することを原則的に禁止する海禁政策をとった。また、周辺諸国に対しては、明の皇帝を頂点とする伝統的な国際秩序を前提に、それぞれの国の首長が皇帝に臣従して朝貢する以外の関係を認めなかった。そのため、明との貿易は朝貢使節を乗せた船(遣明船)の渡航に付随して実施される、朝貢貿易に限定されることになった。遣明船の渡航時には一隻に一枚ずつ、真正の朝貢使節であることの証明となる、明側の交付した勘合《かんごう》と呼ばれる文書の携行が義務づけられたため、この貿易は勘合貿易とも呼ばれる。

明が建国された頃の日本は南北朝時代で、洪武帝は当初、大宰府を制圧していた南朝方の懐良《かねよし》親王を日本国王に冊封《さくほう》した。そのため、室町幕府三代将軍の足利義満が明との関係の構築を望んでも、なかなか果たせなかったが、ようやく成就した一四〇一(応永八)年以降は、連年使節が往来した。義満の死後、四代将軍足利義持《よしもち》の時代には、明皇帝への臣従を忌避したため、通交は一時的に途絶したが、貿易利益への期待から、六代将軍足利義教《よしのり》の時代に再開した。

応仁《おうにん》・文明《ぶんめい》の乱以降、幕府が衰退すると、堺《さかい》商人と結びついた細川氏と、博多《はかた》商人と結びついた大内氏が、遣明船貿易の主導権をめぐって争うようになった。両者が別個に派遣した遣明船は、一五二三(大永三)年に明側の日本使節受け入れ港であった寧波《ニンポー》において、寧波の乱と呼ばれる闘諍《とうじょう》事件を起こした。乱後には大内氏が遣明船貿易を独占するに至ったが、同氏は十六世紀半ばに滅亡し、遣明船貿易は途絶え、時を同じくして倭寇の活動が活発化した。

右の概要の中で、近年、もっとも教科書における記載が変わったのは、勘合の形状や用途に関する部分であろう。具体的に述べると、まず形状については、かつては割符《わりふ》のようなものや、縦三六センチ・横八二センチ程度の比較的小型のものが想定されていたが、近年の研究では、勘合が収納された箱の大きさや、明についで成立した清の時代に用いられた勘合の実物などをもとに、縦八二センチ・

横七二〜一〇八センチ程度の、それなりに大判の文書であることが明らかにされた。また用途については、かつては倭寇と区別するためと説明されたこともあったが、本物の朝貢使節と偽物のそれとを識別するためのものであったことが指摘された［橋本 二〇〇八・二〇一五］。一部の教科書には、依然として昔の理解を払拭しきれていない説明が存しているものの、総じて勘合に関する記載は、近年の研究成果をふまえて、大きく変化したと言って差し支えない。

その一方で、応仁・文明の乱以降の動向については、二つの論点において、やや説明が不足しているのは否めない。具体的には、幕府の衰退のみが細川氏・大内氏の主導権争いの要因なのか、また幕府の衰退と主導権争いはどのように関連するのかという点と、寧波の乱後に大内氏が遣明船貿易を独占したというのは、実際にはどのような状態だったのかという点である。以下では、それらについて詳述したい。

主導権争いの要因と過程

足利義満・義持の時代については不明な部分が多いが、足利義教の時代に派遣が再開されてからの遣明船は、室町幕府が直接経営する公方船《くぼう》と、寺社や大名など諸勢力の経営する船とで構成された（**表1**参照）。前述の通り、遣明船一隻ごとに一枚の勘合を携えて渡航することが義務づけられていたために、明側から交付された勘合が日本へもたらされると、幕府はそれを厳重に保管し、遣明船団を派遣する際に、経営を望む勢力に対し礼銭《れいせん》と引き換えにそれを授けることで、各船の経営権を付与した。幕府にとって重要な財源の一つであったこの礼銭収入は、原理的には支給する勘合の枚数が多いほど増

表1　派遣再開後の遣明船

通称	入明年	おもな使者	構成と経営者（丸数字は船号数）
永享４年度	1433	龍室道淵	①公方②相国寺③山名④寄合⑤三十三間堂
永享６年度	1435	恕中中誓	①公方②相国寺③大乗院④山名・醍醐寺⑤⑥三十三間堂
宝徳度	1453	東洋允澎	①③⑨天龍寺②⑩伊勢法楽舎④九州探題⑤島津⑥大友⑦大内⑧多武峰
応仁度	1468	天与清啓	①公方②細川③大内
文明８年度	1477	竺芳妙茂	①公方②勝鬘院③不明
文明15年度	1484	子璞周瑋	①③公方②内裏
明応度	1495	尭夫寿蓂	①②細川③公方
永正度	1509	宋素卿	④細川
	1511	了庵桂悟	①③大内②細川
大永度	1523	謙道宗設	①②③大内
	1523	鸞岡瑞佐	①②細川
天文８年度	1539	湖心碩鼎	①②③大内
天文13年度	1544/46	忠叔昌恕	①②細川③大友
天文16年度	1547	策彦周良	①②③④大内

加することになる。そのこともあって、派遣再開後の遣明船は、永享《えいきょう》四年度船は五隻、同六年度船は六隻、そして宝徳《ほうとく》度船は一〇隻（うち一隻は不渡航）といったように、一つの遣明船団が多数の船で構成されることとなった。

しかし、遣明船を受け入れる明側にとっては、船団の大規模化は好ましいものではなかった。なぜなら、遣明船に乗って渡航した朝貢使節の接待は明側の経済的な負担により行われており、大規模化は費用の増大に直結したからである。そのため、大船団となった宝徳度船の渡航を契機として、明側は一度の派遣につき三隻以内とするなど、遣明船の規模や派遣頻度に制限を課すようになった。隻数が限られてくると、当然ながら経営を望む日本国内の諸勢力は、少ない経営者の椅子をめぐって争わざるをえなくなる。これが遣明船貿易の主導権をめぐる争いが激化することになった、根本の原因と考えられる。

そして、この争いに大きな影響を与えたのが、応仁・文明の乱に端を発した国内の混乱と、その後の政治情勢である。乱中の一四六九(文明元)年に帰国した応仁度船は、幕府直営の一号船と、細川氏・大内氏がそれぞれ経営する二・三号船の三隻で構成されていたが、当時、足利義政・細川勝元《かつもと》と大内政弘《まさひろ》が敵対していたために、一号船は大内氏領国の赤間関《あかまがせき》(現山口県下関市)に至ったのちに抑留され、二号船は同氏の勢力圏の航行を避け、土佐沖を経て畿内へ回航した[須田 二〇一一、伊藤 二〇一二]。その後、つぎの文明八年度船の渡航と前後して、政弘が義政方に帰参すると、同十五年度船の派遣が計画された際、当初は三号船の経営が政弘にゆだねられ、二号船を除く一号船と三号船の準備は、大内氏を中心に進められることになった。ところが、義政の要求に政弘が応えなかったことがきっかけとなって、同氏は経営から外され、最終的には公方船二隻と内裏《だいり》船一隻の構成となった。

つづく明応《めいおう》度船の準備の際には、再び大内氏が参画して派遣準備を主導し、一・三号船として用いる船舶二隻の手配や、明の皇帝へ献上する朝貢品の調達費用の支弁などを引き受けた。そのこともあって、同氏は三号船の経営権を獲得しただけでなく、遣明使節の人選にも影響をおよぼした。ところが、一四九〇(延徳二)年に足利義政が死去すると、将軍となった足利義稙《よしたね》とその父義視《よしみ》は、方針をひるがえして、公方船の予定だった一・二号船の経営を細川政元にゆだねた。その背景には、政権基盤が脆弱であった義視・義稙が、実力者であった政元を懐柔しようとした状況があった[橋本 二〇〇五]。さらに細川氏側が、大内氏と合同で船団を仕立てることにも難色を示した結果、最終的に三号船は公方船となり、使節の人選も政元の意を体したものに変更されたのだった。

これとは正反対に、永正《えいしょう》度船の際には、はじめは公方船二隻と細川船一隻の構成が予定されていた。派遣準備は細川氏を中心に進められ、使節のトップである正使には、細川氏被官大田《おおた》氏の出身である泰甫慧通《たいほえつう》という禅僧が任じられた。ところが、その後情勢が変化し、幕府が勘合を支給した際には、二号船の分こそ予定通り細川氏に渡されたが、一・三号船の分は、大内氏と結んだ東福寺僧了庵桂悟《りょうあんけいご》に与えられた。そして、最終的には了庵が正使となり、大内船二隻と細川船一隻で構成された船団が渡航した。これに対し細川氏側は、経営する船を大内方と同数にするためか、三隻とは別に宋素卿《そうそけい》という渡来明人を乗せた四号船を派遣した。

この永正度船派遣までは、室町幕府は、政権の弱体化にともなう求心力の低下はありつつも、派遣のタイミングや各船の経営者の決定に関わる主体性を、一応は保持していたと考えられる。しかし、大《だい》永《えい》度船派遣の際には、細川高国《たかくに》と大内義興《よしおき》が、それぞれ別個の遣明船の派遣を計画し、幕府はそれを黙認するだけで制止しえなかった。その結果、細川船と大内船が同時期に渡航し、入港した寧波で、後者が前者を襲撃するという、一五二三(大永三)年の寧波の乱を引き起こしたのである[岡本 二〇二二]。

以上をふまえれば、幕府の衰退が細川氏・大内氏の遣明船派遣をめぐる主導権争いにつながった状況は明らかである。ただし、幕府の衰退が争いに拍車をかけたことは間違いないが、明側により渡航制限が設けられたことも、等閑視《とうかんし》するべきではないと考えられる。

「独占」の実態

結論を先に述べれば、「寧波の乱後に大内氏が遣明船貿易を独占した」というのは、最新の研究をふまえると、やや正確性に欠けた表現といえる。具体的に説明すると、近年に至るまでの研究において、遣明船派遣の歴史は、前述のような細川氏と大内氏の抗争を経て、大内氏の勝利(＝貿易の独占)に終わるという流れで叙述されてきた。そのことは、寧波の乱以前を「細川・大内両氏抗争時代」、以後を「大内氏独占時代」と呼称する時期区分にも表れている[田中 一九七五]。そして、その中で寧波の乱後の遣明船として取り上げられてきたのは、もっぱら天文《てんぶん》八年度船と同十六年度船の二つだけだった。この二つのみが明側に受け入れられ、いずれも大内氏が経営を独占したものだったがゆえに、前述のような表現が用いられてきたのである。

ところが近年、こうした叙述の中では適切に位置づけられてこなかった、明側から受け入れを拒絶された船についても、光が当てられた[橋本 二〇〇五]。そして、研究が進んだ結果、細川氏と大友氏の経営するものだったことがわかり、天文十三年度船(**表1**の網掛け部分)として、遣明船派遣史上に位置づけられるに至った[岡本 二〇二二]。その結果、実際に大内氏が独占していたとみなしうるのは、貿易を営んだ遣明船の派遣ではなく、明側による受け入れだったということが明らかになった。そして、その受け入れの可否は、明側の担当官の対応の差という、日本側からみて偶然ともいえる要素が作用した結果の産物だった[須田 二〇一一]。

こうした研究成果をふまえると、「寧波の乱後に大内氏が遣明船貿易を独占した」というのは、かつてのイメージに引きずられた説明といえよう。実態に即すならば、寧波の乱後の大内氏の優位は、「独占」という語を用いるほどに確立されたものではなかったのである。

2 日朝関係

概要と論点

つぎに、日朝関係に関する高校の日本史教科書の記述を概観すると、おおよそ以下の通りである。十四世紀半ば以降、倭寇の襲撃が活発になると、高麗は日本に使節を派遣して対策を求めたが、朝廷との折衝は不首尾に終わった。そうしたさなか、倭寇の討伐により頭角を現した李成桂は、一三九二年に高麗国王から位をゆずられて新王朝を建て、のちに国号を朝鮮と改めた。

朝鮮の倭寇対策は、武力による討伐と外交による懐柔の、両面から行われた。このうち前者に関しては、一四一九(応永二十六)年に起きた応永《おうえい》の外寇《がいこう》が知られている。これは、朝鮮が倭寇の根拠地の一つと目していた対馬に軍勢を派遣し、直接的に倭寇勢力の討滅をもくろんだものだった。一方、後者は、西日本の有力者からの通交を受け入れ、その関係を通じて間接的な作用をうながすものだった。すなわち、朝鮮側は、朝鮮国王と室町幕府将軍との対等な関係を志向しただけでなく、大内氏や大友氏などの守護大名や、対馬・壱岐《いき》・肥前松浦《まつら》地方の有力者などと通交した。そして、そうした人々に貿易利益を与えるのと引き換えに、倭寇の抑制を働きかけたのである。これら両面からの対策により、倭寇の活動は十五世紀前半以降、下火になっていった。

倭寇の鎮静化以後も、日本の諸勢力は貿易の利益を求めて、さかんに朝鮮との通交をはかった。これに対し朝鮮は、通交を統制するためにいくつかの制度を設けた。例えば、一部の通交者に対して、通交許可の証《あかし》として図書《としょ》と呼ばれる私印を与え、渡航の際にはそれを捺した文書を持参させて、印影を照合した。また、日本から朝鮮への渡航者が基本的に対馬を経由している状況をふまえ、対馬島主の宗氏に文引《ぶんいん》と呼ばれる渡航証明書の発給権を与え、日本からの渡航者にその携行を義務づけた。そして、入港地を乃而浦《ネイポ》(薺浦《チェポ》)・富山浦《プサンポ》(釜山浦)・塩浦《ヨンポ》の三浦《さんぽ》に限定し、日本からの来航者はそのいずれかに入らなければならなくなった。三浦には多くの日本人が居留するようになったが、一五一〇(永正七)年に三浦の乱と呼ばれる暴動が起きてからは、通交が極端に縮小され、やがて宗氏が独占的に通交するようになっていった。

総じて、日朝関係は日明関係以上に教科書間の記述の差が大きい印象を受けるが、右の概要の中で、とくに説明が必要なように見受けられるのは、三浦の乱に至る経緯と、対馬宗氏の動向の二点である。以下では、それらについてみてみたい。

三浦の乱に至る経緯

前に概要を記したような教科書の記述では言及されていないが、当時、日朝間を往来した者の中には、生活物資の取引や出漁を望む人々もいた。彼らは朝鮮に渡って塩や魚を売って米を買ったり、朝鮮半島沿岸で漁業を行ったりするなど、境界領域を生活の場としており、まさしく境界人とも呼ぶべき活動をしていた。朝鮮側は、室町幕府や守護大名らの外交使節である使送倭《しそうわ》と区別して、そうした者たちを興利倭《こうりわ》や釣魚倭《ちょうぎょわ》と呼び、彼らが倭寇的行為をすることを警戒して、十五世紀初頭、興利倭の入港地を乃而浦と富山浦のみに限定した。その後、使送倭についても同様の制限を加え、のちに塩浦も入港地に加えられ、三浦が成立した［長 二〇〇二］。

三浦は、使送倭や興利倭たちにとって、本来は短期的に滞在する場所にすぎなかったが、対馬からの渡航後、なし崩し的に居留するようになった人々もおり、恒居倭《こうきょわ》と呼ばれた。恒居倭が増加すると、治安の悪化を憂慮した朝鮮側は、宗氏の協力を得て送還したが、同氏はそれをきっかけとして三浦における課税権・検断権を掌握した。そして、代官を派遣して恒居倭を統べるようになって、かえって宗氏は恒居倭の送還に消極的となっていった。これと交易や漁業による利益とがあいまって恒居倭は増加し、一四六〇年代から一四九〇年代にかけて、その数は倍増するに至った［村井 一九九三］。

こうした恒居倭の増加傾向の中で、彼らによる密貿易や密漁、倭寇的活動などを問題視した朝鮮側は、姿勢を厳格化し、その取締りと制限を強めた。抑圧された恒居倭は不満をため、一五一〇年、漁業に繰り出した者を朝鮮官人が海賊と誤認して殺す事件が起きたのをきっかけとして、宗氏の代官とともに蜂起したが、やがて鎮圧され、恒居倭は対馬島へ送還された。これが三浦の乱である。

対馬宗氏の動向

九州と朝鮮半島のあいだに位置する対馬は、朝鮮と密接不可分の関係にあった。その対馬を支配したのが宗氏で、前述の文引制度をみてもわかるように、朝鮮側からは、日本からの通交を統制する役割を期待されていた。同氏はそれに応じることにより、朝鮮通交上で特別な地位を築くとともに、自身の名義の通交権益を家臣をはじめとする対馬の人々に分配するなど、通交権を管理・運用することで島内支配を確立し、強固なものにしていった［荒木 二〇〇七］。

ただし、無制限な権益分配は、朝鮮側が宗氏名義の通交にも制限を加えることをまねいた。その結果、一四四三（嘉吉三）年には、同氏による歳遣船《さいけんせん》（緊急時を除く年例の派遣船）を年間五〇隻に制限する約条（癸亥約条《きがいやくじょう》）が結ばれた。この上限設定は、ほかの通交者と比較して圧倒的に多数だったが、宗氏にとっては、分配する権益の源が有限になったことで、島内における求心力の低下をまねくものであった。そこで、この制限を克服するために宗氏がとったのが、偽使《ぎし》を派遣するという方策だった［長 二〇〇二］。

偽使とは、通交者の名義を詐称した使節のことである。十五世紀後半に急増したその派遣には、主として対馬宗氏や博多商人が関わっていたとされる。もともと、各地から朝鮮へ渡航する使節の中には、こうした勢力が渡航の支度を担い、名義を借りて派遣したものもあった。それによって蓄積したノウハウを利用して、実在する名義人を騙《かた》ったり、あるいは名義人が世代交代したと称して架空の名義人を創出したりすることで、偽使の派遣へとつなげていったのである。朝鮮側もこのような動向をある程度は察知しており、一四七四（文明六）年には室町幕府将軍や在京守護の使節を騙る偽使を排除するために、象牙でつくられた牙符《がふ》による査証制度を設けた。しかし、ほどなくして宗氏ら偽使派遣勢力はその入手に成功し、偽使は継続的に横行する状況になっていった［橋本 二〇〇五］。

そうした中、三浦の乱が勃発し、対馬と朝鮮の通交は一時途絶することとなった。前述のような日朝間を生活の場として往来した者の存在に象徴されるように、対馬側にとってそれは死活問題だったため、宗氏は復交に向けて努力することになる。その際に活用されたのが、同氏の仕立てた室町幕府将軍の名義を騙った使節である。偽使による交渉の結果、復交することにこそ成功したが、歳遣船が二五隻に半減するなど、従前よりも厳しい制限が課されることとなった(壬申約条《じんしんやくじょう》)。その結果、宗氏はますます偽使の派遣への依存を深めていったのだった。

3 倭寇

「前期倭寇」と「後期倭寇」

これまでにみた日明関係と日朝関係の双方に出てくる用語として、倭寇が挙げられる。もともとは海外の漢文史料において、「倭寇○○」(○○には地名が入る)といったかたちで記されていたが、のちにその二文字が不法行為を働く倭人を指す呼称として広範に用いられるようになり、現在の歴史学の用語としての使用にもつながっている。

実際に指し示す対象は異なるものの、「倭寇」と呼ばれる人々の活動がさかんになった時期が二度あったことから、近代以後の研究では、それぞれを「前期倭寇」「後期倭寇」と呼んできた。すなわち十四世紀後半〜十五世紀初頭に活動がさかんになった、主として朝鮮半島沿海部や山東半島《さんとう》〜浙江《せっこう》地方を襲った、対馬・壱岐・肥前松浦地方や、済州島《チェジュ》などの人々で構成されたものが前者、十六世紀半ばに最盛期を迎えた、主として浙江地方以南で活動した、中国人商人や薩摩・大隅・肥前などの人々で構成されたものは後者というわけである。ただし、高校の日本史教科書の中には、「前期倭寇」「後期倭寇」の語が本文で用いられてはおらず、脚注や図版の説明で言及されているのみのものもあった。なかには「前期倭寇」の語を用いず、「後期倭寇」のみが登場し、「後期」が何を意味するのかの説明すらないというものもあった。

「前期」「後期」を冠した呼称が本文で用いられていないことは、それらの語は両者が同質で連続性のあるものという誤解を与えがちであるという批判がかつてなされており〔田中 一九八二〕、これをふまえた結果なのかもしれない。しかし、そうした批判は必ずしも共通理解というわけではなく、依然として「前期倭寇」「後期倭寇」の語を用いる研究者も少なくない。今後の議論をまつ必要があるものの、いずれは改訂がはかられるべきであろう。

鉄砲・キリスト教の伝来と倭寇

倭寇に関連して特筆すべきは、「後期倭寇」と鉄砲・キリスト教の伝来の関わりである。参照した教科書の多くでは、種子島に鉄砲を伝えたとされるポルトガル人も、キリスト教を宣教したフランシスコ・ザビエルも、倭寇集団を構成する中国人商人の船で日本へ来航したことへの言及がなされていた。ただし、これらはヨーロッパ勢力の東アジア進出の文脈の中で説明されていることが多い。そのため、そもそもなぜ、そうした船が日本へやってくるようになったのかなど、伝来の背景にある事柄に関する説明がやや不足しているように見受けられる。

結論を先に述べれば、中国人商人の来航を惹起《じゃっき》したのは、鉄砲・キリスト教の伝来とは関連づけられてこそいないものの、教科書では必ずと言ってよいほど言及されている、日本における銀の増産である。一五三三(天文二)年に、石見《いわみ》銀山の採掘銀の精錬に灰吹法《はいふきほう》という技術が導入されると、その生産量は急激に増加した。増産された銀は、当初は貿易物資として朝鮮へ持ち込まれたが、まもなく、明国内の銀需要の増加により、江南《こうなん》から銀を求めて日本へ渡航する密貿易船が続出した。その結果、一部は季節風の影響により朝鮮近海にも姿をみせるようになり、不審な中国船を意味する「荒唐船《こうとうせん》」という呼称で朝鮮の史料に表記されるに至った[高橋 一九九五]。また日本側の史料をみても、一五四〇年代には、大陸とは地理的に近い九州だけでなく、摂津や越前、伊勢などにも中国船の来着した事例が確認される。一五四三(天文十二)年(一説には一五四二〈天文十一〉年)のこととされる鉄砲の種子島《たねがしま》への伝来や、一五四九(天文十八)年のザビエルの来日は、こうした中国船来航の中に位置づけられるのである。

なお、鉄砲・キリスト教の伝来と同じく、ヨーロッパ勢力の東アジア進出の文脈の中で語られるものとして、南蛮貿易が挙げられる。ポルトガル人・スペイン人が「南蛮人」と呼ばれていたことから、そのように総称しているわけだが、ポルトガル商人による貿易の大部分は中国と日本のあいだの中継貿易である。中国人商人による貿易との差異は、担い手の違い程度のものだった点も、認識しておく必要があろう。

〈**参考文献**〉

荒木和憲　二〇〇七年『中世対馬宗氏領国と朝鮮』(山川出版社)
伊藤幸司　二〇一二年「大内教弘・政弘と東アジア」(『九州史学』一六一号)
岡本真　二〇二二年『戦国期日本の対明関係——遣明船と大名・禅僧・商人』(吉川弘文館)

長節子　二〇〇二年『中世国境海域の倭と朝鮮』(吉川弘文館)
須田牧子　二〇一一年「大内氏の外交と室町政権」(川岡勉・古賀信幸編『日本中世の西国社会3　西国の文化と外交』清文堂出版)
高橋公明　一九九五年「一六世紀中期の荒唐船と朝鮮の対応」(田中健夫編『前近代の日本と東アジア』吉川弘文館)
田中健夫　一九七五年『中世対外関係史』(東京大学出版会)
田中健夫　一九八二年『対外関係と文化交流』(思文閣出版)
橋本雄　二〇〇五年『中世日本の国際関係——東アジア通交圏と偽使問題』(吉川弘文館)
橋本雄　二〇〇八年「日明勘合再考」(九州史学研究会編『九州史学創刊五〇周年記念論文集　下　境界からみた内と外』岩田書院)
橋本雄　二〇一五年「勘合・咨文」(村井章介ほか編『日明関係史研究入門——アジアのなかの遣明船』勉誠出版)
村井章介　一九九三年『中世倭人伝』(岩波新書)

18 戦国時代の室町幕府

木下 聡

1 応仁・文明の乱とその影響

室町幕府に対する認識

一般的に室町幕府に関する知名度・認識は、同じ武家政権の鎌倉幕府・江戸幕府と比較して低いといわざるをえない。それは創作などでも同様で、例えば大河ドラマをみても、戦国時代を除くと、南北朝時代の「太平記」と、応仁の乱を取り扱った「花の乱《はなのらん》」しかない。そのため鎌倉時代であれば、源頼朝・義経兄弟に北条義時・時宗が、江戸時代であれば、徳川家康・吉宗・家茂・慶喜らが主役級として出ているのに対し、足利将軍家(**図1**)は、戦国時代の義輝《よしてる》・義昭《よしあき》こそ頻繁に出ているものの、それ以外はさっぱりである。

ただ、室町幕府をめぐる政治史そのものについては、その確立や組織体制、守護との抗争は高校の教科書にも詳しく記されているため、一般にはある程度知られている。しかし、八代将軍義政《よしまさ》以降の幕府はというと、応仁・文明の乱とそれに続く地方の争乱で権力が失われ、以後は戦国大名の台頭の中で衰退し、足利義昭は織田信長によって擁立されるものの、一五七三(天正元)年に義昭が京都から追放され、室町幕府は滅ぼされた、としか教科書の記述がない。あとは、文化面で義政の東山《ひがしやま》文化が特記されるぐらいだろうか。衰退しはじめたとされた時期から、実際には一〇〇年近く室町幕府が存続していたにもかかわらずである。

以下では、こうした戦国時代の室町幕府を概観する。

乱の終結と影響

一四六七(応仁元)年五月に勃発した応仁・文明の乱は、一四七七(文明九)年十一月に終結した。ただし、西軍の主力を担っていた大内政弘《まさひろ》が、足利義政から赦免《しゃめん》を受けて降ったことをきっかけに、西軍諸将が陣を引き払って国元へ帰ったことにより、なし崩し的に終わったのであって、勝利・終結の宣言や約定が成されたわけではなかった。

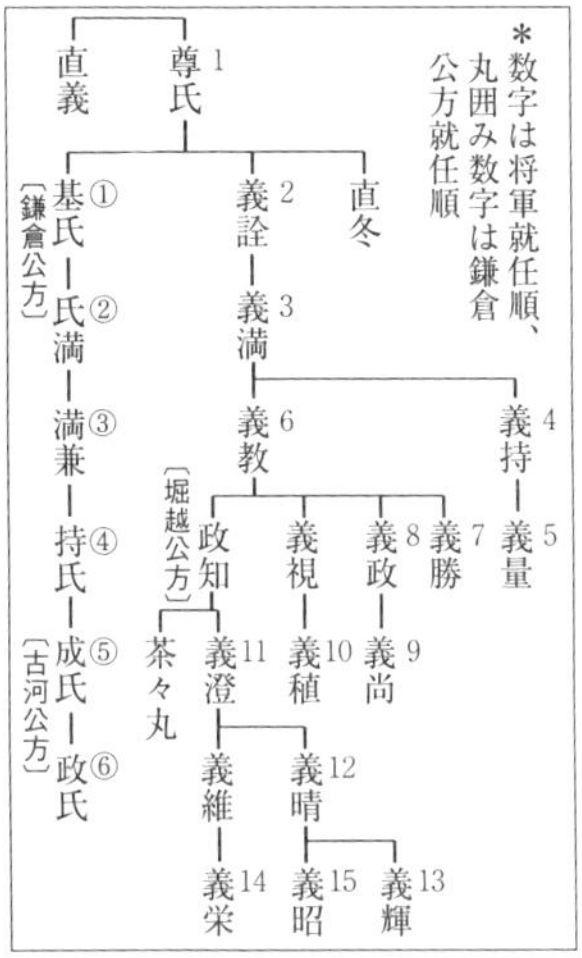

図1 足利将軍家略系図

この大乱の影響は様々な方面におよんだ。乱の当初戦場となった洛中《らくちゅう》では、多くの寺社や邸宅が焼かれ、これによって衰退したり、敷地を移転した寺社が多く出た。焦土となった要因の一つとして足軽《あしがる》の存在があり、戦い方も変化した。そして市街戦が数年にわたり行われたことで、戦闘・防御用施設を備えた「構《かまえ》」が出現し、市街地のあり方も変化して、上京《かみぎょう》と下京《しもぎょう》とが惣構《そうがまえ》で分裂するかたちになるとともに、有力寺社の門前《もんぜん》に小都市も形成され、のちの洛中洛外図《らくちゅうらくがいず》にみられるような姿へ変貌していく[高橋 一九八三]。

乱による戦闘は、洛中から洛外、そして地方へと広がっていくが、これにより本拠地の国元へ帰る守護・奉公衆《ほうこうしゅう》が増えていく。また乱を避けて地方へくだる公家・僧侶もおり、京都の文化が各地へと伝播する大きなきっかけとなった。

幕府自体にも大きな変化をもたらした。従来は室町殿《むろまちどの》(あるいは将軍)→管領→守護→守護代といった、命令の伝達手続きの文書経路をとっていたが、乱後に管領がこの命令形態から外れ、管領発給の伝達文書が激減する。その代わりに幕府奉行人《ぶぎょうにん》による文書が出されることとなる。

一方、守護が幕府の命令によらず、自らが命令を出す主体として文書を出すことが通常化するが、これがいわゆる戦国大名の成立へとつながる。

幕府再興に向けて

しかし、応仁・文明の乱によってただちに幕府が衰退したわけではなかった。室町幕府は、将軍が在京する有力守護たちに支えられるのが基本的な政治構造の図式であったが、応仁・文明の乱後も、それがまだ、ある程度保たれていたからである。

乱の一因となった将軍職《しき》は、一四七三(文明五)年に義政から息子義尚《よしひさ》(のちに義煕《よしひろ》。以下、義尚で統一)

へと譲られていたが、義尚はこの時九歳でしかなかった。一四七九(文明十一)年に文書を出すために使用する花押《かおう》(自署のサイン)の形を決める判始《はんはじめ》の儀式をしたことで、義尚は政務を本格的に始められるようになるが、政務の実権はいまだ義政が握っていたままだった。

そもそも室町幕府において、三代義満《よしみつ》から四代義持《よしもち》、また四代義持から五代義量《よしかず》へ将軍職が委譲された際に、新将軍が文書を発給せず、先代が室町殿として政務を一手に担っていたので、これは従来通りのあり方である。しかし、義尚はこれをよしとせず、不満を前面に出した。髪のもとどり(髪の毛を束ねた部分)を切って出家を示す行動を二度もとっている。

そのため義政も、一四八二(文明十四)年から徐々に権限を委譲している。それをもとに義尚は、幕府再興に向けて様々試行した。乱後京都を離れていた有力守護たちを徐々に京都に呼び戻し、当時「評定衆《ひょうじょうしゅう》」と呼ばれた側近たちを起用して、政務に当たらせている〔設楽 一九八九〕。

こうして権限を拡大させつつあった義尚は、一四八七(長享元)年九月に、総勢数万にのぼる守護・奉公衆・奉行人たちを引き連れ、六角《ろっかく》氏を討つために近江へ出陣した。将軍自らが軍を率いるのは、三代義満以来のできごとで、ここには守護たちを率いる将軍の姿を人々にみせ、幕府・将軍権威が健在であることを示す、義尚の政治的意図がうかがえる。また、父義政の影響力を断ち切って、独自の体制を確立させる目的もあった。

2　明応の政変とその影響

明応の政変

一四八九(延徳元)年三月、足利義尚が出陣先の近江で病死した。義尚には跡継ぎとなる男子がいなかったため、後継をどうするかが問題となり、日野富子《ひのとみこ》(義政妻・義尚母)は、自分の妹と足利義視《よしみ》(義政弟)とのあいだに生まれた子の義稙《よしたね》(初名義材《よしき》、のちに義尹《よしただ》・義稙。以下、義稙で統一)を、細川政元《まさもと》は、義政の庶兄堀越公方《ほりごえくぼう》足利政知《まさとも》の子(のちの義澄《よしずみ》)を推し、結果として義稙に定まった。

義稙は父義視とともに、応仁・文明の乱後に美濃国へ下向していたため、幕府内の有力者との関わりが希薄であった。それに加え、政務に側近を重用したことも彼らの反発を招いた。さらに、父義視が一四九一(延徳三)年正月に没したうえに、日野富子との関係も悪化していて、幕府内の味方を失いつつあった。

その中で義稙は、義尚同様に、外征によって将軍権威を高めようとし、一四九一年八月に六角氏を討つために近江へ出陣した。翌一四九二(明応元)年十二月になってようやく撤兵したが、翌一四九三(明応二)年二月には河内へと出陣した。これは畠山政長《はたけやままさなが》の求めに応じて、畠山義豊《よしとよ》(政長と畠山家督を争った義就《よしひろ》の子)を討つためであったが、近江出陣が一応寺社領回復などの名目があったのに対し、今度は政長の私的な申請による出兵であったため、細川政元をはじめ反対する意見も出たが、それを振り払って義稙は出陣した。この時も守護・奉公衆を動員するが、畠山氏の私戦であり、彼らは戦闘にあまり積極的な動きをみせなかった。また細川一族は従軍していたが、政元は在京していた。

そして義稙不在の京都で、四月二十二日、細川政元と日野富子、幕府政所《まんどころ》執事伊勢貞宗《さだむね》らが前述の政知の子を擁立した。これがのちに十一代将軍となる義澄（初名義遐《よしとお》、のちに義高《よしたか》・義澄。以下、義澄で統一）である。

この京都での異変はすぐに河内へもたらされ、大名たちは上洛する者、日和見《ひよりみ》を決め込んで堺に移る者などに分かれ、また政元の軍勢も河内へ派遣されて、義稙方の戦線は崩壊した。畠山政長は自害し、義稙は降参して京都へ護送された。この政元らによる一連のできごとを明応《めいおう》の政変と呼び、幕府が次節でみるような状況になるきっかけであるため、戦国時代の到来を告げる事件に位置づけられる。

二つの将軍家

虜囚《りょしゅう》の身となった義稙だが、まもなく毒殺されそうになる。『大乗院寺社雑事記《だいじょういんじしゃぞうじき》』によると、日野富子が裏で糸を引いていたという。身の危険を感じた義稙は、六月二十九日に監禁先から風雨の中で行方をくらませ、遠く越中へと逃れた。これは越中が畠山政長の守護国であったからで、越中放生津《ほうじょうづ》に居を構えた義稙のもとに、北陸の守護たちが挨拶をしている。一方京都では、新しく将軍になった義澄を、細川政元と伊勢貞宗、播磨守護赤松政則《あかまつまさのり》らが支える体制を取っていた。これにより二人の将軍が並立するかたちとなり、応仁・文明の乱後に再び結集しつつあった幕府構成員も、再び分裂することとなった。

明応の政変と、続くこの二つの将軍家の争いは、何をもたらしたのか。

直接的には、将軍家が二つに分裂して弱体化した。しかも両派は代替わりしながらその後も対立し続け、結局この図式は、織田信長が足利義昭を擁して上洛する時まで続いた。

また、東西にも影響が波及した。その一番大きなものとしては、義澄の実母・弟を殺害して堀越公方の座を奪取した、腹違いの兄足利茶々丸《ちゃちゃまる》を、義澄が伊勢盛時《もりとき》(入道宗瑞《そうずい》、いわゆる北条早雲《そううん》)に命じて討たせた一件が挙げられる。これ以外にも、豊後大友《おおとも》氏や美濃土岐《とき》氏の内紛など、将軍家の分裂が各地での紛争と連動している。

一方中央では、細川氏の影響力が増している。かつては、ここに細川氏による京兆《けいちょう》専制政治(細川一族のうち管領になる家を、代々の官途右京大夫《うきょうのだいぶ》の中国風の言い方にちなみ京兆家と当時呼んだ)が始まるとする考え[今谷 一九七三]があったが、現在は否定され、むしろ従来の幕府守護体制から脱却して、畿内を基盤として領国化する道を模索しながらも、残存する幕府体制などにはばまれ、地域支配は進まなかったとみられている。

さらに当初義澄に出仕していた守護たちも、細川政元と若狭武田元信《もとのぶ》を除き、徐々に京都を離れ在国するようになる。幕府財政は、在京守護たちに支えられている側面が強く、以後幕府は経済的に困窮するようになり、幕府に依存していた朝廷も同様に窮乏し、年中行事の多くが途絶した。

義稙の将軍再任と没落

一四九九(明応八)年、義稙は越前から京都へ上洛の軍を起こすが、想定よりも兵力が集まらず、細川政元らに防がれ、周防大内氏のもとへ逃れた。これにより義澄と政元はひとまずの安堵を得た。

しかし、一五〇七(永正四)年六月二十三日に、細川政元は家臣によって殺害された。政元は妻帯しなかったため、九条家から澄之《すみゆき》、一族阿波守護細川氏から澄元《すみもと》を養子に迎えていたが、それぞれを支持する勢力による抗争が生まれ、劣勢の澄之派が政元を討ったのである。

この争いは澄元が勝利するが、こうした細川氏の内紛を好機とみて、一五〇八(永正五)年に義稙が大内義興《よしおき》の助力を得て再び上洛の軍を起こした。それに細川高国《たかくに》(一時政元の養子になっていた)が応じて、同年六月に義稙は入京し、翌七月に義稙は再び征夷大将軍に任じられた。鎌倉・室町・江戸の三つの幕府のうち、二度将軍になったのは義稙だけである。

その後、近江に逃れていた義澄や、細川澄元が京都へ度々攻め寄せるが、義稙方はもちこたえ、逆に一五一一(永正八)年に義澄が病死し、直後の京都船岡山《ふなおかやま》合戦で勝利したことで、義稙政権は安定を迎える。

しかし、一五一七(永正十四)年に大内義興が周防へ帰国すると、義稙と高国との関係が徐々に悪化していく。そして一五二〇(永正十七)年に細川澄元が阿波から畿内へ軍勢を動かすと、義稙はこれと結ぶが、澄元が病死してしまい、高国との関係も修復できず、一五二一(大永元)年三月に京都を出奔する。義稙は淡路を経由して阿波にくだり、なおも将軍復帰をはかるが、そのまま一五二三(大永三)年に死去した。

再びの両将軍家の争いと安定

出奔した義稙の代わりに、細川高国が新たな将軍として迎えたのは、播磨赤松氏のもとで養育されていた、義澄の子亀王丸《かめおうまる》であった。亀王丸は一五二一年七月に入京して、朝廷から義晴《よしはる》の名をもらい、十二月に征夷大将軍に任じられた。

義晴—高国政権は、五年にわたって安定していたが、一五二六(大永六)年に高国が家臣香西元盛《こうさいもともり》を殺害したことをきっかけとした内紛が起こると、隙をうかがっていた阿波の細川晴元《はるもと》(澄元子)が、周辺の高国方勢力の動きを封じ込めたうえで、義稙の後継者である義維《よしつな》(義澄子、義晴の兄弟)を擁して軍を動かし、翌一五二七(大永七)年二月に入京する。

ここに再び、近江朽木《くつき》へ逃れた義晴・高国と、京都の晴元および和泉堺にいる義維の、二つの将軍家の図式になる。その後、京都周辺では敵味方が入り乱れた不安定な状況が続き、高国は近江から中国地方へおもむいて味方を糾合するが、一五三一(享禄四)年の大物《だいもつ》合戦で敗死する。

勝利した晴元方も、政治方針をめぐって分裂し、一向一揆の蜂起も招くが、結果として義維は阿波へと去り、義晴と晴元とが結びつくかたちで決着する。一五三四(天文三)年に成立した義晴と晴元との提携は、一時的に対立することもありつつ、義晴の次代義輝《よしてる》時代まで二十数年以上にわたり続いていくこととなる。近江に在国しながら、義晴を支援し続けた六角定頼《さだより》の存在も、この体制を支えた大きな柱であった[村井 二〇一九]。

一五三六(天文五)年の天文法華《てんぶんほっけ》の乱以後約一〇年は、一時的に義晴が京都から近江へ移ることはあったものの、おおむね安定した時期であった。大館尚氏《おおだちひさうじ》(入道常興《じょうこう》)や蜷川親俊《にながわちかとし》といった幕府中枢にあった者の日記もまとまった分量が残っていて、その内実も詳しくわかる。側近を内談衆《ないだんしゅう》として政務を補佐させ[設楽 一九九五]、陸奥南部《なんぶ》氏から対馬宗氏・薩摩島津《しまづ》氏といった、日本全国の大名・国衆《くにしゅう》と交渉しつつ、京都周辺の訴訟にも携わり、将軍の権力・権威双方で安定した状況をつくりだしていたといえる。

三好長慶の台頭

こうした幕政の安定は、幕府内部ではなく、細川晴元家中の分裂から破綻した。重臣である三好政《みよしまさ》長《なが》と三好長慶《ながよし》との反目である。政長は長慶の祖父長秀《ながひで》の従兄弟で、両者はかねてより対立していたが、長慶が政長の非法を訴えても、晴元は政長を擁護する姿勢を崩さなかったため、長慶は晴元から離反し、高国の後継者として活動し続けていた細川氏綱《うじつな》と提携した。

そして一五四九(天文十八)年六月の江口《えぐち》合戦で、長慶は晴元と戦って勝利し、政長を討ち取った。晴元と義晴・義輝父子(義晴は将軍職を二年前に息子義輝に譲っていた)は京都から近江へと逃れ、長慶と氏綱が京都に入った。

義晴は京都奪回をはかっていたが、翌年五月に死去した(自害とも)。その遺志を継いだ義輝は、細川晴元との関係を解消する条件で長慶と和解し、一五五二(天文二十一)年正月に帰京を果たした。

しかし、義輝の近臣には反三好の者も多く、それに引きずられるかたちで再び義輝と長慶とは対立しはじめ、一五五三(天文二十二)年七月に両者の関係は決裂した。義輝は晴元と再び手を組んで対抗しようとするが、大軍を動員した長慶に抗しえず、再び近江朽木へと逃れ、以後五年にわたる亡命生活を過ごすこととなる。

義輝を逐《お》った長慶は、朝廷からも信任を受け、弟や一族・重臣を各地に配し、将軍権威に依存しない畿内支配を成立させる。これは室町幕府成立以来はじめてのことであり、続く織田信長政権の前提として重要な画期と位置づけられている[天野 二〇一四]。

3　室町幕府の終焉

永禄の政変

一五五八(永禄元)年十二月、足利義輝は三好長慶と和して、近江から京都に戻った。

義輝は早速に精力的に動きはじめ、和平仲介交渉を通じて全国の大名・国衆との関係を構築した。確認できるところでは、東は相模北条・越後上杉、西は薩摩島津・日向伊東《いとう》の和平交渉をしており、通常の便りも同様に、東北から九州に至るまで出している。

和平交渉そのものは必ずしもうまくいったわけではなかったが、毛利隆元《もうりたかもと》が「将軍の上意を拒否することはできても、内外から批判を受けるのはよくない」と述べているように、当該大名たちも、あからさまに無視や拒絶はできず、そうすれば孤立しかねなかったので、将軍・幕府との交渉を増やし、関係を深めることとなる。結果的に将軍権威が健在であることを示しえたのである[山田 二〇一一]。

一方三好氏は、長慶をはじめ、息子義興《よしおき》や重臣松永久秀《まつながひさひで》らが幕府内の身分を得て、義輝との協調体制をとっていた。しかし、一五六一(永禄四)年に長慶の末弟十河一存《そごうかずまさ》が病死すると、翌年には次弟実休《じっきゅう》が和泉で戦死し、さらに翌一五六三年には長慶の子義興が病死、そして一五六四年には三弟安宅冬康《あたぎふゆやす》を長慶が殺害し、その二カ月後には長慶自身も病死と、三好氏の中核を担う者があいついで死去した。後継の義継《よしつぐ》は年若く、久秀と重臣の三好三人衆(三好長逸《ながやす》・三好宗渭《そうい》・石成友通《いわなりともみち》)が支える体制へと移行するが、勢力そのものは減衰していた。

一五六五(永禄八)年五月、その義継と松永久通《ひさみち》(久秀子)は、万を超える軍勢で義輝の御所を取り囲み、義輝は自害したとも、切り死にしたともいわれる。この義輝を死に至らしめた一件は、近年永禄《えいろく》の政変と呼ばれている。

この政変の原因は、三好方が義輝の存在を脅威とし、自分たちに都合のいい義稙系足利氏(後述の義《よし》栄《ひで》)を擁立して、「二つの将軍家」状態を解消しようとしたとする考え〔山田 二〇〇二〕や、そもそも将軍そのもの擁立をあきらめたとする見方〔天野 二〇一六〕、義輝の動きを制限するべく、将軍への異議申し立てを武力でもって行う御所巻《ごしょまき》をしたが、受け入れられなかったため殺害したとする〔柴 二〇一六〕などの考えが出されており、いまだ見解は一致していない。

十四代将軍足利義栄

将軍が一五人もいれば、当然その中で知名度の高い者と低い者とに分かれる。室町幕府の将軍で知名度の低い三人を挙げるとなると、五代義量・七代義勝《よしかつ》・十四代義栄になる可能性が高いだろう。この三人に共通するのは、将軍在職期間の短さと、若くして死んだことである。そして義栄に至っては、一五人の中で唯一京都に入ることがなく生涯を終え、しかも前後が義輝・義昭と、ある程度知名度が高いため、より影が薄い印象を与えるのだろう。

義輝死後、三好氏は将軍を新たに取り立てようとしなかった。しかし、三好氏内部で三好三人衆と松永久秀とが対立すると、三好氏の本国である阿波からの援助が三人衆へなされた。阿波勢力の影響力が増す中で、阿波から足利義維が摂津までのぼってきた。義維はすでに出家の身であったため、息子の義栄が、一五六七(永禄十)年正月に将軍になる前段階として従五位下左馬頭《じゅごいのげさまのかみ》に叙任《じょにん》された。だが翌月に、三好氏当主の義継が久秀方についたことで混乱状況は続き、将軍宣下《せんげ》を得られないまま時は過ぎていく。内紛がようやくおさまりつつあった一五六八(永禄十一)年二月、義栄は摂津富田《とんだ》の地でついに征夷大将軍に任じられ、義維・義栄父子の悲願がかなった。

しかしその喜びも長くは続かず、半年後に足利義昭を擁した織田信長が上洛の軍を起こし、義栄方の勢力を打ち払って京都に入る。これ以後義栄の消息は途絶え、まもなく病死したとのみ伝わり、義維も帰国した。

義栄の将軍としての事蹟はほぼ無きに等しいが、この阿波足利氏の血筋は、義昭よりも続き、近世・近代まで存続している。

足利義昭と幕府の滅亡

義輝が討たれた時、その弟義昭は、僧侶覚慶《かくけい》として奈良興福寺一乗院《いちじょういん》にいた。直後に松永久秀に身柄を保護されるが、すぐに久秀から離れ、近江へ移って将軍になるべく、朝廷への働きかけや、全国の大名、東は常陸佐竹《さたけ》氏から、西は薩摩島津氏まで協力を呼びかけている。

三好氏によって近江を追われて越前へ逃れ、しばらく雌伏《しふく》の時を過ごすが、美濃を制圧した織田信長に迎えられ、ともに上洛の軍を起こして京都に入り、一五六九(永禄十二)年十月に将軍となった。

義昭と信長との関係は、かつては信長が義昭を傀儡《かいらい》としたためにすぐに破綻し、義昭が裏で画策して畿内周辺勢力を糾合し、信長を包囲するとの図式が想定されていた。しかし、現在では両者の関係はもともと良好で、信長は基本的に義昭の政務には関わらないようにしていて、義昭と信長とが敵対するようになるのは、一五七三(天正元)年に入ってからと考えられている[神田 二〇一四など]。

この一五七三年早々に、義昭は信長との関係を断ち、武田信玄ら信長と敵対していた勢力と手を結ぶ。信長との関係悪化、反信長の側近の声、信長を取り巻く情勢などを考慮して至った決断であった。信長からの求めに応じて一度は和議を結ぶが、七月に再び義昭は挙兵する。しかし、信長が即座に義昭の籠もる槙島《まきのしま》城を攻め立て、義昭は抗しきれず降伏し、結果義昭は京都から追放された。

その後義昭は、河内若江《わかえ》、ついで紀伊由良《ゆら》へ移り、一五七六(天正四)年には備後鞆《とも》へおもむいて、毛利氏の庇護下に入った。この時点でも、毛利領国や九州には影響力をおよぼしており、ついてきている家臣も小規模ながらまとまった人数が確認されるため、いまだ幕府として存続しているとする考え[藤田 二〇一〇]や、征夷大将軍自体は、一五八八(天正十六)年正月に出家するまで義昭が保持していたので、その時点を幕府滅亡とする考えもある[山田 二〇一一]。

ただ、影響力は西国の一部にとどまっており、幕府としての実態はすでに維持できておらず、従来通り、一五七三年に幕府は実質的に滅亡したとみるのが主流である。

〈参考文献〉

天野忠幸　二〇一四年『三好長慶――諸人之を仰ぐこと北斗泰山』（ミネルヴァ書房）
天野忠幸　二〇一六年『三好一族と織田信長――「天下」をめぐる覇権戦争』（戎光祥出版）
今谷明　一九七三年「細川・三好体制研究序説――室町幕府の解体過程」（のち再録『室町幕府解体過程の研究』岩波書店、一九八五年）
神田千里　二〇一四年『織田信長』（ちくま新書）
設楽薫　一九八九年「足利義尚政権考――近江在陣中における「評定衆」の成立を通して」（『史学雑誌』九八編二号）
設楽薫　一九九五年「将軍足利義晴の政務決裁と「内談衆」」（『年報中世史研究』二〇号）
柴裕之　二〇一六年「永禄の政変の一様相」（木下昌規編著『シリーズ・室町幕府の研究4　足利義輝』戎光祥出版、二〇一八年）
高橋康夫　一九八三年『京都中世都市史研究』（思文閣出版）
藤田達生　二〇一〇年『証言　本能寺の変』（八木書店）
村井祐樹　二〇一九年『六角定頼――武門の棟梁、天下を平定す』（ミネルヴァ書房）
山田康弘　二〇〇二年「将軍義輝殺害事件に関する一考察」（のち再録、木下昌規編著『シリーズ・室町幕府の研究4　足利義輝』戎光祥出版、二〇一八年）
山田康弘　二〇一一年『戦国時代の足利将軍』（吉川弘文館）

19

一向一揆と法華一揆——戦国時代の仏教と一揆

大塚 紀弘

1 戦国仏教論をめぐって

先行研究の視角

教科書では、あまり詳しく扱われていないが、戦国時代(十五世紀後半から十六世紀)になると、朝廷・幕府といった公的権力の弱体化を受け、それらと結びついた天台宗・真言宗などを修学する旧仏教(顕《けん》密《みつ》仏教)の集団は勢力を弱めた。一方で、真宗(浄土真宗)、法華宗(日蓮宗)を始めとする新仏教(鎌倉仏教)の集団は、農民・商工業者などの民衆から支持を得て、活動を活発化させた。新仏教の祖師である親鸞、日蓮の教えが、畿内やその周辺を中心に、急速に多くの民衆に受容されていったのである。それを如実に示すのが、一向一揆、法華一揆の発生である。

戦国時代の仏教について、総体としてどのように理解すべきか。僧侶や仏教集団の思想や活動については、現代につながる宗派の枠組みにもとづいて、歴史学や仏教学（宗学）の立場から、研究が積み重ねられてきた。そうした中、親鸞や日蓮の教えが国民的な規模で民衆思想の地位を得たのは戦国時代以降であるとみて、とくに真宗と法華宗を鎌倉仏教ではなく、戦国仏教と位置づけるべきとの提言が出された［藤井 一九七五］。これを受け止めつつも、戦国時代の仏教を幅広く戦国仏教ととらえ、同じく民衆仏教と位置づけられる浄土宗、時宗のほかにも禅宗、神祇信仰なども含めて、一神教を目指す志向が共通すると解釈し、そこに本質を求める見解も示された［大桑 一九八八］。戦国時代には限らないが、国家体制との関わりから、仏教を中心とする中世宗教を全体的な視角から把握することを目指す顕密体制論の立場からは、主観的かつ個別的になりがちだという宗派史の弱点も指摘された［黒田 一九七七、平 一九九二］。

以後、戦国時代の仏教については、真宗と法華宗を中心としつつ、それ以外の仏教集団や神道、キリスト教なども視野に入れつつ研究が進められていった。それらはおもに、①鎌倉仏教が民衆を中心に地域社会で受容されていく過程に注目し、その帰結として戦国仏教の成立を位置づける、②複数の仏教集団に共通する要素に着目し、戦国時代の仏教を特徴づける、の二つの方向に大別できる。さらに、②の方向を仏教以外にも広げ、③仏教思想の枠組みを越えた思想（観念・認識）を取り上げ、中世から近世への社会の変化を見通す、という方向も提示されている。

①の視点からは、法華宗について、最終的に戦国仏教として社会に定着した要因を地域社会の現実に向きあった点に求め、東国の村落を中心に、有徳人《うとくにん》（富裕層）を含む民衆に浸透していった実態が追究された［湯浅 二〇〇九］。民衆の内面に生じた苦悩を救済する機能を果たすことで、鎌倉仏教は門流・

門派から教団構築へと転進をはかり、戦国仏教として浸透・定着していったとする見解も示された［早島二〇一五］。修験道については、顕密仏教を支える周縁勢力と位置づけ、山伏が村落に定着して祭祀や祈禱《きとう》を担うことで、民衆的基盤をもつ戦国仏教となったとする見解が示されている［近藤二〇二二］。これらの論考では、それぞれの仏教集団の特質を十分にふまえずに論じられており、戦国仏教という概念の曖昧さに由来する問題点が浮き彫りになっているようにみえる。

②の視点からの論考によると、顕密仏教に共通する動向として、門跡《もんぜき》を頂点とする中央の有力寺院とその寺僧が、新仏教系の寺院や僧侶と対立・競合しつつも、相互補完的な社会関係を構築したという［河内二〇〇四］。新仏教どうしでは、禅宗と真宗本願寺派とで、大名・国人領主ら武士層の外護《げご》、神仏習合、密教的思潮による伝道、葬祭との関わりが共通するとの指摘がある［神田二〇一〇a］。

旧仏教（顕密仏教）と新仏教（鎌倉仏教）の共通項に目を向けた論考もある。すなわち紀伊の根来寺《ねごろじ》は、周辺の民衆を出自とする僧侶（行人《ぎょうにん》）が主導した顕密仏教の寺院で、民衆によって支えられた新仏教の一向衆勢力などとともに、荘園制支配体制の衰退過程で生まれた「民衆」的宗教勢力と位置づけられるという［大石一九九四］。室町時代前期に転換点をみてとる論考では、室町幕府の宗教政策を契機に、曹洞系、日蓮系、浄土系のほか、顕密仏教の寺院でも門派が本末関係によって再編され、近世以降の宗派へと方向づけられたとされる［川本二〇一四］。宗派・教団化について、本末関係による仏教集団の一元化に本質を求めるならば、世俗権力の政策によってうながされた面もあろう。ただ、江戸幕府の政策にもとづきつつも、寺檀制度を基盤として初めて、宗派・教団が確立しえたことをふまえると、地域社会の成熟にともなう檀家の増加や教学の整備を軽視してはならないだろう。

一方、戦国時代に生じた宗教状況の全体像について、修験《しゅげん》・聖《ひじり》やキリシタンも含めて戦国期宗教勢力と位置づけ、中心・正統と周縁・異端の関係という構図から、時期的な推移をとらえる試みも提示されている［安藤 二〇一九］。ここでは顕密体制論の影響のもと、国家体制を基準に対立的な座標軸が設定されている。それぞれがもつ社会集団としての特質を等閑視し、全体構造とその歴史的展開を単純な図式に当てはめているようにみえる。

③の視点からの研究では、つぎのような見解が示されている［神田 二〇〇八・二〇一〇b・二〇一六］。戦国時代には、仏教思想とは一線を画する天道《てんとう》の観念が、世界の摂理を司るものとして広く受容され、人々の行動様式を規定しており、その浸透によって国民の価値観が整序された。また、内面の世界での信仰と世俗の規範、道徳とが共存可能という共通認識が生まれたことで、仏教信仰が広まったと推測できるという。これらの見解は、戦国時代以降の近世に、神道、仏教、民俗宗教が補完しあって統合された国民的な宗教が存在したとする想定にもとづき［尾藤 一九八八］、戦国時代の思想状況からその実態を浮かび上がらせようとする試みから導き出された。ただ、中国に由来する天道の観念が戦国時代以前から存在していたことをふまえると［大田 二〇一五］、神祇信仰や仏教思想（とくに浄土信仰）の弱体化に対応した現象とも位置づけられそうである。

本稿の視角と構成

いずれにせよ、政治的な闘争をともなった一揆の一種である一向一揆と法華一揆は、戦国時代特有の現象で、戦国仏教論で真宗と法華宗を根幹に位置づける傾向を後押しするのに十分である。中世の正統的な宗教体制とされる顕密体制も、こうした一揆によって最終的に崩壊したという［黒田 一九七五］。民衆の信仰に裏づけられた鎌倉仏教の社会的な受容があったからこそ、戦国仏教（の一部）による一揆が大規模に展開された。つまり、戦国仏教による一揆を考える場合、鎌倉仏教から戦国仏教への展開、紛争・一揆の時代としての中世（戦国時代）、という二つの動向を重ねあわせて理解しなくてはならないのである。仏教集団に即すと、前者は日常的な変質、後者は非日常的な対応と位置づけられる。

以下、これまで先行研究に即して述べた問題関心にもとづき、真宗と法華宗をおもな対象として、戦国仏教の全体像にせまる。まず2節では、前提として、一向一揆と法華一揆について、非日常的な宗教的一揆としての位置づけを確認する。そのうえで3節、4節ではそれぞれ真宗本願寺の一向衆、京都の法華宗寺院の法華衆を取り上げ、一揆との関わりを念頭に、社会集団としての基本的な構造や宗派・教団化への動向を明らかにする。最後に5節で、戦国時代の仏教集団について、それぞれの特質にもとづいて整理しよう。

2　非日常的な一揆としての宗教的一揆

一向一揆と法華一揆は、宗教一揆ともされるが、いずれも用語としては同時代の史料には見出せず、ある種の一揆を指す用語として学術的に用いられている。中世の一揆は、一定の目的を達成するために形成された集団・組織で、日常性を超えた問題を解決するために結ばれた非日常的な集団と規定される［久留島 二〇一二］。一揆によって形成された集団・組織が、武士の一族一揆のように日常性をおびる場合もあるが、当初は何らかの目的を定めて結成される訳で、非日常的な事態への対応策と位置づけられよう。つまり、日常的な社会集団を基盤として、新たに形成された非日常的な社会集団が一揆であった。一揆は、ある目的を達成するため、蜂起すなわち政治的な運動(闘争)を起こすこともあり、日常的な社会集団として一定期間維持されることもあった。

以上のことをふまえると、一向一揆や法華一揆は、一揆が目的を達成するために起こした政治的な闘争を念頭においた限定的な呼称ということになる。闘争の実態を追究することも政治史的には重要だが、その本質は、いかなる人々がどのような事態への対応として、何を目的に結成したかという点に見出されるはずである。なお、本願寺集団について、武家の家中と類似した構造だったととらえ、それ自体を一揆と位置づける見解もあるが[神田 一九九五]、非日常的な一向一揆との相違が不明確になるため賛同できない。

中世の一揆は、武士による一族一揆や国人一揆、荘園の百姓による荘家《しょうけ》の一揆、荘園の枠組みを越えた土民《どみん》(百姓)による土一揆、一向一揆、法華一揆といった宗教的一揆、武士・百姓を含む郡単位での惣国《そうこく》一揆などに分類される[久留島 二〇一二]。宗教的一揆の目的は、仏敵・法敵と戦うことにあるが、世俗的一揆と弁別するのは困難だという。それは、仏敵・法敵と戦うといった宗教的な目的が、世俗的な目的と重なりあうかたちで、実際の政治的な闘争が展開されるからである。

一向一揆は土一揆という呼称で認識されており[神田 二〇〇四]、護教的な宗教運動とのみ性格づけることはできない。法華一揆も当時は単に一揆と呼ばれており[河内 二〇一三]、後述のように管領細川晴元《はるもと》の指揮下で闘争に加わったこともあった。ここには、民衆が在家衆《ざいけしゅう》として、真宗、法華宗による社会集団の構成員となり、一向衆、法華衆と呼ばれたという事情がある。彼らが主体となって一揆を結べば、そこに宗教的な目的が掲げられるし、彼ら以外も一揆に加わるのは、世俗的な目的が共有されたからである。一向一揆が本願寺の門徒にとって非常時の報謝行《ほうしゃぎょう》であっても［金龍 二〇〇四］、非門徒にとっては決してそうではないのである。したがって、宗教一揆の目的を護教的な要素に限定した場合、一向一揆も法華一揆も宗教運動としての側面はもつものの、完全にその範疇で特徴づけられるわけではない。とくに、宗教的な目的をもつ門徒を主体としつつも、世俗的な目的を共有する非門徒も加わるかたちで展開された一向一揆については、ほかの一揆と区別するには、宗教的一揆と呼ぶほかはあるまい。その内実を追究するのは、教科書でも取り上げられる寺内町《じないまち》の展開も含めて、基本的に政治史、地域史の課題となろう［竹間 二〇二二］。

3 本願寺の一向衆と一向一揆

本願寺集団の基本構造

本願寺は、真宗の祖師である親鸞の墓所が設けられた京都東山大谷《ひがしやまおおたに》の廟堂を起源とし、山科《やましな》、大坂などへの移転を経ながら寺院として整備された。その住持（御影堂留守職《みえいどうるすしき》）は、東国の門徒から支援を受けつつ、親鸞の子孫が継承した。戦国時代に本願寺集団を大きく成長させたのが、中興の祖とされる蓮如（一四一五〜九九）である。親鸞を祖師とする専修《せんじゅ》念仏の集団は一向衆（一向宗）と呼ばれたが［安藤 二〇二〇］、蓮如は、自らの宗派を、浄土宗の流れをくむが、それとは異なるとして浄土真宗と称した

(『御文《おふみ》』)。以下、蓮如が編成した本願寺集団の基本的な構造を検討していこう。

蓮如の子である実悟《じつご》は、百姓を坊主衆《ぼうずしゅう》と門徒衆に分けており(『実悟記拾遺《じつごきしゅうい》』)、教化の対象となる百姓(民衆)を出家衆と在家衆による二元的な構成で把握していたことがわかる。本願寺集団の一向衆は、出家衆と在家衆から成り立っていたのである。蓮如は、それぞれの土地で、坊主、年寄、長《おとな》の三者に教えを理解させれば、彼らに連なる多くの人々もおのずと教化されると語ったという(『栄玄聞書《えいげんききがき》』)。蓮如は出家衆の坊主(僧侶)のみならず、在家衆の年寄や長を直接的な教化の対象として把握しようとしたのである。在家衆である門徒衆は、寺院や道場の坊主のほか、同じ在家衆の年寄や長を指導者として真宗の教えを学んだ。年寄や長は、出家衆すなわち本願寺やそれに連なる坊主(一家・一門)を支援する有力な檀那で、村落(惣村)や町場の有力者に当たると考えられる。

在家衆の百姓は、親鸞の忌日(二十八日)など毎月一度あるいは複数度、道場または寺院に集まって信心を確認しあった(『御文』)。これは会合、寄合、講などと呼ばれ、のちに講という名称で一般化した[草野 一九九二]。それを主導したのが、道場を管理する同じ在家衆の年寄や長、あるいは道場、寺院に居住する出家衆の坊主だったのだろう。蓮如とそれ以後の本願寺住持は、本尊(名号、阿弥陀如来像)や親鸞をはじめとする本願寺住持の画像を大量に作成した。これらは、年寄、長あるいは坊主に下賜され、道場または寺院で会合等が行われる際に掲げられたと考えられる。

一方で蓮如は、直参衆《じきさんしゅう》と門徒衆という区分も用いており、前者は本願寺住持との対面が可能とされた[草野 一九九三]。直参衆は、出家衆(坊主衆)のみならず在家衆(在俗出家者)も含み、本願寺で番役《ばんやく》(御影堂を警護する卅日《さんじゅうにち》番役、雑事《ぞうじ》番役)や頭役《とうやく》といった役をつとめた[金龍 二〇〇四]。直参衆の在家衆は、地域社会の有力者を含み、ほかの門徒衆とは別格に位置づけられたと考えられる。先の構図に照らすと、坊主のほかに、年寄、長を直参衆に編成することで、門徒衆を二方面から統括しようとしたと解釈できよう。以下、政治的な闘争を起こした一向一揆の代表例として、教科書でも言及される加賀一向一揆と石山合戦を取り上げ、本願寺集団の基本的な構造との関わりを確認していこう。

一向一揆と門徒衆

加賀一向一揆は、蓮如が延暦寺の攻勢を避け、一四七一(文明三)年から四年間、加賀との国境に近い越前の吉崎《よしざき》(現福井県あわら市)に滞在したことを背景に二度にわたって起こった〔峰岸 一九八六、神田 一九九八〕。一四七四(文明六)年の文明《ぶんめい》一揆、一四八八(長享二)年の長享《ちょうきょう》一揆である。加賀は四郡から成り、文明一揆では郡ごとに一揆が結ばれた。これらの郡一揆の構成は不明だが、門徒衆の長が含まれていたことは確かで、彼らが主導して非門徒も含めて結成されたと考えられる。郡一揆は、出家衆(坊主衆)ではなく、長衆《おとなしゅう》(国人領主)に率いられた在家衆(門徒衆)が多くを占めたのだろう。のちに郡一揆は、守護の富樫《とがし》家とともに本願寺一族寺院の加賀三ケ寺《かがさんかでら》(坊主衆)を擁立し、それらの指揮下で両属的に活動するようになったという。なお、蓮如の曾孫で本願寺住持となった証如《しょうにょ》の斎《とき》(昼食会)には、坊主衆のほか、加賀の長衆(旗本衆《はたもとしゅう》)が招かれている(『天文日記《てんぶんにっき》』)。

つぎに、一五七〇(元亀元)年に織田信長の畿内進出という政治的な変動にともなって、本願寺が反信長勢力に加わったことで起こったのが、石山合戦(信長による大坂本願寺攻撃)である〔神田 二〇〇七〕。本願寺住持の証如は、諸国の一向衆に対して反信長の闘争を呼びかけ、地域単位で坊主衆と門徒衆の両者を動員した。石山合戦に際して、紀伊の門徒衆である雑賀《さいか》一向衆は、雑賀(鷺森《さぎのもり》)御坊(現和歌山市)を中心に結集し、道場を単位として本末関係を軸に行動した[武内 二〇〇五]。しかしながら、雑賀一向一揆は、雑賀一向衆と同一ではなく、雑賀荘、十ケ郷などの有力土豪を中心とする地縁集団である雑賀衆と重なるかたちで、反信長を目的に結成されたという。

以上のように、本願寺集団の一向衆は出家衆(坊主衆)、在家衆(門徒衆)という二元的な構造をとっており、政治的な闘争を目的として、非門徒衆も含めて一揆を結んだ。本願寺集団はその後、住持(法主)とそれに連なる一門・一家衆の寺院の求心性を高めることで、本末関係を通じて在家衆を一元的に把握する方向へと向かったようである。ここに、寺内町の展開、本願寺集団の宗派・教団化といった動向を位置づけることができる。

4　京都の法華衆と法華一揆

洛中の法華宗寺院

法華宗は日蓮を祖師とし、そのおもな活動地である東国で広まったが、門弟等によってしだいに京都などの西国へも展開していった。鎌倉時代末期、日蓮に師事した日朗《にちろう》の門弟である日像《にちぞう》が、京都最初の法華宗寺院である妙顕寺《みょうけんじ》を創建した[河内 二〇一三]。洛中《らくちゅう》の妙顕寺は、後醍醐天皇の勅願寺《ちょくがんじ》に指定されたのち、室町幕府の祈願所となり、その祈禱体制の一翼を担った。その後、四条門流《しじょうもんりゅう》の祖師となった日像以外の門流も京都に進出し、富裕な商工業者から支持を受け、洛中に法華宗寺院が増加していった。本能寺、妙蓮寺《みょうれんじ》、本国寺《ほんこくじ》（のちの本圀寺）、妙満寺《みょうまんじ》、本満寺《ほんまんじ》などである。一四六六（文正元）年に五山《ござん》禅僧の季瓊真蘂《きけいしんずい》、一四八一（文明十三）年に公家の中御門宣胤《なかみかどのぶたね》が、それぞれ法華宗が盛んになったと日記に記している。一四九四（明応三）年、摂関家の九条尚経《ひさつね》は、法華の輩《ともがら》が日蓮の忌日に各々の本寺（檀那となっている寺）に詣でていると日記に記している。また、文明の乱以降は京中に法華の寺院が充満しているとある。数を増しつつある法華宗寺院の檀那となった京都の商工業者らは、仏事などの機会に定期的に集まっていたのである。

一四九三（明応二）年、播磨守護赤松政則《あかまつまさのり》方の軍勢が上洛し、本能寺、妙蓮寺に入った（『晴富宿禰記《はるとみすくねき》』）。赤松方の軍勢が妙満寺に向かうと、管領細川政元《まさもと》方の軍勢がそれをとどめた。細川方の軍勢が妙満寺に立てこもろうとしたため、檀那衆とともに妨害したが放火されたという。妙満寺の出家衆は、支援者である在家衆の檀那衆と協力して対応したのだろう。こうした中、一向一揆の蜂起を受けて、教科書で言及される法華一揆が結ばれた。

法華一揆と檀那衆

一五三二（享禄五）年、細川晴元の被官が京中（上京《かみぎょう》・下京《しもぎょう》）の日蓮宗町人による一揆（法華一揆）を率いて洛中を進軍した（『祇園執行日記《ぎおんしぎょうにっき》』『二水記《にすいき》』）。山科本願寺の軍勢（一向一揆）が京都東山に進出したところ、細川被官と法華衆が追い払って多くの首を取った（『後法成寺関白記《ごほうじょうじかんぱくき》』）。本願寺勢が四、五千人だったのに対して、京都の軍勢（細川勢と法華一揆）は一万人におよんだという。その後、一向宗（一向一揆）が攻めてくるという風聞を受け、京都の日蓮宗（法華衆）は細川方とあわせて三、四千人の軍勢で、本願寺を攻撃した(『祇園執行日記』)。その際、上京・下京の日蓮門徒は、それぞれの寺に分属したという(『経厚法印日記《きょうこうほういんにっき》』)。このように法華一揆は、洛中にあった法華宗寺院の檀那衆によって結成され、細川方とともに政治的な闘争を起こしたのである。法華宗の寺院ごとに檀那衆が結集したとみられ、出家衆が闘争に直接加わったとは考えがたい。しかしながら、細川晴元と密接な関係にあった法華宗の寺院は、檀那衆の動員に協力している[西尾 一九八一]。すなわち、晴元は本満寺(出家衆)に対して檀那衆の動員を賞して感状《かんじょう》(功労を認める文書)を発給する一方、本満寺檀那衆には在陣と武功をたたえる感状を送っている(『本満寺文書』)。晴元の一元的な指揮下におかれたことで、それぞれの檀那衆が所属する法華宗寺院の枠を越えて、法華一揆として非日常的な結合が達成されたのである。

一五三六(天文五)年、法華衆と対立関係にあった延暦寺は、洛中にあった日蓮党の二十一ヶ寺を破却しようと画策した[今谷 一九八九、河内 二〇一三]。その際、延暦寺は「弥陀《みだ》一向之衆」(一向衆)と「法花一向之輩」(日蓮党)が近年、僧俗一致により国を乱していると主張している(『天文五年山徒集会議』)。また、延暦寺から協力を求められた根来寺は、日蓮衆が近年、僧俗一揆して世を乱していると述べている。法華衆では、先に述べた一向衆と同じく、出家衆と在家衆の二元的な構成を取りつつ、両者の一体性が保たれていたのである。

天文法華の乱では、延暦寺方の攻撃により、兵力に劣る法華一揆が敗れ、多くの法華衆が死亡した。洛中の二十一ヶ寺は破却され、出家衆は堺などに逃れた。乱後、室町幕府は日蓮党衆僧と集会輩が洛中洛外(京都)で行動することを禁じ、日蓮衆寺院の再興も認めなかった(『本能寺文書』)。集会輩は、法華宗寺院に定期的に集まって集会をもよおしていた在家衆の檀那衆を指すのだろう。法華一揆の敗北により、法華衆の在家衆は出家衆とともに活動停止に追い込まれたのである。

一五四二(天文十一)年、法華宗二十一ヶ寺は、正親町天皇の綸旨によって洛中に寺院を再興することが認められた(『両山歴譜《りょうざんれきふ》』)。一五四七(天文十六)年、再興にともなう交渉で、法華衆の十五ヶ寺は、僧俗が諸家を誹謗するのをつつしむことを定めた(『本能寺文書』)。ここに、法華宗寺院の出家衆が共同し、在家衆を一元的に編成しようという志向がうかがえ、宗派・教団化への動向と位置づけることができよう。

5 戦国時代と信心の仏教

戦国時代には、戦乱・飢饉の頻発といった社会状況のもと、民衆が主体的に信仰を実践し、寺社の運営に深く関与するのみならず、仏教勢力の正式な構成員にもなっていったとされる[安藤 二〇一九]。そこには、顕密体制という国家体制からの脱却とともに、宗派・教団化への志向があり、その典型が本願寺だったという。それでは、なぜ戦国時代の民衆は、真宗、法華宗による社会集団の構成員になれたのだろうか。

仏教は本来、持戒《じかい》・禅定《ぜんじょう》・智恵《ちえ》から成る戒定恵三学の修行体系によって成り立つ宗教である[大塚 二〇〇九・二〇一七]。戒定恵三学のうち、平安時代以来の顕密仏教では智恵(顕教・密教の教学)、鎌倉時代に新たに形成された禅律仏教(禅家、律家および浄土宗)では持戒と禅定が重んじられた。だが、両者は戒定恵三学の意義を認めるという点で共通し、修行の仏教と位置づけられる。それゆえ、両者の仏教集団は、基本的に寺院に属して戒定恵三学の修行に励む出家者すなわち僧侶によって構成された。そこでは、世俗社会に属する在家者は、こうした出家衆の人的な供給源にすぎなかった。武士や貴族が主体的に宗教的な活動に取り組む場合もあったが〔芳澤 二〇一八〕、あくまで寺院の檀家として出家衆を外側から個別に支援する存在にとどまったのである。

一方、法然(とくにその門弟の親鸞)や日蓮は、末法《まっぽう》の世には戒定恵三学の修得が困難だとする立場から、信心を拠り所にした救済の体系を提示した。彼らの門流が形成した信心を紐帯《ちゅうたい》とする社会集団は、顕密仏教や禅律仏教のような修行の仏教に対して、信心の仏教と位置づけられる。信心は、出家衆のための戒定恵三学の修行とは異なり、あらゆる仏教の信者に対応する。したがって、出家者と在家者の境界が曖昧となり、後者によって結成された在家衆を集団の内部に組み込むことができたのである。

戦国時代以前から、地域社会の民衆は、神祇信仰にもとづく神社の祭祀によって結びついていた。顕密仏教は、神仏習合(本地垂迹説《ほんじすいじゃくせつ》)によって神祇信仰を取り込み、地域社会へと進出していった。しかしながら、神祇信仰による結合は、地縁的、血縁的な範囲にとどまるという限界があった。戦国時代に地域社会が力を強め、相互の軋轢《あつれき》が深まると、それへの対応として、広域的に結合せざるをえない状況となった。そこで、村落や町場といった地縁的な枠組みを越えた結合の紐帯として、信心の仏教が必要とされたのである。成熟した地域社会の民衆は、在家衆、すなわち門徒衆、檀那衆として主体的に連帯し、信心の仏教たる一向宗、法華宗の出家衆を支えた。そして、こうした日常的な結合を基盤として、肥大化した軋轢の解消を目的に、非日常的な結合として一向一揆、法華一揆が結ばれ、政治的な闘争を起こしたのである。同様の性格は、信心の宗教たるキリスト教(キリシタン)にも認められるが、この点については別の機会に論じよう。
さて、戦国時代の禅家では、室町幕府と結びついた五山派が衰退する中、臨済宗の大徳寺《だいとくじ》派、妙心寺《みょうしんじ》派、道元流の曹洞宗といった山隣《さんりん》派(林下《りんか》)が東国などに勢力を広げていった。これは、地域社会を主導する武士が、嫡男相続にもとづく家(檀家)の菩提寺を創建し、それらの門流の禅僧を住持に招いたことによる。民衆も同様の家を形成するようになると、その菩提寺として鎌倉仏教(浄土宗・真宗・法華宗など)の寺院がしだいに増加した。一方で、霊場としての魅力の喧伝に成功した顕密仏教の寺院も、広範囲の民衆から信仰を集めた。戦国時代の仏教はかくも多彩で、本稿で中心にすえた信心の仏教のみならず、修行の仏教も含めて、それぞれの特質をふまえた包括的な考察が求められるのである。

〈参考文献〉

安藤弥　二〇一九年「序論」(『戦国期宗教勢力史論』法藏館)
安藤弥　二〇二〇年「「一向宗(衆)」考」(『真宗研究』六四号)
今谷明　一九八九年『天文法華の乱——武装する民衆』(のち改題『天文法華一揆——武装する民衆』洋泉社、二〇〇九年)
大石雅章　一九九四年「寺院と中世社会」(のち再録『日本中世社会と寺院』清文堂出版、二〇〇四年)
大桑斉　一九八八年「戦国期宗教化状況における神観念」(のち再録『日本近世の思想と仏教』法藏館、一九八九年)
大田壮一郎　二〇一五年「中世仏教史の分水嶺」(荒武賢一朗ほか編『日本史学のフロンティア2』法政大

学出版局）
大塚紀弘　二〇〇九年『中世禅律仏教論』（山川出版社）
大塚紀弘　二〇一七年「日本中世における仏教宗派の共存と対立」（『史潮』新八二号）
河内将芳　二〇〇四年「宗教勢力の運動方向」（のち再録『中世京都の都市と宗教』思文閣出版、二〇〇六年）
河内将芳　二〇一三年『日蓮宗と戦国京都』（淡交社）
川本慎自　二〇一四年「室町幕府と仏教」（『岩波講座日本歴史8』岩波書店）
神田千里　一九九五年「戦国期本願寺教団の構造」（のち再録『一向一揆と戦国社会』吉川弘文館、一九九八年）
神田千里　一九九八年「加賀一向一揆と一向宗」（『一向一揆と戦国社会』吉川弘文館）
神田千里　二〇〇四年「一向一揆と土一揆」（のち再録『戦国時代の自力と秩序』吉川弘文館、二〇一三年）
神田千里　二〇〇七年『戦争の日本史14　一向一揆と石山合戦』（吉川弘文館）
神田千里　二〇〇八年「戦国日本の宗教に関する一考察」（『東洋大学文学部紀要　史学科篇』三三号）
神田千里　二〇一〇年a「一揆と仏教」（末木文美士編『新アジア仏教史12　日本II　躍動する中世仏教』佼成出版社）
神田千里　二〇一〇年b『宗教で読む戦国時代』（講談社選書メチエ）
神田千里　二〇一六年『戦国と宗教』（岩波新書）
金龍静　二〇〇四年「一向一揆研究史と展望」（『一向一揆論』吉川弘文館）
草野顕之　一九九二年「蓮如と講・寄合」（のち再録『戦国期本願寺教団史の研究』法蔵館、二〇〇四年）
草野顕之　一九九三年「戦国期本願寺直参考」（のち再録『戦国期本願寺教団史の研究』法蔵館、二〇〇四年）

久留島典子　二〇一一年『日本史リブレット81　一揆の世界と法』(山川出版社)
黒田俊雄　一九七五年「中世における顕密体制の展開」(のち再録『黒田俊雄著作集2』法蔵館、一九九四年)
黒田俊雄　一九七七年「顕密体制論の立場」(のち再録『黒田俊雄著作集2』法蔵館、一九九四年)
近藤祐介　二〇二二年「修験道から見た戦国仏教」(『歴史評論』八六三号)
平雅行　一九九二年「中世宗教史研究の課題」(『日本中世の社会と仏教』塙書房)
武内善信　二〇〇五年「雑賀一揆と雑賀一向一揆」(大阪真宗史研究会編『真宗教団の構造と地域社会』清文堂出版)
竹間芳明　二〇二一年『戦国時代と一向一揆』(文学通信)
西尾和美　一九八一年「「町衆」論再検討の試み——天文法華一揆をめぐって」(『日本史研究』二二九号)
早島有毅　二〇一五年「戦国仏教の展開における本願寺証如の歴史的位置」(真宗史料刊行会編『大系真宗史料　文書記録編8　天文日記I』法蔵館)
尾藤正英　一九八八年「日本における国民的宗教の成立」(のち再録『江戸時代とはなにか——日本史上の近世と近代』岩波書店、一九九二年)
藤井学　一九七五年「近世初期の政治思想と国家意識」(のち再録『法華文化の展開』法蔵館、二〇〇二年)
峰岸純夫　一九八六年「加賀における文明・長享の一揆」(『中世社会の一揆と宗教』東京大学出版会、二〇〇八年)
湯浅治久　二〇〇九年『戦国仏教——中世社会と日蓮宗』(中公新書、のち吉川弘文館、二〇二〇年)
芳澤元　二〇一八年「中世後期の社会と在俗宗教」(『歴史学研究』九七六号)

20

戦国大名と国衆

丸島 和洋

はじめに

戦国時代の範囲は諸説あるが、享徳の乱(一四五四〜八二年)・応仁の乱(一四六七〜七七年)から、羽柴(豊臣)秀吉が列島を統一した一五九〇(天正十八)年までとしておく。室町幕府・鎌倉府の衰退に端を発し、中世日本の特徴である分権的状況が頂点に達した時代という理解による。教科書的には織田信長入京によって安土桃山時代(研究上は織豊期と呼ぶ)に分けるが、それは中央からみた歴史にすぎない。

戦国大名は、室町時代の守護や、近世大名と違って、誰かに任命された存在ではない。今川義元が『かな目録追加』で述べているように、「自分の力量を以て、国の法度を申し付け、静謐《せいひつ》する(世の中を穏やかにおさめる)こと」を成し遂げた権力である。そのため定義自体も曖昧で、かつては様々な大名の部分的特徴のパッチワークや、伝存史料の豊富な相模の小田原北条氏の特徴が「典型的な」戦国大名像とされた。その反省から個別大名研究が進み、諸大名の多様性が掘り下げられた反面、総論としての戦国大名論は低調となった。

そこで本稿では、戦国大名を以下のように定義して議論を進めたい[丸島 二〇二一]。

①室町幕府・朝廷・鎌倉府・旧守護家をはじめとする伝統的上位権力を「名目的に」奉戴・尊重する以外は、他の権力に従属しない。

②政治・外交・軍事行動を独自の判断で行う。伝統的上位権力の命令を考慮することはあっても、それに左右されない自己決定権を有する。

③自己の個別領主権を越えた地域を一円支配した「領域権力」を形成する公権力である。これは、周辺諸領主を新たに「家中」と呼ばれる家臣団組織に組み込むことを意味する。

④支配領域は、おおむね一国以上を想定するが、数郡レベルの場合もある。陸奥や近江のように、一国支配を定義要件とすることが適当でない地域が存在することによる。

これに大名の自己表現と、第三者の認識を加味して考えたい。戦国大名は、大名家とその支配領国を「国家」と自称し、宣教師やポルトガル商人からは“rey/rei”(国王)と呼ばれた[松本 二〇二〇]。とくに西日本の大名は、独自に国際外交を展開し、東南アジアとの貿易でも「国」と称するようになっていく[鹿毛 二〇二三]。

右の諸点をふまえ、近年の研究では、戦国時代とは将軍が「天下」と呼ばれた畿内五カ国(山城・大和・摂津・河内・和泉)に一定の支配権を維持する一方で、戦国大名が地方に「地域国家」を形成した時代と把握されるようになってきた。

一方で、戦国大名だけに着目しても、戦国時代はもちろん、大名権力の理解も深まらない。現在の戦国大名研究は、その家臣団構造や、大名に服属しながらも自治権を保持していた国衆、村落や都市といった多様な視点から論じられている。紙幅の都合から、社会史的議論は捨象せざるをえないが、以下では現在の戦国大名研究を、とくに大名・国衆の権力構造に力点をおきつつ、概観していく。

1 戦国大名の相対化

一九六〇年代以降の戦国大名論は、なぜ戦国大名という権力が誕生し、地方政権として存立できたのか、という疑問を軸に展開した。その中で、戦国大名という概念用語の使用そのものについても再検討が加えられた。

それまでの研究では、戦国大名は中世大名領国制の到達点と評価されつつも、近世大名への入り口と位置づけられがちであった。近世大名にどれくらい近似しているかで、大名権力の強弱が論じられる傾向が存在したのである。しかしこれは地域の実情を無視し、戦国大名はすべて近世大名化を目指していた、という結論ありきの議論ともいえる。戦国時代は地方の時代であり、多様な可能性を秘めていたことを忘れてはならない。戦国期の独自性を追究する意義はここにある。

したがって室町期からの移行と転換の再検討が進展したのは当然といえ、戦国大名の税制や法の淵源として「守護権」が注目されていった［村田 一九六四、藤木 一九七四ほか］。

戦国期守護論

一九七〇年前後に提唱された「戦国期守護論」は、守護権を重視してきた研究史をふまえ、戦国時代を室町時代の枠組みで把握する試みである［矢田 一九九八、今岡ほか 一九八五］。室町期守護が変質して戦国期守護化したと位置づけ、戦国大名概念を否定したわけだ。さらに室町時代全体を扱う「幕府―守護体制論」の中では、幕府が「天下成敗権」を、戦国期守護が各国の「国成敗権」を行使した時代と評価された［川岡 二〇〇二］。

しかし、戦国期守護論においては、室町幕府の間接統治地域であった東北・関東・九州は、議論の対象から外された。皮肉なことに、それまで戦国大名の典型・代表例と評価されてきた小田原北条氏は、議論の俎上《そじょう》にのぼらなかったのだ。戦国大名論が北条氏中心の議論を脱却しても、議論は噛みあわなかった。

幕府―守護体制論が深化すると、幕府から守護に任命されなくても、実力で国成敗権を獲得し、周囲からもそれを認定されれば、戦国期守護と評価できるとされた。この結果、戦国大名論との違いが不明瞭になった感を否めない。近年、守護の領国展開そのものを再検討する動きが出ている点も無視できない。

戦国期の儀礼秩序と幕府・朝廷

ただ戦国期守護論で、「守護家」という家格、つまり儀礼秩序が再注目されたことは大きな成果であった。戦国期は下剋上の時代と呼ばれるが、厳然たる身分制社会である点を見落としてはならない。身分の壁を打ち破ることが難しかったからこそ、下剋上の成功例が目につくのだ。

戦国期の室町幕府将軍も、一定以上の影響力を有していたことが明らかにされた〔山田 二〇一一〕。戦国大名は、将軍偏諱《へんき》(実名《じつみょう》から一字もらう行為)や、将軍の推薦を得て、朝廷の官職といった栄典を得ようとした。

身分制社会において、家格は軽視できない。栄典は、大名の領国支配に不可欠なものではないが、支配の正統性を主張しやすくなる。幕府の位置づけも再検討が進められている。

国衆論

一九七〇年代以降、戦国大名の専制性は否定され、家臣の一揆に奉戴される側面が強調されていく。戦国期守護論においても、戦国期守護と郡規模権力が同質の「戦国領主」と把握され、守護権をもつ戦国期守護が上級支配権を行使したという構図が提示された〔矢田 一九九八〕。戦国大名(戦国期守護)を、戦国領主の連合政権とみなす議論といえる。

戦国領主は、戦国大名論の立場からは「国衆」と位置づけられ、議論が深化した〔黒田 一九九七a〕。一九九〇年代に展開した国衆論こそが、近年の戦国大名論の骨子である。ただ、畿内近国の史料では国衆とは地侍を指すため、戦国領主を学術用語として採用する論者も少なくない。

国衆の多くは、室町時代同様、国人領主と評価され、論じられてきた存在である。「国人」は幕府直轄の武家のことで、守護の指揮系統には属さず、戦国大名支配下でも独自性を保っていた。そのためかつては、戦国大名は国人を完全に屈服させ、領地も直轄化を目指したが、果たせなかったと理解されていた。

しかし戦国大名には国衆領に干渉する意図はほとんどなかった。戦争下において、占領地すべての掌握など現実的ではない。大名にとって、国衆がおとなしく服属し、出陣義務を果たしてくれれば基本的に十分であった。

したがって国衆は、内政自治権を保持したまま大名に服属した外様の存在で、一般の譜代家臣とは立場が異なる。つまり戦国大名は、大名領国(「惣国家」)に、多数の国衆国家を包摂する権力構造にあったと評価できる[柴 二〇一四]。

2 戦国大名に求められたもの

紛争調停者としての戦国期権力

戦国時代は、気候変動の激しい時期であった[峰岸 二〇〇一]。長期におよぶ天候不順は、河川の水量や作物の収穫に大きな影響を与えた。そもそも戦乱多発の背景にも、気候変動とその影響を見落とすことはできない。村落間、あるいはそれをおさめる領主間で、用水相論や山論が頻発し、物資の奪い合いが生じやすくなっていた。

厳しい生産環境のもと、下人(隷属階級)の逃亡もあいつぎ、返却交渉も難航した。自力救済が当たり前の中世社会では、こうした揉め事は容易に武力紛争に発展する。

室町幕府の全盛期であれば、守護が将軍や鎌倉公方に判決文や権利証文を出すよう働きかけ、守護家臣の筆頭である家宰や、分国ごとに配置された守護代・小守護代が、現地での裁判と調停を主導した。しかし中央の大乱の結果、各国守護は京・鎌倉を離れ、自ら戦争の指揮をとって守護管国の維持をはかった。その過程で、守護自身が家臣団統率や内政に関心を示すのは自然な流れといえる。しかしそうした動きは、家宰たちからすれば職権・既得権益の侵害と映る［黒田二〇〇三］。

こうして十五世紀後半、列島各地で守護と家宰を中心とする守護重臣の主導権争いが繰り広げられた。これに勝利した側が、一国支配を固め、戦国大名となっていく。一方、そもそも守護不設置の国（陸奥や大和）や、守護支配の脆弱な国（安芸や三河など）も存在する。そうした地域では国人が郡規模の支配を固めて国衆化し、さらに国衆一揆の指導者として戦国大名に成長する者も現れた。

つまり戦国大名や国衆に期待された役割とは、紛争解決の調停者であった［藤木一九七四、稲葉二〇〇九、花岡二〇一八など］。河川・用水路の流域を巻き込む水論や、遠隔地への下人逃亡の解決には、広大な領域支配が必要となる。だから戦国期権力には、庶流家が譜代家臣の列に加わるようになり、領国も面的なもの（一円領国）となっていく。

成立した権力の支配範囲が郡規模であれば国衆、一国規模にまで拡大すれば戦国大名と位置づけうる。一円領国を形成した「領域権力」として、戦国期の権力はそれまでと違う段階に至ったわけだ。もちろんこの過程で敵対勢力は軍事的に排除され、戦国大名や国衆の領国は、決して平和裏に成立したわけではない。しかし「自分の力量」によって面的支配を成し遂げた戦国大名は、公的権力が衰退した戦国時代において、人々から求められた新たな公権力者であったといえる。

国衆の服属と「軍事的安全保障体制」

戦国大名領国には、国衆領国が多数包摂されている。しかし安芸・備後の最有力国衆として成長していく過程の毛利氏が、当初大内氏や尼子《あまご》氏に従っていたように、国衆は独立状態を維持することが難しかった。それは、一国以上を支配する戦国大名の軍事的侵攻に、郡規模勢力である国衆の力では対応できないからである。国衆は近隣の戦国大名に従属し、戦時には出陣を約束することで、軍事的保護を得て生き残りをはかった。

このような大名と国衆の関係を、戦国大名の「軍事的安全保障(証)体制」と呼んでいる［市村 一九九四］。戦国大名に期待されたもう一つの役割が、敵国を軍事的に打ち破る軍事政権の確立であったことは説明を要しないだろう。だから大名が弱体化すれば、国衆は容易に離叛し、他大名に鞍替えする。これを大名からみれば裏切りだが、国衆からみればまったく逆の評価となる。保護契約を履行する力を失った大名こそが、期待と契約を裏切った存在なのである。国衆も家臣を保護する責務を負っており、大名とともに滅亡するわけにはいかないのだ。

つまり大名領国の膨張とは、単なる領国拡大戦争の繰り返しだけではない。敵対大名・国衆を滅亡に追い込めば直轄領は増えるが、その過程で生じる戦死者は、簡単に補充できるものではない。だから大名領国拡大は、軍事的圧力や外交交渉で、敵方国衆を服属させ、味方につけた結果ということが少なくない。

必然的に、大名領国の外縁部は去就の不安定な国衆領に占められる。そして国衆は、近接する国衆と何らかの紛争を抱えていることが多く、大名は服属した国衆どうしの争いを調停することに苦心した。ましてや、抗争する国衆どうしが、異なる大名に服属していれば、双方が援軍を求め、結果として大名間の戦争に発展することもあった。さらにいえば、国境の村落間の紛争が、大名どうしの戦争のきっかけとなる事例も存在する［長谷川 二〇〇九、遠藤 二〇一六など］。

こうした国境地帯は当時「境目」と呼ばれたが、現在の国境線と異なり、面的広がりをもつ［則竹 二〇〇五］。支配関係も単純なものではありえないから、その不安定さに、大名は振り回される傾向にあったわけだ。だからといって援軍要求を無視すれば、国衆どころか譜代家臣からも失望され、見放されかねない。そこで大名は「境目」の国衆に複数の大名に同時に服属する「両属」や、村落が両大名に年貢を半分ずつおさめて中立を宣言する「半手」を認めるなどして緩衝地帯を形成し［峰岸 二〇〇一など］、不慮の戦争を避けようと尽力したのである。

3　統治と軍役

戦国大名は、国郡と旧国衆領を再編した「領」を行政単位とした［黒田 一九九五］。ただこの国郡は、律令のそれとは必ずしも一致しない。戦国期までの変遷や、大名間外交の影響を受けている。

印判状の発給

十六世紀までに、年貢の村請が確立するなど村落は自治権力として成長した。その結果、公権力としての戦国大名は、村の指導者層（名主《なぬし》は戦国期に誕生）に直接文書を出して法や判決を伝えるようになる。室町期守護からすると大きな転換だが、身分秩序が課題となる。大名自身が花押をすえた文書を、安易に名主に出すわけにはいかない。

そこで北条・今川氏を中心とした関東・中部・東海地方の大名は、主として朱印を用いた印判状《いんぱんじょう》を出すことで、大名権威の維持と、文書発給量の増大に対応した。戦国大名印判使用の初例は今川氏親《うじちか》幼少期の黒印使用とされることが多いが、補佐役であった叔父の伊勢宗瑞(北条早雲)の影響が大きいと思われる。

そして宗瑞は最晩年に、「禄寿応穏《ろくじゅおうおん》」という文字を刻んだ朱印状(虎《とら》朱印状)を発給し(**図1**)、今後伊勢氏(北条氏)の命令は、必ずこの朱印状で通達する旨を触れまわった。ここに印判状を用いた領国支配のかたちが固まる。

ただ、印判状による支配を採用した大名・国衆は、東は下野南部・下総、西は尾張・美濃を限度とする。そのほかの地域の大名は、朱印や黒印を利用しても、あくまで花押の代用にとどまった。関東東部以北や、近畿以西の大名・国衆は、重臣の連署奉書《れんしょほうしょ》を選んだのである。

図1 北条氏家印「禄寿応穏」(神奈川県立歴史博物館デジタルミュージアムより)

この差違はよく問題となるが、実は印判状も、家臣が大名の「仰せ」を伝達するかたちがとられた。戦国大名は、家臣経由の命令伝達系統を整え、大名権威の視覚的象徴として印判状を用いたといえる。

検地と貫高・石高制

戦国大名研究において、早くから展開したのが検地論である。生産力の把握が、大名権力の強さを考える尺度とみなされたためで、豊臣秀吉の太閤検地との差違が注目された。そこでは、両者の連続性を重視する戦国大名の研究者と、太閤検地の画期性、すなわち断絶性を強調する近世史研究者（織豊期研究者含む）のあいだに、大きな断絶を生んだ。

よく説明されるのが、戦国大名検地とは申告制の指出《さしだし》検地で貫高制（銭換算）、太閤検地は厳密な測量にもとづいた丈量《じょうりょう》検地で石高制（米換算）というものであるだろう。

しかし、この対比には問題が多い。そもそも、戦国大名検地がすべて貫高制であったわけではない。貫高制を採用した地域もあれば、石高制・刈高《かりだか》制（稲の束数）・俵高制・町反歩《ちょうたんぶ》制（面積）のところもあった。この違いを生んだのは、各地域の室町以前からの歴史であり、同じ大名領国内でも、異なる基準が混在した。指出検地という言葉も誤解をまねきやすい。指出は、支配者の交代時に村落から提出される年貢の現状申告を指す［池上 一九九九など］。引継ぎ書類であると同時に、増税を牽制した。

戦国大名段階でも、役人が村落に派遣され、歩測程度ではあるが測量が実施され、上中下といった田畠の等級も付された。最終的には、役人と村落の話し合いで決着するが、最大の論点は、休耕地や洪水などによる被災地の認定、すなわち免税分（控除分）の確定であった。最終的に検地帳が作成される点も、太閤検地と同様である［黒田 二〇〇五］。

太閤検地で実施された度量衡の統一も、戦国大名段階で萌芽がみられる。諸大名は、検地や年貢納入に用いる枡や俵の容積を指定していった。ただし国郡単位の統一にとどまり、国・郡をまたぐ場合は再計算を必要とした［平山 二〇〇七～〇八など］。

検地は村単位で行われて村の範囲と村ごとの評価値（村高）が定められ、決まった村高は、年貢や役を賦課する基準値となる。もともと中世の土地には、様々な名目で税が賦課されていたが、戦国大名によって整理されていく。もっとも明確な事例が北条氏で、年貢以外の税を段銭《たんせん》(田地)・懸銭《かけせん》(畠地)・棟別銭《むねべつせん》(屋敷地)に一本化する改革を、一五五〇年代に実施している。

年貢を含む諸税は、近隣の拠点城郭の蔵に集められた。大名はとくに本拠の蔵について、管理を御用商人にゆだねる傾向にあった。室町幕府も、公方御倉《くぼうおくら》という商人に財政を任せていたから、それを真似たのだろう。なお戦国大名の経済政策として楽市・楽座がしばしば挙げられ、織田信長によって本格展開したとされるが、話はそう単純ではない。同じ楽市でも、特権の追認・町場の復興など、内容は多彩で共通点が見出しにくいうえ、楽市という語を用いずに同様の都市政策を行う事例が圧倒的に多いからだ[長澤 二〇一九]。楽座も同様で、信長であっても、むしろ座(商人組合)の特権を安堵することが基本であった。

分国法と徳政観念

新たな仕組みを整える以上、大名・国衆の中には編纂法典をつくる家が現れた。その範囲が子孫にとどまれば家訓、家臣や村の支配層(名主)を対象とする法典が分国法である。

ただ、分国法を編纂した大名・国衆はごく一部である。もっとも緻密な行政整備が解明されている北条氏は家訓のみだし、毛利元就は戦争に追われて法を整備できないと嘆いている。もっとも、中世法は単行法令や判決が法として機能したから、分国法がなくても支障はない。『大内氏壁書』は法令の集成だし、北条氏は評定衆という裁判機構を整備している。武田氏の『甲州法度之次第』は、改訂が繰り返された事実が明らかにされつつある。分国法制定の有無にこだわりすぎるのも、問題だろう。

むしろ重視すべきは、大名と家臣相互の承認を経て成立した分国法が複数確認できることや、『甲州法度之次第』で武田信玄が自身をも法の対象に含めている点だろう〔勝俣 一九七九〕。結城政勝《ゆうきまさかつ》の「結城氏新法度」に家臣の要望で作成された条文があることもふまえれば、分国法制定自体が、公的権力者としてのアピールといえる。なお、戦国大名の分国法の象徴とされる「喧嘩両成敗法」は、鎌倉期以来の慣習法を取り入れたものであるうえ、「勝手に喧嘩すれば問答無用で死罪」と定めて武力による自力救済をいましめ、裁判に訴えることをうながした条文である〔清水 二〇〇六〕。

税制改革や分国法制定が、天災や家中の混乱直後になされることが多い点も無視できない。前近代の人々は、天変地異や戦乱を政治家の不徳の結果と考え、借金帳消しを含む「徳政」という政治改革を要求した。大名の家督交代も、失政の責任をとったというアピールに使われることすらあった〔黒田 二〇〇五〕。

大名からみた「兵」と「農」の分離

戦国大名の軍隊は、兵農分離がなされておらず、百姓が多く参加していたため、農繁期には戦争が困難であったというイメージはいまでも根強い。兵農分離の実施により、専業軍隊を編制するとともに武士を領地から切り離して、織田信長が強力な軍隊を生み出すことに成功し、統一への原動力になったという議論は、現在でもよく展開される。

しかし戦国大名の出陣は、季節を問わず行われているし、実は信長・秀吉が兵農分離をしたという話自体に根拠がない［平井二〇一七］。そもそも戦国大名は、一般の百姓（「農」）と、村に住んでいても戦争に参加する義務を負う雑兵《ぞうひょう》（「兵」）を、厳格に区別していた。これを「中世的兵農分離」と呼ぶ［藤木一九九七、稲葉二〇〇九］。たしかに雑兵は、普段は村に居住しており、年貢納入義務も有する。しかし出陣義務への見返りとして、税や労役の多くを免除されていた。

では、なぜ雑兵たちは、農繁期の出陣と、年貢納入を両立させることができたのか。それは村の有力者が中心で、人を雇って田畠を耕させる立場にいたからである。一方、「農」と把握された一般の百姓が戦争に関わるのは、荷物運搬などを担う「陣夫役」等に限られた。ただこれも、代銭納が認められている。耕作に影響が出ては元も子もないし、徴収した銭で人を雇えば目的を達せられる。

しかし、大名が滅亡の危機に瀕すると話は変わってくる。大名は「御国のために」と百姓たちに訴え、村に居住している一五歳から六〇または七〇歳の男子の名簿作成と、戦争参加を求めた。この年齢は、各村の寄合に参加する資格と一致するから、村からすれば作成は容易であった。

百姓の緊急動員は、名簿全員の出陣を命じる事例もあれば、村ごとに人数を割り当て、屈強な者を数人出せと求める事例もある。ただ緊急動員されたいわば「民兵」に求められたのは、比較的安全な仕事であったうえ、二〇日間経てば、勝手に帰って構わないとされていた。民兵動員を強行するうえでの、社会的合意であったようだ［山本一九九七］。

なお江戸時代になると、雑兵は足軽と呼ばれるようになるが、戦国期の足軽は奇襲・強襲の専門家で、忍と役割が重なる。忍は、近年研究が著しく進展した［平山二〇二〇、戦国の忍びを考える実行委員会・埼玉県立嵐山史跡の博物館編二〇二三など］。

寄親寄子制と兵科別編成の誕生

戦国大名の軍隊を説明するうえで用いられるキーワードが、寄親寄子制である。大名が軍隊を編制する際、家老レベルの重臣に大きな軍隊を率いさせるが、その軍隊は家老の家臣だけで構成されているわけではない。大名直属の中下級家臣(寄子・与力)が、指揮官となる重臣(寄親)のもとに配属されて、大部隊(一手)を編制する。

家老に家臣を養わせるには、多くの知行を与える必要がある。しかし大名領国が拡大し続けないと実施困難な政策だし、大きな領地を与えすぎると謀反を誘発しかねない。寄親寄子制という「出向社員制度」は、こうした懸念を払拭するうえで優れた施策であった。

とはいえ、寄親と寄子の関係が希薄であっても困る。寄子が寄親の命令を無視しては、軍隊として機能しない。だから大名は、寄親に寄子の面倒をしっかりみるよう求めた。具体的には、寄子が大名の法廷に訴訟を起こしたい場合、必ず寄親を通じて行うことが定められたのである。寄子の勝手な寄親の変更も禁止されており、実は寄親寄子制は主従制形成の素地を含んでいた[糟谷 二〇一五]。

各地で大規模な大名が出現するようになった一五六〇〜七〇年代、東日本の北条・武田・上杉の三大名は、軍制改革に着手した。戦国大名は、与えた知行地の評価高(村高の合計)に応じて、戦時に率いる兵の数と武装を定め、文書で通知を出すようになっていく。

戦国時代の主力武器は、長柄《ながえ》(四〜六メートルにもおよぶ鑓《やり》)と弓・鉄砲で、いずれも大量運用に向く。鉄砲も、一般の百姓や猟師ですら入手できるようになっていった。このため近年では、一五四三(天文十二)年の種子島への火縄銃伝来以前に、中国経由で初歩的な鳥銃《ちょうじゅう》が伝来していたという見解も出されている。なお戦国大名にとって頭痛の種となったのは、火薬と鉄砲玉であった。火薬に必要な硝石、鉄砲玉の原料である鉛は国産ではカバーしきれなかった。戦国期の日本は、銀を輸出し、硝石や鉛を輸入して不足をおぎなった。

集団戦を重視した戦国大名は、動員で集められた兵を武装ごとに分けて中堅家臣のもとに配属し直し、馬上衆・弓衆・鉄砲衆・鑓(長柄)衆といった部隊編制を行うようになっていく。この明確化が、一五六〇年代なのである[則竹 二〇一三など]。さらに戦国大名は、甲冑から旗指物《はたさしもの》に至るまで、武装の統一を求めるようになった。そうした武装に大きな影響を与えたのが、戦国期に国産が広まった木綿である。廉価で暖かな木綿は、寒風に晒される戦場で重要な素材となっていく。

軍制改革が進むと、寄親の重要性は増す。寄親には、自身のもとに配属される弓衆や鉄砲衆の訓練も義務づけられるようになっていった。なお和弓は取り扱いが難しいため扱うのは武士身分で、鉄砲は雑兵が用いた。

家臣統制・外交と取次役

戦国大名に期待された役割が公権力である以上、いかに訴えを受け付けるかが課題となる。今川・北条・武田氏は、領主・代官の苛政《かせい》に対する百姓の訴えを念頭に、城下に目安箱を設置して受付窓口とした[黒田 二〇〇五]。ただこれは、非公式ルートといえる。

戦国大名は、譜代家臣や外様国衆・寺社ごとに、側近や重臣を、大名への訴えを仲介する取次役として個々に設定した。先述したように、寄子の訴訟は寄親経由で上申する決まりがあり、寄親が取次の役割を兼ねていた。

ただ寄親も直接大名に進言できるわけではなく、大名側近に訴訟の披露を依頼する必要があった。重臣どころか親子ですら、大名とのやりとりには家臣を介することが慣例であったからだ。こうした取次役は、大名が指名する場合もあるが、大名に近い人物に私的に依頼して結ばれた取次契約の追認が基本であった［黒田 一九九七b、丸島 二〇一一］。

取次は、他大名との「外交」でも設定された。大名の書状は、交渉先大名ごとに家臣から選ばれ、定められた取次が副状を付さないと、正式な外交書状と認められなかった。大名は、自身の発言が家中の支持を得ていることを明示する必要があったからだ。仮に同盟が破綻して開戦になった場合、取次が責任を取る形で戦争の指揮を執ることがしばしばあった。逆に大名や国衆が服属すれば、取次はその立場を維持した。なお従属国衆に対する取次を、とくに指南と呼んでいる。

こうした取次役は、単に大名と被取次者の意思伝達を仲介するだけではない。被取次者の要望が通るよう尽力し、逆に大名が不満を抱いている場合は家臣・国衆に改善を求めた。つまりその立場はむしろ後見人に近く、外交を担当する取次の場合、同盟を維持するために交渉相手の意向にそった主張を展開することすらあった［丸島 二〇一一］。指南の責任も軽くはない。取次をつとめている国衆が離叛すれば、それは指南の責任になるからだ。

取次は、室町幕府も寺社や守護の統制に活用したし、豊臣政権も大名の編制に用いた普遍的な存在である。ただ戦国大名や豊臣政権は、組織が未整備であったため、私的契約を公的な意思伝達ルートに転用する側面が強かったといえる。

おわりに

戦国大名は、武力で紛争を解決する中世自力救済社会から、裁判や話し合いでの解決を基本とする近世社会への移行という役割を果たした。それでこそ、公権力と認められたといえる。

近年、中近世移行期という時代区分が提唱されている。戦国時代の始期である十五世紀半ばから、江戸幕府の体制が確立する十七世紀半ばまでの二〇〇年間を一つの時代として把握する議論である。偶然だが、西洋史における「長い十六世紀」と時期が一致する。

戦国大名論も、時代変化の一因子と位置づける時代になってきているといえるだろう。

〈参考文献〉

池上裕子　一九九九年『戦国時代社会構造の研究』(校倉書房)
市村高男　一九九四年『戦国期東国の都市と権力』(思文閣出版)
稲葉継陽　二〇〇九年『日本近世社会形成史論——戦国時代論の射程』(校倉書房)
今岡典和・川岡勉・矢田俊文　一九八五年「戦国期研究の課題と展望」(のち再録、久留島典子・榎原雅治編『展望日本歴史11』東京堂出版、二〇〇六年)
遠藤ゆり子　二〇一六年『戦国時代の南奥羽社会——大崎・伊達・最上氏』(吉川弘文館)
鹿毛敏夫　二〇二三年『世界史の中の戦国大名』(講談社現代新書)
糟谷幸裕　二〇一五年「戦国大名今川氏の寄親寄子制・再考」(『静岡県地域史研究』五号)

勝俣鎮夫　一九七九年『戦国法成立史論』(東京大学出版会)
川岡勉　二〇〇二年『室町幕府と守護権力』(吉川弘文館)
黒田基樹　一九九五年『戦国大名北条氏の領国支配』(岩田書院)
黒田基樹　一九九七年a『戦国大名と外様国衆』(文献出版)
黒田基樹　一九九七年b『戦国大名領国の支配構造』(岩田書院)
黒田基樹　二〇〇三年『中近世移行期の大名権力と村落』(校倉書房)
黒田基樹　二〇〇五年『戦国大名の危機管理』(吉川弘文館)
黒田基樹　二〇〇六年『百姓から見た戦国大名』(ちくま新書)
柴裕之　二〇一四年『戦国・織豊期大名徳川氏の領国支配』(岩田書院)
清水克行　二〇〇六年『喧嘩両成敗の誕生』(講談社選書メチエ)
戦国の忍びを考える実行委員会・埼玉県立嵐山史跡の博物館編　二〇二三年『戦国の城攻めと忍び――北条・上杉・豊臣の攻防』(吉川弘文館)
長澤伸樹　二〇一九年『楽市楽座はあったのか』(平凡社)
則竹雄一　二〇〇五年『戦国大名領国の権力構造』(吉川弘文館)
則竹雄一　二〇一三年「着到史料からみた戦国大名軍隊」(『歴史評論』七五五号)
長谷川裕子　二〇〇九年『中近世移行期における村の生存と土豪』(校倉書房)
花岡康隆　二〇一八年「信濃高梨氏の「国衆」化」(戦国史研究会編『戦国時代の大名と国衆――支配・従属・自立のメカニズム』戎光祥出版)
平井上総　二〇一七年『兵農分離はあったのか』(平凡社)

平山優　二〇〇七～〇八年「戦国期東海地方における貫高制の形成過程　上・下――今川・武田・徳川氏を事例として」(『武田氏研究』三七・三八号)
平山優　二〇二〇年『戦国の忍び』(角川新書)
藤木久志　一九七四年『戦国社会史論――日本中世国家の解体』(東京大学出版会)
藤木久志　一九九七年『村と領主の戦国世界』(東京大学出版会)
松本和也　二〇二〇年『イエズス会がみた「日本国王」――天皇・将軍・信長・秀吉』(吉川弘文館)
丸島和洋　二〇一一年『戦国大名武田氏の権力構造』(思文閣出版)
丸島和洋　二〇一三年『戦国大名の「外交」』(講談社選書メチエ)
丸島和洋　二〇二一年『列島の戦国史5　東日本の動乱と戦国大名の発展』(吉川弘文館)
峰岸純夫　二〇〇一年『中世　災害・戦乱の社会史』(吉川弘文館)
村田修三　一九六四年「戦国大名毛利氏の権力構造」(のち再録、藤木久志編『戦国大名論集14　毛利氏の研究』吉川弘文館、一九八四年)
矢田俊文　一九九八年『日本中世戦国期権力構造の研究』(塙書房)
山田康弘　二〇一一年『戦国時代の足利将軍』(吉川弘文館)
山本浩樹　一九九七年「戦国期戦争試論――地域社会の視座から」(のち再録、池上裕子・稲葉継陽編『展望日本歴史12』東京堂出版、二〇〇一年)

あとがき

歴史は過去の人々が活動した事実や現象の上に成り立っている。これらを離れて歴史は存在しないといってよい。ただし、事実や現象の寄せ集めが歴史というわけではない。一例として年表を考えてみよう。一見したところ、それこそ様々な事実や現象を並べただけのようにみえるかもしれないが、それらの連なりの中からある脈絡がみえてくるはずである。このように個々の事実や現象は相互に関連していて、全体として大きな流れを形づくっているのであり、その総体が歴史ということになる。歴史にアプローチするには、この大きな流れと様々な事実・現象の双方に目を向ける必要がある。そこに歴史を学ぶおもしろさ、醍醐味もあるといえよう。

私たちが歴史を学ぶ第一の手段は中学校や高等学校の教科書であろう。歴史学の研究成果をふまえ、歴史の大きな流れと個々の事実・現象がバランスよく叙述されている。ただし、歴史を構成する事実や現象は膨大であり、教科書の限られた頁数の中でそれらをすべて盛り込むことは不可能である。「歴史の流れはわかるのだけれども、それがどのような事実や現象にもとづいているのか、もう少し知りたい」という向きも少なくないであろう。

また、事実や現象も決して一定不変のものではない。本書冒頭の『日本史の現在』(全6巻)刊行にあたって」に書かれているように、歴史研究は日々進展しており、これにともなって事実や現象の解釈も深化・変化している。一例を挙げれば、かつての研究では源頼朝は征夷大将軍就任を熱望していたとされてきた。征夷大将軍は都を遠く離れた蝦夷の地で遠征軍を率いる軍事指揮官であり、相当の自由裁量権を認められていたことから、鎌倉幕府という政治権力の首長の地位を象徴するのにふさわしい官職と考えられており、頼朝は早くからこれに任じられることを望んでいたというのである。そして、一一九二(建久三)年七月に頼朝が征夷大将軍に就任したことは、鎌倉幕府成立の画期とみなされてきたのであった。ところが、今世紀に入って新たな史料が発見されたことで、研究状況は大きく変わっている。新発見史料によって、頼朝が朝廷に求めたのは「大将軍」であり、それを受けて朝廷がいくつかの候補を検討し、消去法的に選ばれたのが征夷大将軍だったことが判明した。頼朝は必ずしも征夷大将軍を望んでいたわけではなかったのである。さらに、新史料がもたらしたものはそれにとどまらない。頼朝が「大将軍」を望んでいたことが明らかにされたので、これにはいったいどのような政治的意図・背景があったのかという新しい研究課題も浮かび上がらせているのである。当然、これは鎌倉幕府成立の画期をどのように考えるかという議論にも影響をおよぼしている。

一口に研究の進展といっても、新しい事実が明らかになるだけではなく、従来の解釈の再検討や新たな課題の発見といった様々な側面を有している。こうした研究の現状を教科書に盛り込むのも難しいことであるが、これらに触れることも歴史を学ぶおもしろさであろう。

研究の進展により明らかになった様々な事実や現象、さらに研究はどのように進められているのか、どのようなことが議論されているのか、といった点も含めた「日本史の現在」を紹介するのが本シリーズの目的であり、本書は日本中世史の「現在」をお伝えしようとするものである。取り上げたいテーマは多数あるが、中世史の全体像が浮かび上がってくるように、政治・社会・経済・文化などから二〇のテーマを設定した。

中世は武士の時代とされ、中世の政治は武家政権である幕府を中心に語られがちであった。本書でも鎌倉幕府・室町幕府に一テーマずつあてているが(テーマ3・11)、それらをお読みいただければ、中世の幕府が朝廷と密接な関係にあったことがおわかりいただけるであろう。中世の朝廷・貴族社会研究は戦後飛躍的に発展した分野であり、もはやそれを抜きにしては中世の政治は論じられない状況になっている。テーマ1・5ではそうした朝廷・貴族社会研究の現在を取り上げている。従来の研究は院政期に集中しがちであったが、テーマ5では戦国時代まで見通している。また、テーマ1では院政期以降は影が薄くなる印象のある摂政・関白が、実は院政でも重要な役割を果たしていたことを指摘する。教科書などでは「摂関政治→院政→武家政権」という流れを重視するため、それぞれの段階で言及されるものが限定されてしまうが、政治形態の変遷は複合的・多面的であることに注意したい。実は戦国時代も同様で、中央の室町幕府は衰退し、地方では戦国大名が中心になっていくと考えられがちであるが、近年の研究では、戦国時代の室町幕府も全国に影響をおよぼし続けていたこと、地方においても戦国大名だけではなく、国衆に注目すべきことが明らかにされている(テーマ18・20)。

荘園制は中世社会の基盤として古くから注目されてきた。近年、その成立をめぐって「中世荘園」という新たな議論が展開されている(テーマ2)。荘園制のもとで、実際に人々が生活する舞台(地域社会、村、都市)を取り上げたのがテーマ6・8・12である。なお、本書では中世の身分制について独立のテーマを立てることはしなかったが、中世はまごうかたなき身分制社会である。中世の身分制は政治支配の手段でもあったが、村や都市など実際の生活の場でこそ顕在化するものであったことを読み取っていただきたい。同じように社会や生活と密接な関係にあるのが中世の法や慣習である。徳政・徳政令はその最たるものであるが（テーマ13）、一見したところ現代にも通じるような精緻さで知られている鎌倉幕府の裁判制度も、中世社会のあり方と決して無縁なものではなかった（テーマ4）。

中世の経済は、自給自足的な段階からしだいに商品経済が発展していくと長らく考えられていたが、近年の研究成果によれば、早い段階から活発な流通経済が展開していたことが明らかにされつつある。そうした中世の流通経済を担ったものとして近年研究が進んでいるのが、銭および陸上・水上交通である（テーマ15・16）。これらの研究で注目されるのは、考古学の成果が積極的に活用されていることである。中世史研究では考古学との協業が不可欠であることに注目してもらいたい。

銭に関する研究では、国外・東アジアの動向が視野に入っていることにも注目したい。中世の対外関係も近年研究の進展が著しい分野である。これまでもモンゴル襲来や遣明船の派遣などに関心が寄せられてきたが、これらの背景にある東アジアの国際情勢や、倭寇も含んだ民間交易の世界が明らかにされつつある（テーマ10・17）。対外関係が銭をはじめとする中世の経済や文化に与えた影響を考えれば、対外関係は今まで考えられてきた以上に日本中世を構成する重要な要素であったといえよう。

中世の仏教については、法然や親鸞、日蓮といったいわゆる鎌倉新仏教の祖師たちがつぎつぎと現れた鎌倉時代が注目されてきたが、近年は現代の宗派宗教につながる画期として戦国時代が注目されている（テーマ19）。また、鎌倉新仏教や中世の仏教そのものについても、これまでの「伝統と革新」あるいは「正統と異端」という二元論を超える新たな枠組みの模索が続けられている。同様の動きは室町時代の文化についてもみられる。従来の「北山文化」「東山文化」という枠組みがどのように登場したのか、それが近年「室町文化」として把握されるようになった背景に何があるのか、テーマ7・14ではそうした中世の仏教・室町時代の文化をめぐる研究状況を概観する。

近年、温暖化や自然災害の頻発などと関連して、人と自然との関係の歴史についても関心が高まっている。なかでも、理科系の研究者との協業により精密に復元された気候変動にもとづいて、中世社会のあり方をとらえなおす研究が進められているのは、注目されるところである(テーマ9)。学際研究の重要性はこれまでも指摘されてきたが、古気候復元研究は中世史研究、さらには日本史研究が新たな段階に入りつつあることを予感させる。

本書で示すことができたのは日本中世史の「現在」の一端ではあるけれども、その魅力は十分お伝えすることができるのではないかと考えている。さらに本書全体を通じて中世史の豊かで大きな流れを感じとっていただけることを願っている。

高橋　典幸

〔付記〕

テーマ9を執筆された田村憲美氏は、本書編集中の二〇二三年九月に急逝されました。つつしんでご冥福をお祈りするとともに、本書を氏のご霊前にささげたいと思います。なお、テーマ9の完全原稿は氏の生前に頂戴しており、編者の責任で校正しました。

執筆者一覧（執筆順）

樋口 健太郎（ひぐち けんたろう）　龍谷大学准教授
鎌倉 佐保（かまくら さほ）　東京都立大学教授
高橋 典幸（たかはし のりゆき）　東京大学教授
佐藤 雄基（さとう ゆうき）　立教大学教授
遠藤 珠紀（えんどう たまき）　東京大学史料編纂所准教授
田中 大喜（たなか ひろき）　日本大学教授
菊地 大樹（きくち ひろき）　東京大学史料編纂所教授
西谷 正浩（にしたに まさひろ）　福岡大学教授
故田村 憲美（たむら のりよし）　別府大学名誉教授
榎本 渉（えのもと わたる）　国際日本文化研究センター教授
吉田 賢司（よしだ けんじ）　龍谷大学教授
三枝 暁子（みえだ あきこ）　東京大学教授
前川 祐一郎（まえがわ ゆういちろう）　東京大学史料編纂所准教授
末柄 豊（すえがら ゆたか）　東京大学史料編纂所教授
川戸 貴史（かわと たかし）　名古屋市立大学教授
綿貫 友子（わたぬき ともこ）　神戸大学大学院教授
岡本 真（おかもと まこと）　東京大学史料編纂所准教授
木下 聡（きのした さとし）　東洋大学教授
大塚 紀弘（おおつか のりひろ）　法政大学准教授
丸島 和洋（まるしま かずひろ）　東京都市大学教授

日本史《にほんし》の現在《げんざい》3　中世《ちゅうせい》

2024年6月20日　第1版第1刷発行　　2024年8月20日　第1版第2刷発行

編　者　高橋典幸《たかはしのりゆき》

発行者　野澤武史

発行所　株式会社　山川出版社
〒101-0047　東京都千代田区内神田1-13-13
電話　03(3293)8131(営業)　03(3293)8135(編集)
https://www.yamakawa.co.jp/

印刷所　半七写真印刷工業株式会社

製本所　株式会社　ブロケード

装幀・本文デザイン　黒岩二三［Fomalhaut］

ISBN978-4-634-59141-7